지금이 몇시입니까?

지금이 몇시입니까?

초판 1쇄 발행 | 2015. 11. 10.
초판 1쇄 발행 | 2015. 11. 10.
지은이 | 장조셉
펴낸이 | 정신일
펴낸곳 | 크리스천리더
편 집 | 이지선
교 정 | 성주희
일부총판 | 생명의 말씀사 (02) 3159-7979
등 록 | 제 2-2727호(1999. 9. 30)
주 소 | 부천시 원미구 중동 1289번지 팰리스카운티
　　　　아이파크 상가 5층
전 화 | (032) 342-1979
팩 스 | (032)343-3567
도서출간상담 | E-mail:chmbit@hanmail.net
homepage | cjesus.co.kr

ISBN : 978-89-6594-167-5 03230

정가:13,500원

저자와의 협약 아래 인지는 생략되었습니다.
이 출판물은 저작권법에 의해 보호받는 창작물이므로,
무단 복제와 무단전재를 할 수 없습니다.

■ 잘못된 책은 구입하신 곳에서 바꿔드립니다

지금이 몇시입니까?

[UN Agenda 21 & ICLEI]

유엔 의제21과 이클레이(ICLEI)에 숨겨진 음모에 대하여,
미국정책연구소도 "우리도 그것이 무엇인지 모르고 있었다"라고 공개했습니다.

장 죠셉 목사

"유엔 의제21"은 더 이상 지금의 방법대로 당신의 토지를 사용할 수 없게 한다.
"유엔 의제21"은 개인재산 소유권은 인정되지 않고 지금의 집에서 살 수 없게 한다.
"이클레이"(ICLEI)는 개인의 재산은 사회적으로 불의(不義)로 본다.
"이클레이"(ICLEI)는 국가의 주권은 사회적으로 불의(不義)로 본다.
"이클레이"(ICLEI)는 공평치 못한 건강보험은 사회적으로 불의(不義)로 본다.

- '의제 21'과 '이클레이'가 무엇인지 말하는 미국 정책연구소의 설명에서

크리스천리더

프롤로그

저자가 살고 있는 콜로라도의 주지사 '존 히켄루퍼(John Hickenlooper)'는 "유엔 의제21의 체제에서는 당신들은 더 이상 지금의 방법대로 당신의 토지를 사용할 수 없으며, 지금 소유하고 있는 집에 살 권한을 잃게 된다."고 하였습니다. 그 이유에 대하여 '의제21과 지역 환경창출 국제회의(International Council for local Environment Initiative-ICLEI)는 우리의 삶 자체를 송두리 빼앗아가는 프로그램이기 때문'이라 하였습니다.

테네시 주지사 '빌 하스람(Bill Haslam)'은 "유엔 의제21과 의제를 지속시키는 이클레이(ICLEI) 프로그램은 정신이 나간 짓"이라 하였습니다. 그렇게 말하는 이유는 "환경이라는 명분으로서 단독주택, 개인용 자동차 소유권, 개별여행 선택권, 개인소유의 농장 등이 허용되지 않기 때문"이라 하였습니다.

이러한 사실을 알기 위해 많은 시간을 투자하며 유엔과, 국제기구, 그리고 미국의회 자료와 여러 주정부와 주 의회에서 입법시킨 법안들에서 얻은 자료들에 근거로 책을 쓰게 됩니다. 따라서 이 책의 내용들은 세상에 떠도는 풍문이 아니라 사실에 바탕을 두고 찾은 자료들입니다. 이러한 사실에 대하여 미국 워싱턴의 미국정책연구소(American Policy Center)가 공개한 유엔 의제21과 유엔이 실제로 나타내는 세계정부의 풀뿌리역할로 활동하는 이클레이(ICLEI)가 무엇인지 아는 사람이 몇 안 될 것입니다.

미국정가에서는 이것을 반대하는데 사람들은 이것을 좋은 것으로 홍보하는 현실이기에 이 책을 써야할지 고민을 하였습니다. 고민해야 했던 것은 이 책의 내용들은 국제정치와 국제사회문제이기 때문입니다. 고민을 해야 했던 또 다른 이유는 미국 같은 나라에서는 반대하는데 우리사회에서는 수용하고 있기 때문에 이것을 어떻게 받아들일지에 대한 고민을 해야 했습니다.

또 고민했던 것은 '지금 진행되고 있는 이 사실을 알려주어도 얼마나 많은 사람들이 납득할 것인가?' 하고 고민했던 것입니다. 그러나 이 글을 읽는 분들이 지금 다가오는 폭풍에서 벗어날 수만 있다면 하는 바람에서 이 책을 쓸 수밖에 없다는 결론에 이른 것입니다. 또 글을 써야하는 것은 사람들은 자신의 재산과 자유를 빼앗기는 사건들이 지금 진행되고 있는데도 앞을 내다보지 못하고 있기 때문입니다.

이 책에서 국제정세와 21세기의 사회문제를 다루는 이유는 지금 우리들이 가지고 있는 신분증으로는 더 이상 범죄를 막을 방법이 없게 되어있습니다. 작게는 개인에서부터 크게는 나라에 이르기까지의 사건들은 더욱더 커져서 국제적인 사건으로 이어지고 있습니다. 그리고 누구든지 앞으로는 식료품을 비축해 둘 수 없으며, 자동차를 운전하고 다닐 수도 없는 사회가 되는 것을 모르고 있기 때문에 이 글을 쓰는 것입니다.

앞으로 매매수단으로서 신분확인과 추적과 함께 의료와 보안, 응급상황, 등 다양한 용도로 쓰이도록 아주 작게 만들어진 제품이 공개

됨으로써 세상에 알려졌습니다. 이러한 와중에 지구주의자들이 세계정부를 만드는 과정에서 지금까지 알려진 것들과 알려지지 않은 국제정세와 사회문제에 관한 사실을 알리기 위해 글을 쓰는 것입니다.

유엔 의제21의 체제에서는 앞으로 소비시장에서 매매수단으로 쓰이는 자신만의 번호표가 없으면 아무것도 사고팔 수 없다고 하였습니다. 앞으로 집을 빼앗기고, 농사도 지을 수 없을 뿐만 아니라 자동차도 없고 여행까지 통제를 받아야 되는 폭풍의 회오리바람이 불어오고 있습니다. 그 폭풍은 쓰나미도 아니요, 태풍이나 허리케인이 아니라 우리의 삶 자체를 송두리째 뽑아버리는 폭풍이라는 사실입니다.

사실이란 진리이고, 진리는 모든 시대와 어디에서도 적용됩니다. 그리고 진리가 적용되는 곳에는 생명과 참이 끝없이 요구되어집니다. 어디는 단순히 공간이라는 위치만을 뜻하지는 않습니다. 세상에는 잘못된 인식을 진리라고 오판하고 추종함으로써, 또는 일부러 진리를 외면함으로 인하여 자기를 파멸시키는 경우가 많습니다. 진리는 우리에게 "너는 지금 어디에서 무얼 하고 있느냐"라고 물어오고 있습니다. 이 물음에 우리는 좋든 싫든 반드시 대답해야 합니다.

2015년 11월 10일
장죠셉 목사

| 차례 |

프롤로그 • 4

1장 | 이미 시작된 10지역과 또 다른 질서
그램스 전략(Gram's Strategy) • 10
세계는 10지역으로 나누어졌고 • 14
세 대륙으로 움직이는 삼각통치 • 24
강대국들의 패권싸움 • 36
푸틴의 로드맵 • 40

2장 | 아무도 모르는 의제21과 진실
날씨는 볼 줄 알면서 • 55
의제21이란 무엇인가? • 59
의제21과 녹색사업 • 64
세 계급층과 인구감축 • 74
브레톤 우드 제도 • 80

3장 | 두 얼굴의 이클레이

이클레이는 유엔의 한 부분인가? • 91
이클레이가 지방에까지 움직이는 이유 • 95
미국정책연구소가 공개한 이클레이의 실체 • 98
미국은 왜 이것을 반대하나? • 115
캐나다와 호주도 추방시킨다 • 136

4장 | 의제21로 인해 달라지는 제도

당신도 체포대상이다 • 151
새로운 법에 따르지 않으면 • 157
죽임은 자초한 것이다 • 160

5장 | 제21로 인해 달라지는 환경

유전자 지도와 부호 • 171
왜 이것을 만들어졌나? • 177
미네타(Mineta) 보고서 • 183
디바이스(Device)와 법 • 188
나만의 비밀번호표 666 • 194
베리칩이 매매수단이 되는 증거 • 201
이런데도 아니라 할 것인가 • 213

6장 | 우리는 어떻게 해야 하는가

한국이라고 예외는 아니다 • *224*

병원과 의료원에서 • *230*

128개 중에서 나머지 96개 • *232*

생각이 바꿔져야 한다. • *239*

에필로그 • *244*

참고문헌과 자료 • *250*

1장. 이미 시작된 10지역과 또 다른 질서

인류역사가 항상 반복되는 과정에서 악은 끊임없이 생겨난다. 그것은 인간이 죄를 짓기 쉬운 성향을 지니고 태어났기 때문이다. 그러기에 세대마다 백성들이 평안하게 살도록 하려고 법과 제도를 바꾸고 또 바꾸는 것이다. 그러나 사악한 영들의 질투와 시기는 인류가 그러한 평안함과 행복을 누리는 것을 보고만 있지 않는다. 그래서 기회만 있으면 사람들을 유혹해서 사악한 일을 하게한다. 이러한 일은 오랜 세월을 통하여 지구상에서 일어났던 역사가 사실로 증명하고 있다. 그것이 세상에 흩어져 있는 모든 나라를 하나로 모아서 인간을 죽음으로 몰아넣는 것이 인간을 통치하는 방법이기에 지난날로 거슬러 올라가야 오늘과 미래를 볼 수 있다.

그램스 전략(Gram's Strategy)

그램스 전략(Gram's Strategy)이란; 둘로 나누어서 설명된다. 하나는 강대국들이 대군정책으로 활용하는 군사정략이 그램스 전략(Gram's Strategy)이다. 대군정책이란 말은 많은 병력으로 상대를 제압하는 전략을 말한다. 이 전략이 어느 정도의 효력은 있으나 오늘날에 와서 세계를 장악하는 데에는 실패하였다. 그래서 다른 전략으로 바꾼 것이 사람을 다스리는 전략이다. 이 전략은 DNA 코드로 인류를 통제하는 전략이다. 이렇게 바꾸어진 것을 '새 그램스 전략(New Gram's Strategy)'이라고 하였다.

일찍이 세계정부를 만들기 위한 음모는 다양한 방법으로 진행되어 왔던 1800년대로 거슬러 올라가야 알게 된다. 일찍이 강대국들이 인간을 지배하기 위한 방법은 '그램스 전략(Gram's Strategy)'에서 시작되었다. 1891년에 이탈리아 반도 서쪽지중해에 있는 작은 섬 '사르디니아(Sardinia)'에서 태어난 안토니오 그램시(Antonio Gramsci;1891~1937)는 작가로서 정치철학자다.[1] 그가 세계를 바꾸어놓은 것이 '노브스 오도(라틴어: Novus ordo' 영어: New world order)'라는 정치이론을 발표하면서부터이다.[2] 당시 이탈리아 사회주의자 들은 이 이론에 바탕을 두고 대군정책으로 세계를 지배하려는 계기를 제공하게 되었다. 당시에 이 정치이론을 이용한 것이 '그램스 전략(Gram's Strategy)'이라고 하였다.

안토니 그램시(1891.1.22.-1937.4.27.)
정치평론가, 정치기자
이탈리아 사회주의 당, 마르크스 사상가

한스 크리스천 그람
(1850.9.30.-1938.11.14)
의사 / 세균 박테리아 양성과 음성 정립

또 한 사람, 덴마크 사람 '한스 크리스천 그람(Hans Christian Gram: 1853-1938)'은 세균을 양성과 음성으로 분류하여 식별하는 방법으로

11

인간 몸의 염색체 조직과 움직임과 명령체제를 병리학으로 이론화시킨 생물학자다.[3]

그램시가 그람의 병리학에서 인간의 움직임은 명령체계에 따라 활동함을 인용하여 발표한 것이 '노브스 오도(Novus ordo)'였다. 그램시의 발표는 이탈리아 사회주의자들의 관심이 되었다. 제1차 세계대전 직후 노브스 오도를 알리는 신문기사는 이탈리아에서 사회주의가 일어나게 만들었다.[4] 강대국의 독재자들이 그램시의 보고서에서 얻어낸 전략이 대군전책이었으며 이것을 그램스 전략이라 하였다.

그램스 전략은 강대국들의 대군정책으로 활용하였다. 이탈리아의 국수주의자들은 베니토 무솔리니(Benito Mussolini:1883-1945)를 수상으로 선임시켰고, 무솔리니가 마르크스 사상에 그램스 전략으로 22년 동안 독재통치를 했던 것도 세계를 장악하려는 패권싸움이었다. 러시아의 옛 소련은 개혁주의자 블라디미르 레닌(Vladimir Lenin:1870-1924)에 의해 마르크스 사상으로 사회주의 나라로 바뀌었다. 레닌의 뒤를 이었던 조셉 스탈린(Joseph Stalin:1879-1953)도 마르크스 사상에 그램스 전략을 접목시켜서 사회주의사회를 조직화시켰다. 독일의 개혁주의자 아돌프 히틀러(Adolf Hitler:1889-1945) 역시 마르크스 사상에 그램스 전략을 접목시켜서 나치제국을 만들고 2차 세계대전으로 유럽과 동구권에서 씻을 수 없는 잔인함을 보였던 것도 세계를 장악하려는 패권싸움에서 비롯된 것이다. 일본의 히로히토(Hirohito-裕仁:1902-1989) 역시 마르크스 사상에 그램스 전략을 접목시켜서 독일보다 2년 앞서 아시아 침략전쟁을 시작으로 태평양전쟁을 일으켰던 것이 패권싸움의 한 축이었다. 프랑스 나포리옹 보나파르트(Napoleon Bonaparte: 1769-1821)가 유럽에서 남쪽으로 남진했던 것도 세계를 장악하려던 패권싸움이었다.

세월의 흐름에 따라 인류사회에서 세대(世代)와 시대(時代)는 떼어놓을 수 없이 변화되는 것이다. 세대(generation)의 변화는 제도를 바꾸게 된다. 이 제도는 인간을 억제하려는 것이 아니라 안전과 행복을 유지시키기 위해 사회의 모든 부문에 적용되게 한다. 그리고 시대(time)의 변화는 문화(culture)를 바꾸게 된다. 문화가 바꾸어지는 것은 그 시대마다 발전되는 사회에서 인간의 삶에 풍요로움과 편리함을 제공하게 된다. 이 둘은 떼어놓을 수 없는 불가분의 관계를 지니고 있으므로 사람은 제도와 문화를 벗어나서 살 수는 없다.

그렇다면 오늘이라는 이 세대에는 어떤 제도로 바꾸어졌는가? 국제사회가 함께, 그리고 공동목표를 이루기 위해 만들어진 제도가 '새로운 세계질서(New world order)'다. 새로운 세계질서는 앞에서 설명한 라틴어 '노브스 오도'에서 유래되었다. 국제연합이라는 유엔을 모체로 하여 세계를 하나의 정부로 만들려는 제도가 새로운 세계질서라는 것이다. 이 제도는 언제부터 시작되었다는 시점은 없지만 시발점은 1800년대 강대국들의 패권싸움으로부터 보면 된다.

강대국들의 패권싸움으로 시작된 새로운 세계질서는 오래전에 시작되었다. 정확하게는 제1차 세계대전이 끝난 후 1921년부터였으나, 일본이 중국을 침공한 1937년 7월 7일부터 태평양전쟁이 끝나는 1945년 5월 8일까지의 세계대전도 강대국들의 패권싸움에서 시작된 것이다. 그 후 지구상에서 더 이상 전쟁은 없어야 된다고 1945년 10월 24일, 유엔이 창설되면서 여러 국제기구들이 만들어지기 시작하였다. 그렇게 여기저기서 시작된 조직들은 강대국들의 패권싸움으로 움직이는 지형도를 보면 더 뚜렷하게 알 수 있다.

세계는 10지역으로 나누어졌고

【10지역이란; 유엔을 앞세우고 세계단일정부를 만들기 위해 지구를 10지역으로 나누어서 '새로운 세계질서(New world order)' 라는 제도로 추진함을 말한다. 1921년 7월 21일에 미국의 '외교협의회(Council on Foreign Relations-CFR)' 가 설립되면서부터 시작되었다. 외교협의회는 우드로 윌슨(Woodrow Wilson) 대통령의 핵심 참모였던 에드워드 맨델 하우스(Edward Mandel House) 대령에 의해 시작되었다.[5]

이 내용에 대하여 "한 짐승의 나오는데 뿔이 열이요"(계13:1)라고 예언된 10뿔을 말한다. 그리고 뉴 월드 오더(New world order)는 시편 2편 1~3절에 예언되었으며, '여호와 그 기름 받은 자' 는 사도행전 4장 26절에서 '그리스도' 라고 명시되어 있다. 세계를 10지역으로 나누어서 모든 나라의 국경선을 없애고 단일정부를 만드는 제도이다. 1972년 닉슨 대통령은 행정명령 제11,647호에 10지역에 대하여 "세계는 10지역으로 새로 나누며, 각 지역에는 미국의 50주에서 관리자를 임명하게 된다(That redivided the 50 states into 10 new regions, with appointments instead of elected officials over regions.)"라고 구체적으로 밝혔다.[6] 그리고 10지역에는 각 지역마다 그 지역을 이끄는 나라가 있고, 지역마다 새 세계질서를 위한 임무를 주어서 세계정부구현을 주도하는 영국의 왕실국제연구소(Royal Institute of International Affair-RIIA)와 함께 미국의 외교협의회(CFR)가 추진하는 전략이 10지역이다.】

세계정부사회의 폭넓은 개념에서 21세기를 뒤돌아보면 그 설립의 원조는 미국의 은밀한 조직인 외교협의회(Council on Foreign Relations-CFR)에 이르게 된다. 외교협의회의 시작은 1차 세계대전으로 말미암아 자연적으로 시작되었다. 우드로 윌슨(Woodrow Wilson) 대통령의 핵심 참모였던 에드워드 맨델 하우스(Edward Mandel House) 대령이 1917년 뉴욕에서 사람들을 만나서 100여 가지 두드러진 전후문제를 함께 논의하면서 시작되었다.[7]

세계정부를 갈망하는 사람들은 나라들 간에 경제장벽을 자연스럽게 없애자며, 총체적으로 나라들의 연합체가 형성되려면 평등한 무역조건이 이루어져야 된다고 하였다.

이 계획을 위해 미국은 1919년 5월 30일, 하우스 대령을 대표자로 프랑스 파리의 평화회의에 참석시켰다. 이때 미국에서는 영국의 왕실국제연구소(Royal Institute International Affair-RIIA)와 같은 조직을 계획하고 파리회의에서 돌아온 하우스가 윌슨 대통령을 앞 세우고 1921년 7월 21일에 외교협의회를 설립하였다.[8]

하우스는 독일의 칼 하인릭 마르크(Karl Heinrich Marx)가 주창했던 사회주의사상을 이어받은 사람이다. 그리고 외교협의회를 설립하는데 적극적이고 자금지원을 아끼지 않았던 사람들은 이 조직에서 중추적인 역할을 담당하였던, JP 몰간(J.P Morgan), 오토 칸(Otto Kehn), 데이비드 록펠러(David Rockefeller), 버나드 바룩(Bernard Baruch), 폴 바르부르그(Paul Wargurg), 제이콥 쉬프(Jacob Schiff) 등이다. 하우스는 영국왕실국제연구소가 일찍이 식민정책으로 200년 동안 세계를 장악했던 전례를 표방하고 미국이 세계를 장악하기 위해 설립한 외교협의회는 1929년부터 본격적으로 활동하였다.[9]

외교협의회의 설립목적은 세계를 단일화시키는 데 있다고 외교협의회 문서에서, "이 뜻은 지배를 위하여 미디어를 통해 설립한다.(It means control established on Media"라고 되어있다. 미디어(MEDIA)는 고대영어에서는 '왕국' 이라는 뜻을 담고 있다. 그러면 어떤 왕국을 설립하여 지배하려 하는가? 상원의원이었던 베리 골드워터는 "미국의 외교협의회는 영국의 왕실국제연구소 태평양 지부역할로서 (그리고) 나라의 경계선을 없애고 하나의 세계정부를 만들기 위해 설립한 것이다(The Council on Foreign Relations is the American branch of a society with organized in England (and) believes national boundaries should be obliterated an done world rule established)."라고 하였다. (10)

처음 시작할 때, 민주주의와 사회주의방식 중에서 어느 것을 택하느냐는 논쟁이 있었지만 세계를 하나로 만들려면 사람, 토지, 건물, 재산, 사람의 지능까지 장악하기 위한 통제가 따라야 된다. 사회주의방식 외에는 다른 방법이 없다고 결론을 내렸다. 그렇게 하기 위해서 개인의 소유나 재산을 인정하지 않도록 하였다. 그리고 세계정부 태동을 위 해 만든 제도를 '새 세계질서' 라고 한 것이다. 그들은 세계정부를 성사시키기 위해 세계를 10지역으로 나누었는데 그 10지역은 이러하다.(지도 참조)

제1지역은 캐나다, 미국, 멕시코를 포함한 북 아메리카. 제2지역은 라틴권인 중남미전역의 라틴아메리카. 제3지역은 하와이제도를 제외한 서태평양의 섬나라들과 일본. 제4지역은 대양주. 제5지역은 구 자유주의권역인 서유럽. 제6지역은 구 사회주의권역인 동유럽. 제7지역은 모슬렘권인권역인 중동지역. 제8지역은 모슬렘 국가를 제외한 아프리카. 제9지역은 히말라야 산맥남부 아시아. 제10지역은 히말라야 산맥북부 중앙아시아. 이렇게 세계를 10지역으로 나누어서 세계정부를 진행시키고 있다.

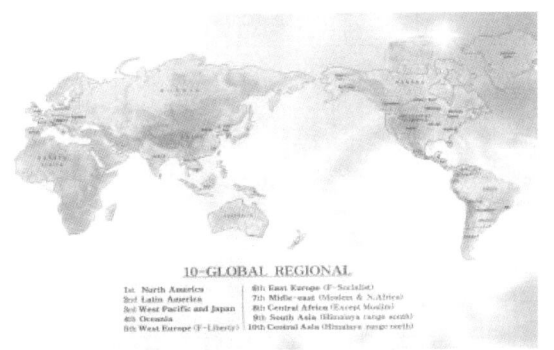

이렇게 나누어진 10지역에는 세계정부를 만들기 위한 책임국과 임무까지 배정되어 있다. 열 지역을 책임과 임무에 관하여 "열 뿔은 열 왕이니 아직 나라를 얻지 못하였으나 다만 짐승으로 더불어 임금처럼 권세를 1시 동안 받았다"(계17:12)라고 예언된 분담은 다음과 같다.

제1지역은 미국이 담당하고, 임무는 새 세계를 위한 정치질서(New world political order)를 이끌도록 했다. 제2지역은 칠레가 담당하고, 임무는 새 세계를 위한 농업 질서(New world Agriculture)를 이끌도록 하였다. 제3지역은 일본이 담당하고, 임무는 새 세계를 위한 교육질서(New world education)를 이끌도록 하였다. 제4지역은 호주가 담당하고, 임무는 새 세계를 위한 환경질서(New world environment order)를 이끌도록 하였다. 제5지역은 EU(영국, 프랑스, 독일, 이탈리아)가 담당하고, 임무는 새 세계경제질서(New world economical order)를 이끌도록 하였다. 제6지역인 동유럽은 폴란드가 담당하고, 임무는 새 세계 노동질서(New world labor order)를 이끌도록 하였다. 제7지역은 아랍연합이 담당하고, 임무는 새 세계에너지질서(New world energy order)를 이끌도록 하였다. 제8지역은 남아공이 담당하고, 임무는 새 세계 인종질서(New world humanity order)를 이끌도록 하였다. 제9지역은 인도가 담당하고, 임무는 새 세계통신질서(New world com- munication order)를 이끌도록 하였다. 제10지역은 카자흐스탄이 담당하고, 임무는 새 세계산업질서(New world industry order)를 이끌도록 하였다.⁽¹¹⁾

이렇게 하나의 정부, 세계정부를 만들기 위해 오래전부터 지구를 10지역으로 나누어서 세계정부를 만들고 있으므로 오늘이라는 시대적인 세계정부구조를 볼 때 과거의 인식에만 집착하면 안 된다. 그리고 이러한 10지역에는 반드시 유엔 의제21을 뒷받침하는 이클레이 지역관리사무소가 있고, 각 지역(나라)의 이클레이 사무소를 관리하고 있다.

1972년, 리처드 닉슨(Richard Nixon) 대통령은 행정명령 제11,647호에서 "50개 주에서 [세계가] 새로 10지역으로 나누어지는 지역에서 선거관리인으로 임명된 사람들로 대체하여 각 지역을 관리하게 될 것(That redivided the 50 states into 10 new regions, with appointments instead of elected officials over regions)"이라고 하였다.⁽¹²⁾ 이 뜻은 세계를 10지역으로 나누어서 세계정부를 만들고, 지역정부(현재의 나라들 간의 경계선을 없애고 각 나라는 지역정부로 성격이 바뀌게 됨)를 관리하는 책임자는 선거할 때 미국의 50개 주에서 파견하여 관리한다는 뜻이다. 이러한 시대의 변화를 깨닫지 못하기 때문에 우리들 앞에 다가오는 위험을 보지 못하는 것이다. 또한 오래전부터 실시되고 있는 사회를 모르고 있다.

조지 H. 부시(George Herbert Bush) 대통령은 유엔창설에 대하여 이렇게 설명하였다. "우리는 우리들 자신과 우리의 차세대를 위하여 우리 앞에 새로운 세계질서로 서서히 나아가는 기회가 주어졌습니다. 세계에는 질서를 위해 법이 있습니다. 그 법망으로 이루어진 늪이 아니라 국민의 행위를 다스리는 법질서의 세계를 이루고, 그리고 이르게 될 것입니다. 우리에게는 실제로 새로운 세계질서를 성공시킬 기회가 온 것입니다. 유엔은 하나의 체계를 위해 연합된 국가를 약속했던 선진들의 세계관을 이행하기 위하여 평화유지정책을 사용할 수 있습니다(We have before us the opportunity to for ourselves and for future generations a New world order. A world where the rule of law, not the law of the jungle, governs the conduct of nations, when we are successful, and we will be. We have a real chance at this New world order, an order in which a credible United Nations can use its peace-keeping role to fulfill the promise and vision of the UN's founders)."

그리고 기회를 놓치지 않고 세계정부를 위한 작업은 오래전에 시작되었다.[13]

이처럼 세계정부를 만들려는 방법들 중에서 진행되었던 일이 1929년부터 세계를 10지역으로 나누어서 추진해 온 것이다. 이러한 계획은 두 가지 측면에서 이루어져 왔다. 한 측은 세계정세를 이용하여 평화와 번영이라는 명분으로 모든 나라를 하나로 묶는 힘이다. 다른 하나는 그러한 틈을 이용하여 그 정책을 세계정부 쪽으로 진행시키는 방법이다. 1차 세계대전이 끝나고 나타난 것이 외교협의회가 조직되면서 세계를 10지역으로 나누어서 추진시켜온 것이다. 또한 세계무역기구(World Trade Organization-WTO)의 전신이었던 '무역관세협정(General Agreement on Tariffs and Trade-GATT)'이 1947년에 남미 우루과이에서 시작되었다. 이 기능은 무역장벽을 허물고 통관세에 중점을 두고 세금 포탈을 방지한다는 명목으로 개개인에게 ID를 부여하도록 하였다. 두 기능으로 세계정부를 만드는 일의 한계점을 발견하고 만들어진 것이 국제연합이라는 유엔(United Nations-UN)이다.

1945년 10월 24일에 구성된 유엔을 모체로 하여 많은 국제기구들이 구성되었다. 그리고 1975년에 영국, 프랑스, 독일, 이탈리아, 미국, 일본, 캐나다 이렇게 서방경제선진 7개국정상(Great 7 Summit)으로 구성된 내용은 "머리가 일곱이라"(계13:1)고 예언되어 있다. 외교협의회(CFR)와, 무역관세협정(GATT)과 유엔(UN)을 조정하는 삼각통치(the Trilateral Commission-TC)라는 조직이다. 물론 세계정부를 만들기 위해 1954년 5월 29일에 네덜란드에서 시작된 빌더베르그(Bilderberg)로 이루어진 지구주의자들의 음모는 오늘의 유엔 의제21로 바꾸어서 진행되고 있다.

【빌더베르그(Bilderberg)란; 이 단어는 벨기에와 서부 게르만과 수리남 등 대부분의 네덜란드(Dutch) 사람들이 쓰는 낱말이다. 이 조직은 1941년~1945년까지 네덜란드 사람 '빌 도나바드(Bill Donavard)'에 의해 시작되었다가 1945년 5월 29일~31일, 3일간 네덜란드 군주 벤하드(Bernhard)에 의해 재편성되어 오늘에 이르렀다. 이 조직이 '빌더베르그'로 이름이 붙여진 것은 은밀한 모임의 장소로 선택된 독일 국경에서 가까운 네덜란드 Arnhem 근교에 있는 호텔이름에서 유래된다. 'Hotel de Bilderberg'에서 조직을 위한 첫 모임을 가졌다고 하여 이름을 Bilderberg로 명명하고, 회원을 'er'을 붙여서 Bilderberger라 부르게 된 것이다. 이 단어는 더치(Dutch-네덜란드 언어)의 고유명사이므로 '빌더베르그'로 불러야 옳은데도 사람들은 '빌더버그'라고 잘못 전달하는 오류를 범하고 있다.】

지난날에는 이러한 국제조직의 힘으로 세계정부를 추진시켜왔었다. 그러나 피라미드 형태로는 세계정부를 성사시키는 데에 한계를 느낀 세계정부주의자들이 오래전부터 연구하고 준비한 것이 이클레이를 풀뿌리로 활용하여 의제21을 만든 것이다. 그렇지만 기본계획인 10지역으로 나누어서 추진시키는 정책은 바꾸어지지 않았다. 오히려 의제21은 10지역으로 나누어진 새로운 세계질서 틀에서 진행되고 있다.

　이러한 정책이 과거의 방식이라면, 지금은 과거와는 달리 유엔을 모체로 하여 세계정부 구현의 마지막 시점에 도달했다고 보아도 무방하다. 지난 세기에서 세계정부를 만드는 방법은 상부구조로부터 하부구조로 진행되는 새로운 세계질서 정략이었다. 그것은 먼저 세계정부 지도자가 나타나서 세계를 통치하기 위해 모든 나라에 지도자들을 임명하여 지배하려는 전략이었다. 그러나 그러한 방법으로는 이룰 수 없었기에 방법을 바꾸었다. 새롭게 바꾸어진 방법은 모든 나라에서 하부기능이 형성된 후에 세계정부통치자를 나타내는 전략이다. 이처럼 21세기에 유엔을 세계정부 모체로 하여 세계정부를 성사시키겠다는 전략이다. 그 방법이 유엔 의제21이고, 이루기 위해 지속가능(Sustainability)이라는 방법이다. 따라서 세계정부 지도자가 나타나지 않은 상태에서 세계정부를 완성시키기 위해 모든 나라에서 유엔 의제21을 지속(Sustainable)시키며 활동하는 하부기능이 '지역환경창출 국제회의(International Council for Local Environmental Initiatives)'라고 일컫는 '이클레이(ICLEI)'이다.[14]

　저자는 대부분의 사람들이 즐겨 쓰는 '상징(Symbol)'이라는 용어는 쓰지 않겠다. 상징이라는 뜻 자체가 실체(Reality)를 나타내지 못하기 때문이다. 따라서 이 책을 쓰기위해 참고한 자료들은 어떤 사조직이나 개인이 세상에 떠도는 추론이거나 만들어 낸 소문에 근거한 것이 아니라 '유엔 경제와 사회국(Department of Economic and Social Affairs)'의 환경총회에서 조사한 사실에 근거한 내용들이다. 이 보고서는 "지역 환경창출 국제회의에서 유엔세계정상총회에 보고하기 위해 21세기 유엔개발프로그램을 위한 것(This survey was undertaken by the International Council for Local Environmental Initiatives with the support of the UN Secretariat for World Summit on Sustainable Development and collaboration with the UN Development Program Capacity 21)"이라고 하였다.[15]

유엔에서 의제21의 창출활동을 위한 국제조사는 '지방의 의제21(Local Agenda 21)'로 접근하는 방식으로 적용하는 것이 가장 적극적이고 성공적인 방법의 하나로서 인식 되어 왔다고 한다. 접근방식은 지역수준에서 지역 의제21의 목표와 환경개발(Environmental Development)에 관한 1992년 리오회의 이후부터 시작되었다고 한다. 이 방법은 지역사회와 도시와 그리고 세계의 수백 개의 도시가 경제와 환경과 사회적 요구에 균형을 지역 활동계획으로서 가시적으로 나타내는 결과를 생성하게 한다는 내용의 자료들이라고 하였다. 공동조사를 실시하여 지역 환경창출(Local Environmental Initiatives)을 위한 국제회의(International Council)가 나타내는 다양한 단계에서 1,800 지방에서 의제21의 사업을 통해 확인되었다고 유엔이 발표하였다. 이 보고서는 '리오회의기념일'을 위한 지속가능 개발(Sustainable Development)에 관한 유엔위원의 사무국과 더 많은 사람들에게 알리기 위함이라고 하였다. 첫 번째 조사는 의제21을 성사시킨 상황을 검토하여 유엔총회 특별회의(1997년 6월 뉴욕)에 제출했다. 정부와 의제21 목표를 조사하고 정부 간 프로세스에 제공하는 정보의 결과를 보고하였다. 의제21을 달성시키는 상황을 검토할 수 있는 총회였던 특별회의에 보고된 조사였다. 유엔세계정상총회 사무국은 이클레이(ICLEI) 활동을 격려하고, 2002년에 리오의 10주년이 지난 후 두 번째 국제조사를 시작한 의제21은 '유엔개발준비위원회(UNDP)가 조사한 것이다. 이는 지방의제 21의 채택이후 국제21의 활동법위를 측정할 수 있게 되었다고 한다.[16]

지속적인 지역의제 21을 위한 활동영향의 평가와 지속가능한 개발과 환경적인 사회와 경제적 측면에 지역의제 21의 활동이 가시적인 성과를 식별했다. 그리고 핵심은 지속가능 개발문제의 맥락에서, 지역동향과 세계동향을 파악하는 내용이었다고 하였다. 지역의제 21에 관한 설문조사는 2000년 가을에 시작하였다. 결과를 수집하고 분석한 기간은 2001년 말에 시작하여 2002년 1월에 끝나 조사결과를 사용할 수 있게 됐다고 하였다. 이러한 조사로 결정한 핵심 항목에서 세 번째 항목은,

① 국가적인 운동역할 (The Role of the National Campaign)
② 지역의제 21을 얼마동안 진행시켜야 할 것인가?
(How Far Along are Local Agenda 21 Processes?)
③ 지역의제 21의 초점은 어떤 것인가?
(What is the focus of Local Agenda 21 Processes?)
④ 지역의제 21로 얻은 결과는 무엇인가?
(What has been Achieved Through Local Agenda 21?)
⑤ 지역의제 21의 장애를 어떻게 대체하였는가?
(What are the Obstacles to Local Agenda 21 Implementation?)
⑥ 지역의제 21을 앞으로 어떻게 추진해야 하는가?
(Where are Local Agenda 21 Processes going in the Future?)

등 이러한 문제를 설문조사에서 발표하였다.[17] 이 조사에는 유엔 경제사회부에서 지속가능한 개발을 위한 부문의 의견과 제안으로 이뤄진 것이다. 113개국에서 활동하는 6,416 지역 이클레이(ICLEI)를 상대로 한 것이라 하였다. 그리고 이 보고서는 2002년 요아네스부르그(Johannesburg)에서 유엔이 주최하여 '지속가능개발 세계총회'에서 의제21에 관한 글로벌 진행결과에 관한 내용들이었다. 이처럼 세계정부를 위해 유엔을 모체로 하여 국제적으로 활동하는 21세기 전략을 근거로 삼았다.

따라서 우리는 앞으로 이러한 환경에서 어떻게 대처해야 할지를 생각해야 한다. 그렇게 해야 하는 것은 유엔 의제21로 인하여 우리가 우리의 삶에서 모든 것을 빼앗기게 되기 때문이다.

세 대륙으로 움직이는 삼각통치

【삼각통치란; 세계를 하나의 정부로 만들려고 세계를 10지역으로 나누어서 단일정부를 추진시켜왔다. 1929년부터 실시해왔으나 성과를 거두지 못하고 있을 때, 세계정부를 갈망하는 사람들은 또 다른 그룹을 만들었다. 유엔과 외교협의회(CFR)와 무역관세협정(General Agreement on Tariffs and Trade-GATT)을 움직이는 '삼각통치(Trilateral Commission-TC)'를 만들게 된 것이다. 'Trilateral' 이라는 단어는 외교협의회(CFR)와 유엔(UN)과 무역관세협정(GATT)이라는 삼자 협정을 나타내는 '삼각관계(Triangle)'로 이뤄진 고유명사다. 그러므로 사람들이 말하는 '삼변통치' 또는 '300인회'라는 말은 잘못이다. 그것은 이 조직의 명칭에서 '각(angle)'이라 하였지 '변(side)'이라 하지 않았기 때문이다. 삼각통치는 체이스 맨하탄은행 회장이며 외교협의회 의장이었던 데이비드 록펠러(David Rockefeller)가 즈비그뉴 브레진스키(Zbigniew Brzezinski)의 영향을 받고 외교협의가 추진시키고 있는 지구정부태동에 힘을 보태기 위해 1973년에 만든 조직을 말한다.】[18]

삼각통치가 세계를 셋으로 나누어서 서유럽은 유럽과 아프리카를 전담하게 하고, 일본은 아시아와 대양주를 전담하게 하고, 북미는 남북미 대륙을 각각 전담하는 셋으로 나누어 놓았다. 처음에는 북미와 일본과 서유럽(EU-영국, 프랑스, 독일, 이탈리아)이 독점하였으나, 세계정부를 추진시키는 데에 어려움을 해결하기 위해 각 지역에서 비회원 국가들로 그 세력을 확장시켰다. 그 한 예가, 1993년 서울에서 삼각통치 제56회 총회를 개최할 수 있게 한 것이다. 그때 한국대표자로는 당시 대통령 외에 세 사람이 참석하였고, 이 사람들이 당시에 삼각통치 태평양 아시아지역 회원들이라고 삼각통치 회원명단에서는 설명한다.

　삼각통치가 실시될 때의 계획은 각 지역에서 같은 비율의 회원을 배당하기로 하였다. 1980년에 그 수는 빠르게 증가하였기에 회원을 늘려야 했다. 따라서 가입된 회원국도 증가되었다. 유럽 그룹에는 160명이다. 북미주 그룹에는 120명이다. 태평양 아시안 그룹에는 2000년까지 일본 그룹으로 국한되었을 때 일본의 회원은 85명이었으나, 조직을 태평양 아시안 그룹으로 확대시키면서 일본이 57명으로 줄고, 한국이 15명, 호주와 뉴질랜드가 8명, 기존의 5개국(인도네시아, 말레이시아, 필리핀, 싱가포르, 태국)에서 16명, 도합 96명으로 늘렸다. 그리고 새로 포함되는 나라들로는 중국, 홍콩, 대만을 포함시켰다.

　2003년 4월 11-14일, 서울 신라호텔에서 "새로운 아시아 태평양 지역 전열을 향하여(Toward New Pacific Asia Regional Order)"라는 주제로 삼각통치 서울총회가 있었다. 당시 한국 대통령은 '정치적인 사회와 경제'를 주제로 메시지를 전달했다. 이 총회에는 대 통령 외에 4명이 참석하였다.[19]

2003년 9월 22-27일, 한국에서의 두 번째 TC 국제모임은 삼성동에 있는 인터콘티넨털에서 있었다. 총회모임의 코드는 'ISOIECJT-CISC36NO523'로 제56회 삼각통치 서울총회는 "지구 관리와 위상과 삼각통치의 운영을 위한 지역 구조를 높이다(Global Governance, Enhancing, Trilateral Commission Operation Heavy Construction Region)"였다. 그리고 46명의 삼각통치 세계 상임위원 중에는 이홍구 전 총리가 2003년 제56회 삼각통치 '서울모임(Seoul Forum Korea)' 보고서에 기록되어 있다.[20]

데비 키드(Devvy Kidd)가 쓴 '왜 미국은 망하는가?(Why a bankrupt America?)'라는 책 29페이지와 배리 골드와터(Barry Goldwater)가 쓴 '사과는 없다(With No Apologies)' 책 293 페이지에서, "삼각통치는 유엔과 무역관세협정과 외교협의회 등의 정책을 조정하며 방향설정(TC, control overall and advising on UN, GATT, CFR purposes)이 설립목적"이라고 하였다.[21]

여기서 보여주는 내용 중에서 "삼각통치는 유엔과 무역관세협정과 외교협의회 세 곳의 정책을 조정하고 방향을 설정한다."고 하였다. 유엔의 정책은 세계를 하나로 연합시키는 일이다. 무역관세협정의 정책은 모든 나라의 통상 문제를 공평하게 처리하는 일이다. 외교협의회의 정책은 세계를 10지역으로 나누어서 단일 세계정부를 만드는 일이다. 이런 일을 조정하겠다고 하였다. 그리고 세 곳이 하는 일을 컨트롤(Control)한다고 하였다.

컨트롤에는 지배 또는 감독관리라는 뜻이 내포된다. 최고의 국제기구인 유엔까지 감독관리 한다면 삼각통치는 유엔 위에 있다는 의미다. 어째서 그러한가? 유엔이라는 기구에는 여러 집행부서가 존재한다. 강대국에서는 유엔사무총장 자리에 앉지 않고 대신 집행부에 자국 사람들을 앞혀서 자국이익을 도모하게 한다. 따라서 유엔에 나가있는 집행부를 움직이겠다는 의미로 유엔을 컨트롤한다는 뜻이다.

"삼각통치는, 국제적으로 모든 나라들의 통상과 은행들을 장악하기 위하여 미국정부로 하여금 직접 개입하여 합병이나 퇴출하도록 한다. 삼각통치 회원들은 기술적으로 정치, 금융, 지능, 성직 등 4가지 중심권을 장악하기 위해 통폐합의 조정을 해야 한다. (Trilateral Commission is international and intended to be the vehicle for multi national consolidation of the commercial and banking interests by seizing control of the political of the United States. The trilateral Commission represents a skillful, coordinated effort to seize control and consolidate the four centers of power political, monetary, intellectual and ecclesiastical.)"라고 하였다. (22)

미국정부가 개입해서 세계에 있는 모든 은행들을 장악한다고 하였다. 장악하는 방법 중의 하나로 '합병(consolidation)'이나 '퇴출'을 언급하였다. 지난 수년 전으로 거슬러 올라가 보면 미국은 작은 나라의 은행을 자기들이 원하는 대로 매수하고 매각했던 일이 많았다. 그보다 더 중요한 일은 '정치와 금융과 인간의 지능과 종교의 성직, 넷을 장악의 핵심'으로 꼽고 있다. 패권싸움에서 절대적으로 선점해야 할 항목은, 첫 번째가 정치라 했다. 세계정부의 권력을 획득하고 그 얻은 것을 유지시키겠다는 것이다.

두 번째가 금융권을 장악하려 한다. 경제에 절대적인 자금수요의 공급을 총괄하려는 것이다. 세계의 모든 돈의 흐름을 컨트롤하게 되면 어떻게 되겠는가? 사실 오래전부터 그렇게 해왔었다.

세 번째가 지능장악에 초점을 두고 있다. 지능문제는 패권싸움에 절대적인 무기이다. 저들이 말하는 지능이란 무엇을 말하는가? 환경에 적응하는 능력만을 말하는 것은 아니다. 두뇌작용을 말하는 것이다. 이것이 베리칩(VeriChip)에 숨겨진 비밀이다. 현재 128개의 DNA 코드 중에서 32개로서 병을 치유하고 나머지 96개는 인간의 뇌신경을 조정하게 되어 있다. 이처럼 무서운 환경이 우리 앞에 달려오고 있다.

네 번째가 성직(ecclesiastical) 장악에 초점을 두고 있다. 세계의 모든 종교를 하나로 묶는 일이다. 유엔은 의제21의 프로그램 완성을 위해 2015년 4월, "유엔은 가톨릭에 모든 종교를 이끌어갈 동원령(the Catholic church to lead other religions "MOBILIZATION")"을 위임하였다고 하였다. 이 내용에 대하여 "저가 권세를 받아"(계13:15)라고 예언되어있다. 유엔 의제21에 따르면 종교에 관한 내용이 있는데, 하나님이 있는 교회와 하나님이 없는 교회, 둘로 나누었고 내용은 "또 짐승의 우상에게 경배하지 아니하는 자는 몇이든지 다 죽이더라"(계13:15)고 예언되었다. 하나님이 있는 교회라는 뜻은 '유엔 의제 21에 명시된 건강안전(health settlement-여기에 숨겨진 뜻은 건강안전을 위해 DNA-ID시스템)' 프로그램에 따르는 모임은 하나님이 있는 교회라 하고, 유엔 의제21 프로그램에 따르지 않는 모임은 하나님이 없는 사교집단으로 규정하였다. 이는 지능장악 항목에 해당되며, 인류에게 건강안전을 위한 프로그램 차원으로 몸에 칩을 넣고 인간을 감시감독 하겠다는 것이다.

1972년 3월, 체이스 맨하탄은행의 대주주요 회교협의회 의장이던 데이비드 록펠러가 이상주의 유혹에 끌려서 삼각통치를 만들었고, 록펠러가 공개한 그의 안목 세 가지에 다음과 같이 말하였다.[23]

1. 세계번영과 평화를 관장하며 국제적인 조직이 있어야 되고(International commission for peace and prosperity).

세계의 번영과 평화를 주창하는 국제적인 기능이 유엔인데, 무엇 때문에 삼각통치라는 국제적인 조직체가 필요한가? 그것도 최고기구인 유엔의 정책까지 조율하거나 조정하겠다는 의도는 무엇을 말하는가? 세계를 하나로 만들어서 지배하려는 비밀이다. 우리가 생각하는 유엔의 힘은 어디서 나오는 것인지 알아야 한다. 이러한 사실이 지금 유엔 의제21에서 진행되고 있다.

2. 모든 사조직 단체들이 안고 있는 계획들의 최우선순위를 해결하기 위하여 국제적으로 이 문제들을 처리하고, 새로운 사회로 접근하려면 대내적인 문제와 외국간의 문제점을 연구해서 배우도록 전달해야한다.(Private organization whose primary objective ...would be th bring the best brains in the world to bear on the problems of the future. This organization would examine the interrelationship between domestic and foreign preoccupations, study new approaches to the transfer of social technologies and hopeful come with fresh insight on how deal with common problems)

새롭게 접근하려는 사회라는 의미는 무엇인가? 그 사회는 세계정부사회라는 사실은 부시 대통령이 담화문에서 입증된다. 부시는 "우리는 우리들 자신과 우리의 차세대를 위하여, 우리 앞에 새로운 세계질서로 서서히 나아가는 기회가 주어졌습니다. 세계는 질서를 위해 법이 있습니다. 그 법망으로 이루어진 늪이 아니라 국민의 행위를 다스리는 법질서의 세계를 이루고, 이르게 될 것입니다. 우리에게는 실제로 새 세계질서를 성공시킬 기회가 온 것입니다. 유엔창설자들이 세계를 하나의 체계를 위해 연합된 국가를 약속했던 선진들의 세계관을 이행하기 위하여 유엔은 평화유지 정책을 사용할 수 있습니다."

뉴 아메리칸지에서 이 문제는 "우주의 평화와 정의라는 탈의 장막 뒤에 가려진 유엔의 테러는 국민, 대중의 의사나 법률상의 제약을 받지 않고 운용되는 전제정치제도로 승격시킨 진정한 목적은 세계정부"라고 했던 내용에서 볼 수 있다. 새로운 사회는 인류의 자유를 빼앗는 사회가 된다. 그리고 모든 사람이 세계정부의 통치를 받게 하는 새로운 사회주위 방식이라는 것은 유엔 의제21에 나타나고 있다.

3. 대서양국가들(NATO-북대서양 조약기구)과 일본에서 비밀을 지키는 30~40명을 집행위원으로 구성하여 신실하고 참신한 두뇌들로 정책의 기초를 만들어서 자국과 이웃 나라들이 이 목적에 따르도록 해야 한다.(A governing board of 30-40 leading private citizens, drawn from Atlantic Alliance nations and Japan. The objective of this brain trust would be nothing less than to rebuild the conceptual frames work of foreign and domestic polices.)

30~40명의 집행위원들과 두뇌들은 G7국가에서 뽑았다. 그런데 최근에 이 숫자를 늘려서 60명으로 확대시켰으며, 그중에 한국인 3명도 포함되어 있다. 이 사람들이 세계정부정책의 기초를 만들어서 G7에 넘겨준다. 넘겨받은 것을 검토하고 세계정부의 모든 나라들이 이 목적에 따르게 한다는 것이다. 그들이 말하는 정책이란 무엇인가? 세계정부정책을 말한다. 즈비그뉴 브르제진스키(Zbigniew Brzezinski)는 '두 시대 사이' 라는 저서에서 이렇게 말했다.[24]

1. 사회는 과거에 반드시 실천하려던 하나의 세계를 이루겠다는 계획대로 점점 그 실체 로 등장되고 있으므로 중대한 위기에서 따르지 않을 수 없게 될 것이다.(A community of developed nations must eventually be formed it to respond effectively to increasingly serious crises...)

따르지 않을 수 없는 실체란 무엇을 말하는가? 먼저는 세계정부를 구현시키기 위해 법으로 만들어 놓은 새 세계질서라는 제도다. 이것이 모든 나라들이 이 제도에 따르지 않으므로 인하여 유명무실하게 되었다. 그리고 매매수단에서 쓰이는 나만의 번호표가 없으면 생활할 수 없는 시대가 되는 실체로 등장하게 된다는 뜻이다. 이것을 이루기 위해서 정치적으로 압박하고 금융으로 압박하는 것이다. 그 선례가 지난소련의 붕괴에서 볼 수 있었다. 소련이 붕괴되었던 것은 경제에 있었다. 그 후에 러시아는 가스와 기름을 팔아서 다시 일어설 수 있었다.

2. 선진국들에 의해 새로 만들어지는 지역에서는 어떤 제도적인 표현이 요구될 것이다. (The emerging community of developed nations would require some institutional expression)

새로 만들어지는 지역은 어디를 의미하며, 나타나는 제도는 무엇을 의미하는가? 새로 만들어지는 지역이란 세계를 나누어 놓은 10지역이다. 제도적인 표현에서 제도는 세계정부제도가 된다. 그리고 표현은 연합된 국가들로 공동체라는 명칭을 말한다. 두 그룹으로 나타나는 패권싸움에서, 민주주의 그룹은 자본으로 형성되고, 사회주의 그룹은 무력으로 형성될 것이다. 그 좋은 예가 최근에 일어난 흑해에서 일어난 크림반도 사건과 우크라이나에서 볼 수 있다.

3. 구성하지 않으면 안 되는 기구는 높은 차원이고 독립적이고 세계적인 자문협의체가 될 것이고, 영구적으로 지원할 제도적인 장치가 되는 협의체가 두 시대 사이를 연결시키는 첫 고리역할에는 오직 미국과 일본과 서유럽이 되어야 할 것이다.(A high level consultative council for global cooperation [along with] some permanent supporting ma-

chinery to provide to these consultants. Although the council would initially link only the United States, Japan and West Europe.)

두 시대 사이를 연결시키는 역할로 G7이 이미 나타났다. 그들이 세계를 움직이는 자문역할을 하고 있다. 또한 그들은 어떤 간섭도 받지 않는 독립적으로 움직이고 있다. 그러면 어째서 미국, 일본과 서유럽이 두 시대 사이를 연결시키는 주역들이라 하는가? 세계를 움직이는 나라들이 G7국가들이다. 미국과 캐나다는 북(North)자만 빼면 아메리카다. 일본은 아시아와 호주에서 유일하게 일본만이 G7에 가입됐다. 그리고 서유럽이 라는 뜻은 영국, 프랑스, 독일, 이탈리아. 넷 나라를 일컫는 말이 서유럽이다. 결국 G7이 두 시대 사이를 연결시키는 첫 고리역할이다.

4. 마침내 진보적인 유럽 공산국가들도 참여하게 될 것이며, 참여하는 나라들이 늘어나게 될 때에 독립심이 강하거나 마음대로 하려는 나라들도 간접적으로 묶어둘 수 있게 된다. 그들은 벌써 한계점을 인식하고 함께 참여하므로 결과는 새로운 사회통치 권을 행사하는 것이다.(Embrace the Atlantic states [and] the more advanced European communist states participating nations would grow increasingly interdependent through variety of indirect ties and already developing limitations on national sovereignly.)

유럽의 공산국가들도 참여하고 수가 늘어나는 추세는 EU에 가입된 숫자는 계속 늘어남을 말하는 것이다. 간접적으로 묶어둘 수 있는 장치는 금융제재조치였다. 그리고 새로운 사회통치권은 세계정부통치권을 말한다. 세계정부를 위해 유엔은 이클레이를 풀뿌리로 활용하여 의제21을 진행시키고 있다.

5. 인간은 성숙된 생명을 유지하려고 창조적인 재연의 활동을 전개시키는 것은 인간이 승리했다고 확신하기 위한 것이다.(Represents a further vital creative stage in the maturing of man's universal vision a victory of reason over belief)

성숙된 생명을 무엇으로 유지시킬 수 있는가? 유전자 부호가 들어 있는 베리칩이다. 이 문제는 1997년으로 거슬러 올라간다. 당시에는 '인간유전자 부호'라고 하였다. 그 후 2000년 6월 26일에 대통령 클린턴은 유전자부호 128개를 완성했을 때 '세기의 날'로 선포했다. 통상부장관 노먼 미네타(Norman Mineta)의 보고서가 대통령에게 전달되었고 대통령은 어프라이드 디지털 솔루션(Applied Digital Solutions) 회사의 최고경영자 리처드 설이반(Richard Sullivan)에게 DNA 128코드를 베리칩 캡슐에 들어가는 디지털 엔젤(Digital Angel®)의 16자리 코드와 함께 넣으라고 지시했다. 미네타 인크루젼(Mineta Inclusion)란 비밀코드를 말한다.

'미국은 왜 망하는가?' 31페이지와, '뉴 아메리칸(New American) 1997년 특별기고' 12~23페이지는 다음과 같이 세계정부의 실체를 설명하였다.[25]

1. 세계정부가 실시되면, 어쩌면 생활의 기준치에 미치지 못할 것이고 세계정부는 재물의 재분배를 강요하고, 생활에서 엄격한 제재를 받게 될 것이다.(Rather than improve the standard of living for other nations, world government will means a forced redistribution of all wealth and a sharp reduction in the standard of living for...)

그때는 사람들이 아무리 원하지 않아도 생활은 누구나 다 균등해질 것이다. 그렇게 했던 과거 사회주의 나라들에서 이러한 실례를 볼 수 있다. 당시의 사회주의 나라들은 생활에 엄격한 규제로 다스려졌다. 세계정부가 실시되면 모든 나라는 배급제와 생활의 모든 면에서 규제를 받게 될 것이다. 이것이 이클레이에서 실시하려는 재분배 원칙이다. 근래에 사람들이 말하는 '양극화 해소', '평준화'라는 말도 여기에 해당된다. 미국정책연구소가 공개한 내용 중에서 이클레이가 사회자본 부문에서, '개인의 재산은 사회적으로 불의(不義)로 본다면서 '부의 재분배'를 강조하였다. 또한 진보 그룹들에서 부의 재분배를 외치는 것도 같은 맥락에서 일어나는 현실이다.

2. 엄격한 규제가 일반화될 것이다. 자유로운 이동을 제한시킬 것이며, 예배의 자유가 없으며, 개인의 소유권이 인정되지 않으며, 언론과 출판의 자유가 없게 될 것이다.(Strict regimentation will become common place. There will no longer be any freedom of movement, freedom of worship private property rights, free speech, or the right to publish.)

엄격한 규제는 시장에서, 생활에서, 사회의 모든 면에서 규제를 받게 된다고 의제21에 명시된 대로 시행됨을 말한다. 개인적인 이동의 자유가 제한받게 되는 사회는 어떤 사회인지 생각해야 한다. 예배의 자유가 없음에 대하여는 오래전부터 유엔신전으로 모든 종교를 하나로 통합시켜 놓았다. 그것은 1994년 12월 인도 델리에서 시작되었고, 2000년 10월 24일 제55차 유엔총회에서 유엔 산하기구로 가입된 단일종교회를 말한다. 이로 인하여 다원화종교라고 부르면서 특정종교 활동은 제재를 받게 되었다. 그리고 개인의 소유권이 인정되지 않음에 대하여 의제21에 명시되었고, 언론과 출판의 자유가 없음에 대하여 이 문제는 의제21에서 개인적인 이동은 정부로부터 통제를 받게 되어있다. 그리고 이 문제는 미국은 연방비상사태관리청(FEMA) 법에서 '정부정책을 부정하도록 미디어를 이용하여 유도하는 기사로서 시민을 선동하는 일부 언론인은 체포하게 된다' 라고 한 것이 이와 무관하지 않다는 것이다.

3. 세계정부가 실시되면, 이 거룩한 나라에는 또 다른 악몽과 같은 사회주의 체제로서 개인적인 모든 생산은 인정되지 않으며, 구매 관계도 새 세계정부 방침에 따라야 할 것이다.(World government will means that this once glorious land of opportunity will become another socialistic nightmare where no amount of effort will produce just reward)

여기에 대하여 이클레이 정책에는 '재분배'를 강조하면서 소비를 줄이겠다고 하였다. 뿐만 아니라 자본사회를 부정하면서, 부의 재분배는 모든 사람이 균등한 재산을 가져야 한다면서 개인의 재산은 사회적으로 불의(不義)로 본다는 점이다. 의제21에서 부의 재분배문제는 강하게 강조하는 부분이 재분배다. 이 뜻은 가진 자와 없는 자의 차별이 없는 사회를 말하며, 모든 소비시장에서의 매매수단은 통제가 된다는 뜻이다.

4. 세계질서는 누구든지 세계정부가 실시하는 강제적인 다스림을 받아야 되며, 따르지 않을 때에는 과거 소련의 공산당이 크렘린 광장에서 했던 것처럼 될 것이다.(World order will be enforced by agents of the world government in the same way that agents of the Kremlin used to enforce their rule throughout the former Soviet Union)

이 내용은, 1992년 12월 1일, 조지 부시(George H. Bush) 대통령의 메시지에서 잘 나타나고 있다. 부시는 "내가 볼 때 앞으로 지구에서 평화를 유지시키려면 유엔에서 새로운 세계질서를 담당해야 된다.

그리고 모든 사람이 마음으로 신에게 맹세하는 원리처럼 유엔 헌장에 충성하도록 해야 될 것"이라는 부문이다. 그리고 1998년 7월 17일에 이탈리아 로마에서 120개국이라는 절대다수로 만들어진 국제형사재판소 법이 적용되는 부문이다.

강대국들의 패권싸움

일찍이 세계정부를 추진시키는 미국의 외교협의회와 영국의 왕실국제연구소에서 두 시대 사이를 연결시키는 고리역할로 활용하기 위해 설립시켜 놓은 것이 G7이다. 정상이 되는 요구조건은 정치안정, 군사안정, 경제안정, 물가안정, 사회안정, 다섯이 평균이상(Great)이 되어야 했다. G7은 외교협의회와 삼각통치에서 단일정부 정책을 작성하여 넘겨주면, 그것을 세계에 알리는 역할이다. 정치는 유엔을 통하고, 경제는 세계은행과 국제통화기금(IMF)과 증권시장 등의 금융권을 활용해서 세계정부를 만드는 '새로운 세계질서'가 생겨나게 된 것이다.

정상이라는 일곱 머리는 기원전 이스라엘을 중심으로 일어났던 주변의 강대국들의 패권싸움에서 비롯된다. 당시 바빌로니아, 메소포타미아, 앗시리아, 이집트, 그리스, 로마 등이다. 기원후 강대국들의 패권싸움은 프랑스에서는 나폴레옹(Napoleon), 이탈리아는 무솔리니(Mussolini), 소련에서는 레닌(Lenin), 독일에서는 히틀러(Hitler), 일본에서는 히로히토(Hirohito), 영국에서는 제임스 3세 등이 세계정부를 만들기 위한 패권싸움에 대군정책을 활용하였다.

근대에 와서 세계를 장악하려는 패권싸움에 뛰어든 통치자들 모두가 앞에서 일어났던 독재자들의 나라에서 계승되었다는 점이다. 이러한 일곱의 뿌리에서부터 경제선진 7개국정상이 나타난 것이다. G7회원인 프랑스는 나폴레옹에서 계승되었고, 독일은 히틀러에서 계승되었고, 이탈리아는 무솔리니에서 계승되었고, 일본은 히로히토에서 계승되었고, 영국은 수장제도를 만들었던 제임스 3세 왕으로부터 계승되었다. 그리고 미국과 캐나다는 그 뿌리가 영국과 프랑스와 독일과 이탈리아의 후예들이다.

세계정부를 갈망하는 사람들이 일차적으로 실시한 것이 제도사회를 위해 새로운 세계질서라는 시스템을 내놓았다. 이 제도는 국제사회가 수용하지 않으므로 인하여 그 힘을 잃었다. 그러다가 21세기 문명문화가 만들어 낸 사이버문화(Cyber culture)가 사람의 몸에 넣는 칩이 매매수단으로 쓰이기 때문에 누구든지 그것을 받지 않을 수 없도록 강한 제도로 힘을 얻게 된다.

새로운 세계질서 틀에서 칩은 큰 위력을 갖는다. 이것으로 말미암아 죽어가던 새로운 세계질서 제도가 힘을 얻고 다시 살아났다. 사람들이 그 제도에 굴복하게 될 수밖에 없는 것은, 그것이 없는 사람은 아무것도 할 수 없는 시대이기 때문이다. 이러한 패권싸움은 인류를 멸망으로 빠트리는 결과를 가져오게 되었다. 그 계획에 대하여 데이비드 록펠러가 삼각통치를 만드는 데 기여했던 지비뉴 브르제진스키(Zbigniew Brzezinski)의 '두 시대 사이'에서 설명되고 있다.[26]

1. 세계를 두 시대 사이로 연결시켜주는 고리역할에는 미국과 일본과 서유럽뿐이다(World initially link between two ages only Unites States, Japan and West Europe).

여기서 연결고리 역할보다는 '두 시대 사이'에 관심을 가져야 한다. 브르제진스키가 말한 두 시대 사이란 무엇을 말하는 것일까? '사이'를 이해하려면 과거와 현재 그리고 미래를 함께 연결시켜서 생각해야 답을 얻게 된다. 과거의 역사는 군주정치나 전제정치에서는 통제가 따르는 정치였다. 그러나 세월이 흐름에 따라 민주주의로 바꾸어지면서 시장자유로 자본주의로 바꾸어졌다. 이러한 오늘을 과거 공산방식으로 돌아가려는 것이 우리 앞에 주어진 미래의 사회가 된다. 그리고 이러한 사회로 돌려놓는 역할이 강대국들의 패권싸움에서 비롯된다.

그들은 영국, 프랑스, 독일, 이탈리아, 일본, 미국, 캐나다 일곱 나라인 G7국가들이다. 브르제진스키는 두 시대(Two ages)에서 지금 우리는 다양한 국가에서 단일정부 시대로, 자유주의사회에서 새로운 독재주의사회로 바꿔지는 분기점에 서 있다고 하였다. 이 전략은 1인 독재체제를 구현시키기 시작하는데 한몫을 하였다. 이처럼 1인 독재체제는 독일도 이탈리아도 일본도 소련도 그램스 전략으로 세계를 지배하려 했으나 그 목표를 이루지 못하고 많은 생명만 빼앗았다. 모든 나라들이 세계를 장악하기 위해 몸 밖에서 전략을 찾으려 했으나 모두 실패하였다.

그러나 미국은 그들이 실패한 전철을 밟지 않고 몸 안에서 전략을 찾으려 한 것이 베리칩을 만들게 되고 그것이 새 그램스 전략이다. 강대국들의 패권싸움에는 미국이 독주하도록 보고만 있지 않았다. 세계의 모든 사람을 통치하게 될 칩에 능가할 방법은 없을지 생각해 낸 것이 푸틴의 로드맵 전략이다. 푸틴의 로드맵은 강대국들의 패권싸움에서 시작된 사건이다. 여기서 주목해야 할 점은 그동안 잘못 알려진 정보들로 인하여 시대를 바로 보지 못하게 만들어 놓았다.

2. 사회는 과거 사회주의자들이 반드시 실현시키려던 기본계획대로 그 실체로 등장되고 있는 중대한 분기점에서 따르지 않을 수 없게 될 것이다(A community of developed nations must eventually be former socialist it the world is to respond effectively serious crises).

과거 사회주의자들이 꿈꾸었던 것이 무엇이었던가? 국민, 대중의 의사나 법률상의 제약을 받지 않았던 전제정치였다. 이러한 사회는 우리가 이미 경험했던 사회주의였다. 그런 사회가 좋지 않았기에 허물어버린 것이다. 당시 사회주의 중국도 자본주의로 돌아서면서 경제대국으로 일어섰다. 또 사회주의 원조였던 소비에트연방도 붕괴된 이후 연합국 전체가 자본주의로 돌아선 동구권이다. 그중에서 사회주의 원조였던 소련이 붕괴된 후에 러시아라는 이름으로 바꾸어서 사회주의와 자본주의 혼합사회로 돌아선지 오래다.

그렇다고 러시아가 세계를 지배하려던 꿈마저 버린 것은 아니다. 과거의 전략을 바꾸어서 새로운 전략으로 선회시켰을 뿐이다. 그것이 최근에 일어났던 흑해에 위치한 크림반도 사건이다. 크림자치공화국이 우크라이나로부터 분리되는 독립을 선언하면서 러시아로 편입되었다. 그 이전에 체르노빌 원전사고에서 가장 피해를 많이 입었던 벨로루스공화국도 러시아의 손아귀에서 벗어나지 못하고 있다. 이뿐만이 아니다. 조지아공화국이 EU에 가입하려할 때 러시아의 압박으로 가입을 못하고 있다. 이처럼 새로운 전략으로 사회주의 국가들을 통치하는 현실로 볼 때, 과거 사회주의자들이 반드시 실현시키려던 기본계획대로 그 실체로 등장되고 있는 때임을 알 수 있다.

크림반도 문제는 우크라이나공화국이 추진하는 EU와 자유무역협정 문제로부터 시작된 것이 러시아가 크림반도를 점령하게 된 것이다. 벨로루스공화국과 조지아공화국은 EU에 가입하려는 것을 러시아가 방해함으로써 일나난 사건도 과거 사회주의자들이 반드시 실현시키려던 기본계획대로 그 실체로 등장되고 있는 때임을 알 수 있다. 이것은 강대국들의 패권싸움이 다시 시작되는 것이다.

푸틴의 로드맵

소련사회의 대변혁은 1985년 고르바초프의 등장과 함께 시작되었다. 그는 경제침체와 외교적 고립이라는 난제를 해결하기 위해 대내적으로 재건과 재편 개혁정책이라는 '페레스트로이카(러시아어: perestroika)'와 개혁과 대외적인 개방이라는 '글라스노트(러시아어: glasnost)'라는 실용적인 정책을 펼쳤다. 국내 경제발전을 위해 국가통제체제를 완화하고 기업과 지방의 자율권을 확대하고 동시에 시장경제제도 도입과 무역확대를 추진하였다. 또 관료주의의 축소와 권력의 지방 분산과 인민대표회의 창설과 대통령제를 도입하는 등 정치개혁을 실시하였다. 1922년 12월 30일부터 1991년 12월 22일까지 69년간 15개국으로 형성되어오던 공산사회주의 연방체제는 해체되었다.

그러나 러시아는 새로운 냉전시대를 재현시키고 있다. 러시아를 강력한 리더십으로 이끄는 블라디미르 푸틴(Vladimir V. Putin)은 과거 옛 소련의 영광을 다시 누리기 위해 EU에 맞서는 '유라시아연합(European Asian Union-EAU)' 경제공동체에 수년째 공을 들였다. 2001년부터 러시아가 주도로 러시아, 벨라루스, 카자흐스탄, 키르기스스탄, 타지키스탄, 우즈베키스탄(지금은 회원국 자격정지) 여섯 나라는 정회원이지만, 준회원인 모도바, 아르메니아, 우크라이나 중에서 벨라루스 못지않게 가장 군사전략으로 중요한 우크라이나가 EU와 나토에 가입하려는 움직임은 푸틴으로서는 여간 못마땅한 일이다.

  1991년 소련이 해체되면서 독립한 에스토니아, 라트비아, 리투아니아 등, 발트해역 3국이 북대서양조약기구(NATO)와 유럽연합(EU)에 차례로 가입하면서 러시아의 분노를 샀다. 독립국가연합(Commonwealth of Independent States-CIS)의 아르메니아, 아제르바이잔, 카자흐스탄, 몰도바, 우크라이나 등도 NATO와 개별적 협력관계를 맺음으로 인하여 러시아의 입지는 흔들렸다. 이러한 현실에서 '강한 러시아'를 외치는 러시아 국민에게 재집권을 잡은 푸틴은 국민의 희망이 됐다. 탈냉전 이후 유일강대국인 미국이 중심으로 국제체제를 독식하는 것을 보고만 있을 수 없었던 푸틴은 빨리 미국의 독식을 종결시키고자 노력해 왔다. 특히 서방주도의 경제에서 주도권을 되찾아오기 위해서는 경제권을 키우고 하나로 묶는 작업이 푸틴에게는 필요했다.

  유라시아연합(EAU)은 옛 소련공산권 국가들을 맹주가 되려는 푸틴의 열망을 담은 계획이다. 러시아와 벨라루스, 카자흐스탄, 키르기스스탄, 타지키스탄, 등 옛 소련을 하나의 경제공동체로 구성해서 다시 옛날처럼 러시아연합을 이루기 위해서는 벨라루스처럼 우크라이나도 러시아의 품으로 돌아서게 하기 위해 압박할 수밖에 없다. 크림반도를 몰아세워서 돌아서게 했던 것처럼 총성 없는 전선을 이루고 있다.

  2011년 러시아와 벨라루스, 카자흐스탄, 3국 대통령들이 모여 2015년까지 정식 통합기구인 유라시아경제연합(EAU)을 출범시키는 것을 목표로 협정을 맺었다. 유라시아경제연합은 유라시아연합을 위한 수순을 밟은 것이다. 그리고 나아가서 옛 소련이 누렸던 영토를 다시 찾겠다는 계산이다. 그러나 EU가 러시아의 계획을 방해하기 시작했다. EU는 2009년부터 'EU 동부 파트너십'이라는 프로그램 아래서 아르메니아, 아제르바이잔, 벨라루스, 조지아, 몰도바, 우크라이나 등 6개국과 협상을 시작했지만 결국 우크라이나에서 뇌관이 터진 것이 크림반도 사태와 가스파이프 문제까지 불이 붙었다.

강대국들의 패권싸움은 지난날과는 상황이 다르다. 근래에 벌어지고 있는 사태는 남중국해에서 일어나는 중국과 일본과 필리핀과 인도네시아 등의 해역에서 일어나는 사태가 첫 번째다. 다음은 해체되었던 소비에트연방이 흑해주변에서 일어나는 러시아연방으로 재집결하고 있다. 앞에서도 잠시 언급한 러시아와 우크라이나 사태는 강대국들의 패권싸움에 대한 한 축에 지나지 않을 것이다.

러시아가 크림반도를 흡수하고 우크라이나를 압박하는 것은 아주 오래전부터 예언되어 있었다. 세계를 장악하려는 패권싸움에는 무기는 총이 아니라 지능과 경제, 두 가지가 양립하게 될 것이다. 러시아는 우크라이나로 인하여 유럽연합의 제재를 받게 되면 러시아는 우크라이나를 통과하는 가스(gas)파이프라는 무기로 맞대응할 것이다. 이에 맞서는 미국은 지능을 장악하기 위해 베리칩으로 대응하는 것이다. 예언서대로라면 지능장악으로 어느 정도 장악이 끝날 무렵이면 여덟째로 나타는 왕이 통치하게 되겠지만 잠시 동안이라 하였다.
　예언서에는 강대국들의 패권싸움에서 미국은 세계의 인류를 장악하게 되어있다. 다른 강대국들은 미국을 견제할 방법이 없게 되었다. 중국은 경제성장으로 미국을 따라잡기는 하지만 앞으로 없어질 돈으로는 뾰족한 방법이 없다. 그러나 러시아는 조금 다른 각도로 패권싸움에 뛰어들었다. 그것이 앞에서 잠깐 설명했듯이 가스 파동이후에 기름으로 막대한 부를 축적한 러시아는 새로운 전략으로 세계를 장악하려는 것이다.
 러시아가 옛 소비에트연방국가들을 끌어 모으는 가시적 문제는 경제통합에 박차를 가하며 본격적인 유럽연합(EU) 견제에 나섰다. 그러나 실제의 속셈은 옛 소련이 누렸던 영광을 꿈꾸는 것이다. 그것을 위해 표면적으로는 러시아 수도 모스크바에 본부를 두고 있는 러시안 국제뉴스(리아 노보스티-Ria Novosti) 등, 러시아 주요 언론들은 블라디미르 푸틴 러시아 대통령이 모스크바에서 유라시아경제연합(EEU) 정상회담을 주최했다고 보도했다. EEU 정상회담에는 카자흐스탄, 벨라루스 등 과거 옛 소비에트연방 정상들이 참석했다. 푸틴 대통령은 정상회담 이후 기자회견을 열어 "EEU를 구성하기 위한 제도적 초안이 마련됐다"고 발표했다.

 이 회의에 모인 3국 정상은 다음해 5월까지 EEU 창설 조약을 체결하고 가입국들은 의회 비준절차를 거쳐 2015년 1월 EEU를 정식 출범하는 로드맵에 합의했다. 푸틴 대통령은 서유럽 국가들이 중심이 된 EU에 비견될 만한 기구를 만들기 위해 러시아가 중심이 된 옛 소비에트연방 국가연합체를 추진하고 있다. 러시아는 지난해 EEU 창설을 위한 준비 단계로 카자흐스탄과 벨라루스를 끌어들여 3개국 관세동맹을 출범시켰다. 푸틴 대통령은 EEU 외연을 확대해 장기적으로는 유라시아연합(EAU)을 출범시킬 계획을 구상하고 있는 것으로 알려졌다.

 푸틴 대통령은 "이번 정상회담을 통해 EEU 회원국의 법적지위와 제도적인 틀, 그리고 향후 EEU 기능 등에 대해 논의했다"면서 "회의에 참석한 정상들은 유라시아통합 프로젝트 기본원칙들에 대해 합의했다"고 설명했다. 푸틴 대통령은 EEU 결성이 EU를 견제하기 위한 목적이라는 일각의 시선에 대해 "다른 시장에 맞서는 장벽을 구축하려는 것이 아니라, EU와 개별 국가들을 포함한 경제 주체들과 다각적인 협력증진을 위해 노력하고 있다"고 설명했다. 그는 아울러 "EEU는 회원국들 간에 경제를 강화시키고 조화로운 발전과 화해협력을 도모하는 데 도움을 줄 것"이라고 강조했다.

EEU 외연확대에 대해 논의한 정상들은 아르메니아의 관세동맹 가입 일정이 승인됐다고 밝혔으며, 키르기스탄도 가입 준비를 하고 있다고 전했다. 정상회담에는 미콜라 아자로프 우크라이나 총리가 옵서버로 참여해 주목을 받았다. 이로써 우크라이나의 관세동맹 가입 가능성도 높아지고 있다. 푸틴의 이러한 구상과 추진은 경제협력이 아니라 세계정부 주도권 싸움에 유리한 입지를 다지기 위함이다. 푸틴은 우크라이나를 압박하는 의도는 무엇일까? 서진에 목적을 두고 옛 소비에트 연방의 부활을 꿈꾸는 것이다. 이것이 우크라이나를 압박하는 것이다.

1922년 12월 30일에 벨로루시 소비에트 사회주의 공화국과 우크라이나 소비에트 사회주의 공화국과 자카프카스 소비에트 연방사회주의 공화국과 러시아 소비에트 사회주의 연방공화국이 소비에트 사회주의 공화국연방 창설조약을 체결함으로써 소비에트 사회주의 연방공화국이 탄생했다. 그 후에 소비에트 연방공화국이 무너지면서 이 나라들 은 각기 독립을 선언하고 소련과 분리되었다. 분리 독립될 때 카프키스는 지금의 아제르바이잔공화국과 아르메니아공화국과 조지아(그루지야)공화국으로 세 나라로 분리되었다. 이처럼 소비에트 연방공화국을 탄생시킨 벨로루시와 우크라이나가 EU에 가입하는 것이 러시아의 입장에서는 좋을 수가 없다. 러시아 서부국경에서 넓은 영토를 차지하고 있는 두 나라는 러시아에게는 절대적으로 필요한 나라들이다. 무엇보다 에스토니아와 리투아니아는 발트 해를 끼고 있는 북대서양함대 전략요충지다. 그런 두 나라가 유엔에 가입하고 나토에 가입됨으로서 러시아로서는 북대서양 군사전략에 엄청난 손실을 가져왔다. 그러니 흑해만은 내어줄 수 없는 군사전략요충지다.

크림반도는 1833년부터 200년 동안 러시아흑해 함대사령부가 있는 곳이다. 러시아 는 크림반도 세바토플(Sevastopol)에 흑해함대사령부를 두고, 우크라이나 남단 오데사(Odessa)에 흑해함대 모항을 두고 있다. 세바스토플와 오데사 두 곳 다 흑해함대 모항이다. 러시아로서는 흑해를 장악하기 위해서는 어떻게 해서라도 우크라이나를 압박할 수밖에 없다. 그래야 흑해함대사령부의 안방인 흑해에 다른 나라함대가 들어올 수 없기 때문이다. 또한 우크라이나를 통관해서 유럽으로 공급되는 가스와 기름을 안전하게 보호할 수 있기 때문에 푸틴이 우크라이나를 포기하지 않으려 하는 것이다. 그리고 나아가서 서진으로 세력을 넓혀 나아가려 할 때, EU라는 강대국과의 패권싸움에서 유리한 고지를 점령해야 승산이 있기 때문이다. 푸틴은 우크라이나 하나로 만족하지 않을 것이다. 미국의 독주를 막고 러시아가 옛 소비에트연방의 영광을 찾으려 하는 것이 푸틴의 로드맵이다. 푸틴은 우크라이나 다음으로 옛 소비에트 연방에 속했던 모든 나라들을 다 시 집결시키려는 것이다. 나아가서 한국과 밀접하게 연계하고 있는 중국과 북한까지 옛날처럼 주권행사를 하려할 것이다.

푸틴은 과거 소비에트 연방이었던 모든 나라들을 하나로 묶는 '푸틴'스 유라시안 연방(Putins' Eurasian Union)'의 정책을 펴면서 "동쪽 푸틴 대, 서쪽 지구 주의자들(Putin's east vs globalist west)"이라는 동서 분열로 이어지면서 세계는 자연스럽게 '새로운 세계질서로 접근 (Merging into a New world order)'하고 있다.⁽²⁷⁾

패권싸움에 뛰어든 나라는 또 있다. 지금까지 동아시아와 태평양에서 주도권을 장악 하고 있는 미국과 일본을 견제하기 위해 패권싸움에 뛰어들고 있는 중국도 만만치 않다. 그것이 근래에 와서 자주 충돌을 빚고 있는 '센카쿠(일본어)/다오위다오(중국어)' 열도분쟁이 중국이 영유권 분쟁을 일으키는 이유도 강대국들의 패권싸움의 한 축이다. 중국의 증폭되는 공격성이 도발에서 나타나고 있다. 2013년 9월 이후 중국은 이 열도에 대하여 자국의 영유권을 적극적으로 주장하면서 해군 함정과 전투기를 계속 파견하여 일본 순시선을 괴롭히고 있다.

이런 행위에 덧붙여 중국의 최고위급 장성 한 명은 미군기지가 있는 오키나와 섬을 포함한 류큐제도 전체에 대한 일본의 영유권에도 의문을 제기했다. 2013년 5월에는 중국군병력이 인도영토 안으로 약 19km나 침입했다. 인도가 자국군대 병력을 그 지역에서 철수하는데 동의한 뒤에야 중국은 병력을 철수했다. 1962년 중국·인도 전쟁 이후 계속되고 있는 고원지대의 국경분쟁지역은 그리스와 비슷한 면적이고 거주 인구는 100여만 명을 넘는다.

중국은 남중국해에서도 분쟁을 일으키고 있다. 중국은 이 해역의 140만 제곱마일 공 해 수역에 대한 영유권을 적극 주장하고 나섰다. 2013년 11월 중국정부는 하이난 성의 일부라고 주장하는 이 해역에 '불법 진입'을 하는 외국 선박에 중국 관리들이 승선하여 나포할 것이라고 발표한 바 있다. 국제수역에서 선박을 나포하는 것은 국제법상 전쟁행위에 해당된다.

또한 중국은 주변지역에 대한 군사적 영향력을 계속 확대함으로써 분쟁의 씨앗을 심고 있다. 2013년 중국은 필리핀 근해에 있는 산호섬인 스카보러(Scarbough) 섬을 점거했다. 필리핀이 항의하자 중국은 필리핀의 주장이 불법이라고 말하면서 이 섬을 비롯한 다른 영유권 분쟁에 대한 국제중재를 받아들이지 않을 것이라고 밝혔다.

중국은 자국의 과장된 주장을 그대로 반영한 해도를 2013년 1월에 처음 발표했다. 이 해도는 2차 세계대전 이후 가장 규모가 큰 영유권 주장의 실상을 보여 준다. 중국의 이런 주장은, 나치 독일이 지중해 전체가 자국 영해라고 주장하는 것과 같다. 중국은 거의 매달 새로운 영유권 주장을 하거나 기존의 분쟁상대국을 위협하고 있다. 이런 분쟁대상이 중국의 '핵심적 국가이익'이라는 주장은 최악의 사례다. 중국이 자국의 생존에 필수이므로 협상의 대상이 될 수 없다고 한다. 이런 영유권 주장은 대만, 신장, 티베트의 경우에도 해당된다.

많은 중국 분석가들은 중국의 개방정책이 현대화 및 민주화로 이어져서 기존의 국제체제를 받아들일 것으로 생각하였다. 젊은 해외유학파 지도부가 폭력을 청산하고 협상을 선택할 것으로 예상했다. 중국의 건국초기 30년을 망쳐버린 무력분쟁은 과거지사가 되고 모든 영토분쟁이 평화적으로 해결될 것으로 기대하였다.

그러나 세계경제진입으로 중국이 일당 독재 국가의 침략성을 포기하고 칼을 벼려서 쟁기로 만들지 않은 것이 분명하다. 국가 보조금으로 생산된 값싼 기구들을 세계에 판 매한 돈으로 칼을 만들고, 이 칼을 휘두르는 빈도가 갈수록 높아지고 있다. 중국의 행동은 일당 독재 국가의 근본적인 요소를 반영하고 있다. 즉 자국민을 무력으로 무자비하게 다스리는 정부는 주변의 국가들을 같은 방식으로 대하는 경향이 많다. 이런 태도는 중국의 남중국해 영유권주장에 강력하게 맞서는 국가들인 베트남과 필리핀을 멸시하는 중국의 행동에 뚜렷이 나타나고 있다.

중국을 자제시키는 것은 태평양의 미7함대뿐이다. 중국이 제안한 것처럼 미7함대가 뒤로 물러날 경우에는 중국이 남중국해의 여러 섬을 무력으로 점령하여 다른 나라들의 수비대를 몰아내고 자국 '영해'를 통과하는 선박에게 통항허가를 받으라고 요구할 것이다. 지금보다 국력이 훨씬 약했던 시절의 중국의 통치자 덩샤오핑은 후계자들에게 "힘을 감춘 채 때를 기다리라"고 충고했다. 지금은 상황이 변했다. 오늘의 중국은 태평양 전역에서 미국과 대등한 군사력을 갖추고 일본을 제외한 주변국들보다 훨씬 강해졌다. 이러한 것이 강대국들이 세계를 장악하려고 뛰어든 패권싸움이다.

2장. 아무도 모르는 의제21의 진실

【유엔 의제21이란: 대부분이 이것을 알지 못할 것이기에 간략하게 설명하는 것이 좋을 듯하다. 1992년 6월 3-14일까지 브라질 리오 데 자네이로(Rio de Janeiro)에서 180여 나라들이 21세기를 위한 유엔 환경개발총회(UN Conference on Environment and Development)에서 국제연합으로 합의한 것이 '유엔 의제21(UN Agenda 21)'이다. 이 총회에서 합의한 유엔기후변화협약(UN Framework Convention on Climate Change) 서는 총 351페이지이며 전체를 4부(Division)로 나누어서 40장(Chapter)으로 기록된 실천합의서가 21세기에 세계정부를 만든다는 유엔 전략이다. 이 합의서에는 지하수 고갈방지책을 위해 무분별한 개발이나 무분별한 지하수 사용을 금지하고 있다. 그리하여 황폐한 지구를 살리기 위해 인구 85%를 줄여야 하고, 개인의 소유재산은 인정하지 않으며 개별적인 여행을 금지시키는 내용들이 포함되어 있다. 그

리고 우리 모두가 살고 있는 지금의 방법으로 더 이상 살 수 없으며, 나아가서 개인의 작은 농장도 허용되지 않게 된다는 내용들이 포함되어 있다. 나아가서 가진 자의 재물을 재분배하여 모두가 공평하게 누린다는 공산(Common Property) 방식을 추진시키려는 내용들이 포함된 것이 의제21이다. 세계정부를 구축시키기 위해 국제사회가 공동을 실행하는 의제가 '유엔 의제21(UN Agenda 21)'이고, 각 나라별로 실행하는 정책이 '지역 의제21(Local Agenda 21)'이다.】

모든 나라가 이러한 유엔의 음모를 모르고 수용했듯이, 미국도 늦게 이 사실을 공개하면서 반대와 활동금지령을 의결하는 주(도)들이 날로 늘어나고 있는 사실들을 바탕으로 의제21의 음모를 공개하게 된다. 워싱턴에 있는 미국정책연구소(American Policy Center)가 "우리도 그것이 무엇인지 몰랐다(we don't know what it is)"라면서 뒤늦게 유엔 의제21의 충격적인 음모를 공개하였다. 정책연구소는 미국뿐만 아니라 세계 모든 나라정치정책을 연구해서 의원들과 국민에게 알려주는 일을 하는 곳이다. 또한 미국의 주권과 국민의 재산을 보호하고 나라의 안위와 국민의 생명을 보호하도록 의원들을 돕기 위해 정책을 연구하는 곳이다. 이들이 연구한 보고서는 의정활동을 하는 의원들이 국민의 행복과 국익을 이끌어가도록 도움을 주는 곳이다. 미국 의회 기록문서 H.CON.353에 보면, 1998년 10월 2일에 미국은 국내정책을 통해 유엔 의제21과 지구정상회담에서 합의한 다른 합의를 구체적으로 나타내는 국가전략 개발계획 법안을 보게 된다.

【H.CON. 353이란; 미국의회(House of Representatives)라는 첫머리자 H와, CON은 '동시다발적으로 일어날(concurrent) 사건을 여러 시간 찬성과 반대를 나누어서 함께(con) 논의한 의회기록 문서를 모아

서 줄인 약자를 말한다. 유엔지구정상회의에서의 결정을 구체적으로 나타내는 강력한 리더십 역할을 가정해야 한다면서 미국의회가 입법화시킨 법안은 표현과 외교정책을 파악하고 지구환경을 보호하기 위해 추가로 계약하고 지원하고 높은 수준의 유엔 지속가능 발전위원회에 참여하는 모든 국가와 협력하는 법이 H.CON.353이다.]^[1]

세상에서 아는 것이 많으면 여러모로 편리한 점이 많지만, 반대로 아는 것이 없으면 답답하고 짜증이 나고 나중에는 낭패를 당하는 경우가 많다. 또한 아는 것이 많으면 어떤 일을 준비하는 데 수월하지만, 반대로 아는 것이 없으면 우왕좌왕하다가 아무것도 이루지 못한다. 또 이런 경우도 생각해 볼 수 있다. 우리가 모든 것을 다 안다면 정상적으로 살아갈 사람이 몇이나 될까? 모르고 살 때가 더 편리하다고 할 수도 있을 것이다. 그렇지만 그 편리함이 오히려 자신을 파멸시키는 경우가 더 많을 것이다. 그래서 사람은 배우기를 원하고 노력해서 많이 알려고 한다. 무엇이던 배워서 알게 되면 여러 면으로 유익한 점이 많기 때문이다. 경제를 배워서 알면 경제 부문에 유익하고, 기술을 배워서 알면 공업부문에서 유익하다. 이처럼 사람은 무엇인가 알기를 원하는 것은 내 앞에 주어지는 환경을 이기기 위함이다. 그렇다면 우리는 우리 앞에 주어진 세계정치를 얼마나 알고 있는지 생각해야 한다. 그런 의미에서 세계정세와 사회가 어떻게 돌아가고 있는지를 알아야 한다.

우리는 1992년 6월 3-14일, 브라질 리오 데 자네이로(Rio de Janeiro)에서 합의한 유엔에서 21세기 세계정부를 위해 모든 나라의 지방에까지 그물망 조직으로 활동하는 '지역 환경창출 국제회의(International Council for Local Environment Initiatives-ICLEI)'가 유엔이 세계정부를 만드는 의제21을 뒷받침하는 기능[2]이라는 것을 얼마나 알고 있는가? 우리는 내가 알지 못했던 사실이 공개될 때, 사람들은 이런 근거를 어디에 두고 있는가? 하는 의문이 생기게 된다. 그러한 의문은 세계가 변하는 제도와 문화를 모르는데서 오는 의문이다. 그래서 이런 내용에 대하여 한낱 공상이라든가, 아니면 낭설이라고 치부하는 경우가 대부분이다. 그러나 이 책에서 말하는 내용들은 유엔에 제출된 자료에 근거를 하였다. 그처럼 많은 근거들 중에서,

ⓐ.1993년에 지구출판사(Earth Press)에서 발행한 "유엔지구정상총회 의제21의 지구보호전략(Agenda 21: The Earth summit strategy to save our planet)"[3]

ⓑ.1996년에 이클레이 본부에서 발행한 "지역 의제21 계획(Project of Local Agenda21) 설명서"[4]

ⓒ.900페이지가 되는 1996년 유엔환경총회 보고서 "개인의 재산과 소유권을 인정하지 않는다.(The local agenda 21. Planning guide ICLEI 1996)"[5]

ⓓ.미국대통령 개발유지위원회 보고서(Report From the President's Council on sustainable development)[6]

ⓔ.1992년 유엔지구사무총회 "모리스 스트롱의 의제21(Maurice Strong Agenda 21)전략"

ⓕ.이클레이(ICLEI) 세계본부 부의장 "하비 루빈(Harvey Ruvin)의 경작하지 않은 땅 개발계획서(ICLEI. The wild lands project)"[7]
등에서 발굴한 자료들을 근거로 이 책을 쓰게 된 것이다.

앞으로 사회는 인간의 상상을 초월하는 변화를 가져오게 된다. 그 변화는 지금까지 우리가 살아온 방식이 아니라 모든 것이 통제되는 사회가 된다. 그러므로 그러한 사회에서 어떻게 할 것인가를 생각하

고 그러한 환경에서 살아남을 대책을 마련해야 한다. 통제사회가 되면 어떤 일들이 생길지 깊이 생각해 보아야 한다. 예를 들자면, 어느 슈퍼마트의 계산대에서 일어난 일이다. 고객은 애원하고 통제하는 경비원은 안 된다고 강경하게 제재하는 실랑이다. 그러는 사이에도 계산원은 팔짱을 끼고 바라만보고 있다. 고객은 카트에 물건을 담아서 값을 치르려고 계산대 앞까지 왔다. 몇 가지 안 되는 물건을 꺼내며 계산하던 계산원이 오렌지 3개와 우유 한 통을 빼내면서 "가족 수가 둘인데 오렌지가 5개"라면서 오렌지 3개를 빼냈다. 그리고 "아이가 한 명인데 우유 두 통은 안 된다"면서 가족 수에 맞는 수량만을 살 수 있다면서 오렌지 3개와 우유 한 통만을 계산 하는 과정에서 일어난 일이다. 고객은 오렌지 5개와 우유 2통을 다 계산해 달라고 사정하는 진풍경이 일어났다. 많이만 팔아달라고 홍보하던 요즘의 사정과는 전혀 다른 현상이 일어난 것이다. 다른 계산대에서도 사정은 같았다. 다른 종류의 상점에도 사정은 마치한가지였다. 왜 이러한 사회가 되는가?

사회가 통제되고 사람에게는 없어서는 안 될 자신만이 갖고 있는 아이디(베리칩)가 몸 안에 있기 때문이다. 스캔을 하면 계산대에 있는 계산기 모니터에는 이름과 나이와 주소, 그리고 가족 수와 은행계좌번호에 이르기까지 모든 정보가 나타나서 추적하고 감시하는 시대이기 때문이다. 이러한 시대를 두고 그리스도께서 "외식하는 자여, 너희가 천지의 기상은 분변할 줄을 알면서 어찌 이 시대는 분변치 못하느냐"(눅12:56)라고 마지막 때를 알려면 시대를 보라고 하신 말씀이다. 계속하여 "또 어찌하여 옳은 것을 스스로 판단치 아니하느냐"(눅12:57)라고 경고하신 말씀이다. '분변(分辨)'은 '설명, 연설'인데도 목회자들은 마지막 시대에 관한 설교를 하라고 하였다. 그런데도 옳은 것은 말하지 않고 거짓된 논리에는 그것이 사실인양 쌍지 팡이를 집고 일어선다. 구체적인 실상을 알지도 못하고 반대하면서 도 옳지 않은 것에는 쌍수를 들고 환영하는 시대가 오늘이라는 현실 이다. 그렇다면 옳은 것이란 무엇을 말하는가? 세계가 하나로 뭉쳐 지는 세계정부일 것이다. 또 다른 옳은 것이란 남녀노소를 막론하고 자기만의 번호표를 몸에 지니고 살아야 하는 시대를 말한다. 그것은 소비시장에서 매매수단으로 쓰이는 자기만의 번호가 들어있는 베리 칩을 몸에 넣고 생활에 필요한 물건을 사고 팔 수 있는 사회이기 때 문이다.

지금이 그러한 시대로 들어선 것이다. 사람들은 '아직은 아니다' 라고 말한다. 또는 '우리 시대에는 그런 일이 오지 않는다' 라고 느긋 하게 생각하고 있다. 그러나 1992년 10월부터 모든 나라가 유엔에서 합의한 의제21에 맞추어서 사회의 모든 면에서 코덱스(CODEX)라는 규정으로 규제하는 일은 오래되었다.

【코덱스 규정이란: 식품 또는 규정(Food law or Code)을 말한다. 이 법은 1999년 유엔식량농업기구(FAO)에서 180여 나라가 영양분을 공 급하는 식품과 의약품과 농산물 등에 생산과 진행과정과 양분 등이 표시된 레이블(label)을 붙이도록 합의한 규정이다. 이후 식품이나 농 산물아 너이더라도 모든 물품에 부착시키는 bar code 역시 코덱스 규정과 연관시켜서 유통시장과 소비시장에서 규제하도록 한 규정이 다.】[8]

이 규정은 매매수단으로 연결되어지게 하였다. 자신만의 번호표를 몸에 지니고 있는 사람만이 물건을 살 때 코드(Code)가 붙어있는 물건을 살 수 있도록 의제21에 감추어져 있다. 그리고 모든 나라에서 일률적으로 같은 방법으로 실시하고 있다. 또 다른 면에서는 유엔 의제21은 '지역 환경창출국제회의(International Council for Local Environment Initiative)'를 활용하여 세계정부작업은 모든 나라에서 활동한지가 오래되었다. 이 기능 이름을 '지방자치단체 국제회의'라 하고, 약자로는 이클레이(ICLEI)라고 부르고 있다.

날씨는 볼 줄 알면서

우리는 일기를 예의주시하면서 지금 세계가 어떻게 되는지는 보지 않는다. 우리는 날씨나 기온과 하늘과 땅과 바다에서 일어나는 상황에 대해서는 뉴스를 보고 듣거나, 아니면 스마트폰으로 열심히 주고받는다. 겨울에는 이상기온으로 많은 눈이 내려서 제설작업에 큰 어려움을 겪는다는 소식은 잘도 전달된다. 또한 엄청난 폭설로 많은 피해가 생겼다는 뉴스도 같은 맥락으로 설명된다. 그뿐인가! 화산폭발로 많은 주민들이 화산재를 뒤집어쓰고 대피하느라 정신이 없다는 소식도 시대를 보는 현상이다. 그런데 이러한 소식은 듣고 전달하면서도 지금 세계가 어떻게 돌아가는지 사회에서 없어서는 안 될 매매 수단으로 쓰이는 것이 어떤 것인지에 관해서는 말하지 않는다. 또 성서에서 "어찌하여 옳은 것을 스스로 판단하지 못하느냐"(눅12:57)라는 물음은 무엇을 말하는가? 옳음과 옳지 않음을 분별할 줄 알아야 한다는 메시지다. 유엔 의제21에서 규제하는 코덱스 규정은 물건을 사고파는 데에만 한정된 것은 아니다. 이러한 일들이 발생되기 때문이다.

어느 날 요란하게 문 두드리는 소리에 문을 열어준 짐 브라운(Jim Brown)씨 부부는 문 앞에 서 있는 두 명의 연방비상사태관리청 직원을 보는 순간에 사색이 되었다. 그들이 찾아온 이유는 이러하다. "브라운 씨, 당신들은 정부정책을 위반했기에 이 집을 압류하겠소."는 것이다. 정부정책이란 무엇인가? 의제21에서 요구하는 물 관리규정과 토지사용규정과 건축물규정 등을 말한다. 브라운 가족은 넓은 땅에 아름다운 정원까지 조성하여 살고 있었다. 물론 건물도 크고 넓다. 이것을 전원주택(Garden house)이라고 한다.

이 집을 유지하려면 하루에도 몇 톤의 지하수를 끌어올리기 때문에 지하수 고갈방지정책을 위반했다는 것이 물 관리규정이다. 다음은 넓은 대지에 조성된 나무들과 꽃들과 잔디 관리에 하루에 쓰는 물의 량이 너무 많아서 이것 역시 지하수 고갈방지정책을 위 반했다는 것이다. 그리고 다음은 이처럼 크고 넓은 집을 유지하려면 에너지 사용이 많은 데 에너지절약정책을 위반했다는 것이다. 또 넓은 정원은 토지사용규정을 위반한 것이다. 뿐만 아니라 많은 방 칸수와 화장실 그리고 부엌 등도 냉온조절을 유지하는데 소요되는 에너지와 물 사용과 아울러 환경오염에 주범인 폐기물이 많아서 이것도 의제21이 규정한 환경유지정책을 위반했기 때문에 이 집에서 살수 없다는 것이다. 또한 브라운 가족은 정부정책이 요구하는 자기만이 지니고 다니는 신분번호가 들어있는 칩(표)도 받지 않고 이처럼 넓고 큰 저택에 사는 것이 위법이기 때문에 모든 것을 빼앗기는 것이다.

브라운은 여느 때처럼 자동차를 운전하고 시내로 나갔다. 아무리 눈을 비비고 찾아도 주차장이 보이지 않았다. 공용주차장이나 주차공간이 없어서 하루 종일 돌아다녀도 주차장을 찾지 못하고 집으로 돌아왔다. 그리고 몇 날이 지나서 정부로부터 압류통지서를 받았다. 자동차에서 뿜어내는 배기가스가 환경을 오염시켰다는 이유로 자동차운행통제정책 위반으로 자동차를 압류 당했다. 그리고 자동차의 주행거리만큼 벌금이 부과되는 도로사용료도 납부해야 했다. 그런데 이 벌금을 지금처럼 현금이나 수표, 또는 신용카드로 결제되는 것이 아니다. 의제21에서 강제하는 금융정책에 따라야 한다. 이 금융정책은 자신의 몸에 넣어진 베리칩으로 결제되기 때문에 매매수단으로 쓰이는 베리칩이 없이는 아무것도 할 수 없는 사회에 살아야 된다.

은행창구에서 금전거래를 할 때나 상점에서 물건을 구입할 때도 자기만이 지니고 다니는 신분번호가 들어있는 ID를 제시해야 스캐닝이 될 수 있다. 이 신분번호가 들어있는 ID는 어떤 것을 말하는 것일까? 제품 이름을 '파지티브 아이디(Positive-ID)'로 바꿔서 부르는 베리칩(VeriChip)을 말한다. 이것이 사회에서 매매수단으로 쓰이도록 규정하고 있다. 근래에 와서 크고 작은 체인점에는 의사 사무실을 만들어놓고 상근하는 수효가 늘어나고 있다. 그리고 계속 사무실을 만들고 있다. 약국에는 이미 의사와 간호사가 있는데도 무엇 때문에 같은 매장에 새로운 의사를 상근시키려 하는지 알아야 한다.

이클레이가 어떤 기능이기에 사람들은 이것이 좋은 줄로만 알고 환영하는 것일까? 또한 배후에는 의제21이 있는데도 그것을 깨닫지 못할 뿐만 아니라 둘을 묶어서 보려하지 않고 따로 떼어서 보려는 것일까? 미국정책연구소는 의제21과 이클레이에 관하여 다음과 같이 설명하였다.

유엔 의제21의 서문에는 "지금 인류는 역사의 결정적인 순간에 서 있다. 한 나라 안에는 불균형의 연속성으로 말미암아 빈곤과 기아와 질병과 건강과 개발과 문명 등을 웰빙에 의존하고 있다. 그러한 의존은 생태계의 약화로 지속적으로 환경개발문제와 연관성을 나타내고 있다. 이러한 통합은 기본적인 사항이 이행되어야 한다. 그것은 모두를 위해 향상된 생활수준으로 더 나은 보호와 생태계를 보다 안전하고 풍요로운 미래를 위해 관리하는 것은 어느 한 나라만으로는 이것을 수행할 수는 없다. 그래서 모든 나라와 그 나라의 지방자치단체(ICLEI)에까지 힘을 모아서 글로벌 파트너십으로 나아가야 한다."라고 되어있다. 유엔의 의제21 서문에서 의제21과 이클레이는 하나라는 것을 정의하였다.[9]

유엔 의제21에서 말하는 녹색사업이라는 아름다운 표제만을 볼 때는 환경보호를 위한 녹색사업이라는 계획은 현재의 지구가 위험하기 때문이다. 그래서 유엔 의제21에서는 지구상의 지하수 고갈, 무분별 개발로 인한 환경파괴 등을 막지 않으면 멀지 않아서 지구는 파괴된다고 보는 것이다. 이러한 문제점을 해결하기 위해 모든 나라가 실행에 옮기도록 하는 전략이 의제21이다.

이처럼 지구를 위해 좋은 계획이고, 인류를 위해 반드시 시행되어야 할 일이지만, 숨겨진 진실은 표면적으로 나타난 주제와는 정반대라는 사실이다. 모든 나라에서 유엔 의 제21을 지속시키기 위해 풀뿌리역할로 활동하는 기능이 이클레이라 하였다. (※이클레이가 무엇인지를 '3장 두 얼굴의 이클레이'에서 설명된다.)

사람은 내가 연구하고 배우지 않았거나 직접 경험하지 못한 것은 받아들이지 않으려 한다. 또한 그것이 사실이고 진실일지라도 헛된 소리가 아니면 이상한 사람으로 매도하는 세태이다. 이유는 간단하다. 먹고 살기가 바쁜데 이러한 내용은 먼 외국에서나 있을 뿐이지

내가 살고 있는 나라에서는 일어나지 않을 것이라고 생각하기 때문이다.

또 다른 이유는 다른 나라에서 일어나더라도 내가 살고 나라에서는 그런 일이 없을 것이라는 안일하게 생각하는 착각현상 때문이다. 그리고 내가 살고 있는 나라에서 일어나더라도 나에게만은 그런 일이 없으리라고 허망하게 생각하기 때문이다. 그러나 아무리 부정하고 아니라 할지라도 사실이 거짓으로 바뀌지지는 않는다. 그리고 사실은 묻혀버리지 않는다. 지금은 우리가 어느 것을 택할 것인지 그 판단에 갈피를 잡지 못하는 중대한 시점에 와 있다. 이처럼 피할 수 없도록 밀려오는 어둠을 아는 사람이 과연 얼마나 될까.

의제21이란 무엇인가?

2011년 7월 6일자, 뉴 아메리칸 지는 "유엔 의제21과 이클레이(ICLEI)은 무엇인가?" 라는 주제로 수년전부터 정치권을 강타하는 이슈를 다루었다. 의제21에 대하여 1992년 6월 3-14일까지 브라질 리오 데 자네이로(Rio de Janeiro)에서 21세기 유엔환경개발총회의(UN Conference on Environment and Development)에서 [10] 유엔기후변화협약(United Nations Framework Convention on Climate Change)과, 유엔 지속가능 개발(UN Sustainable Development)을 주제로 모인 총회라고 설명하고 있다.

무엇이 지구정상총회에서 급진적인 환경운동가들에 의해 나온 의제21이라는 유엔합의를 이끌어냈는가? 정부와 개인, 모두가 우선순위에 큰 변화를 불러온 것이 사람에 관한 문제와 경제문제에 연결된다. 의제21은 유엔의 주최로 이루어진 지구온난화 문제는 지구정상총회에서 찾게 된다. 가정을 위협하는 지구온난화 문제에 대응하기 위한 조치를 앞세워서 세계에서 극단적인 환경운동가들이 불러온 최대문서가 21세기를 위한 의제이다.

의제21은 우리가 지금까지 경험한 자유로운 생활방식과 모든 인간사회의 방향을 통제사회로 전환시킨다는 내용이다. 세계주의자들은 이러한 변화가 필요한 이유를 인간이 활동하는 모든 것이 환경에 영향을 끼친다고 본 것이다. 이러한 사회를 바꾸기 위한 것 은 특수한 작업이다. 그것은 사람들이 사용하는 석유, 석탄, 천연가스 같은 연료에서 나오는 공기오염이라고 판단하였다. 그리고 의제21을 구체적으로 나타내기 위한 전략의 용어에서 '스마트 성장(smart growth)' '지속가능(sustainable)' '녹색 성장(green growth)' 같은 용어에 사람들이 매혹당할 만큼 녹색이라는 선전으로 선동하는 것이 이전의 세계정부를 만들 때 사용했던 용어보다 훨씬 더 넓은 전략으로 보았다. 그래서 과거에 이뤄진 글로벌 조약과 국내법을 혼합으로 모색하고 있다.

또한 개인이든 기업이든 자발적으로 자신을 의제21에 투자하려는 행동변화도 새로운 변화라고 보기 때문이다. 그러나 유엔 의제21은 소비자들에게 생활수준의 변화를 위해 일반 법률과 같은 개정절차로 개헌이 가능한 '연성 법(soft law-일반 법률과 같은 개정절차로 개헌이 가능한 법)'으로 싸우기 시작했다. 연성 법은 크게 보면 세금감면이지만 현찰을 사용하지 못하도록 하여 돈 세탁을 엄격하게 통제하는 환경이라는 기준이다. 그 환경이란 세계정부를 구현시키는데 반드시 필요한 의제21의 하부기능인 이클레이를 통하여 각 정부 또는 민간 기업으로부터 보조금을 독점해서 활동의 힘(권력)을 강화시키는 일이라 하였다.

국가와 지방 수준에서 연성법으로 활용하는 의제21의 하부기능인 '지역 환경창출 국제회의(International Council for Local Environment Initiatives-ICLEI)'는 브리질 리오 정상총회가 있기 몇 년 전에 시작되었다. 또한 이클레이는 전 세계 6,416개 이상의 주(도), 카운티(군) 및 시정부 공무원들이 회원으로 활동하고 있다. 그리고 정부와 기업으로부터 받은 보조금은 엄격한 규정대로 지역사무소(그들은 이클레이를 지방정부라고 호칭한다)를 확장시키는 활동자금으로 쓰고 있다. 대부분의 도시에서 활동하는 이클레이 현지관리들은 환경문제 인센티브를 제대로 알지 못한다. 다만 의제21의 하부기능인 이클레이의 영향력으로 대내외적으로 자신의 명성을 펼칠(display) 수 있고, 보수로 받는 리베이트(환불)이 마수라는 것을 모르고 이클레이를 자랑한다.

이클레이 회원으로 에너지와 환경업무를 담당하는 매사추세츠 임원사무실에서 발견 된 수표가 그것을 입증시켜 준다. 이것은 정부의 단체인 이클레이에 속한 도시, 또는 군 에서 발견된 두 번째 수표다. 그러면서도 그들의 목표는 재산권을 인정하지 않는 1992년 리오 총회에서 나온 그들의 '연성법'이라고 일컫는 의제21을 구체적으로 나타내기 위한 활동을 하고 있다. 이클레이는 나라와 지역수준에서 받는 보조금이 통제와 감축체제에 큰 부분이 되고 있다. 하지만 산울림 메아리(echo) 같은 보조금이 의제의 일부분이 아니다.

그 또한 오바마 대통령이 백악관에서 정부가 확장을 요구했던 에너지효율제품에 대한 시장에서의 승자와 패자의 셈법일 뿐이다. 오바마 대통령은 5월 6일에 '녹색 일자리'의 두 단어를 자랑했다. 여기에는 미국 동부 페어필드 코네티컷에 본부를 두고 있는 제너럴 일렉트릭(General Electric-GE)과 같은 거대한 기업이 2010년도 소득세를 32억5천만 달러 공제를 청구할 수 있었다. 이것이 GE가 현금으로 바꾸는 풍력터빙 프로젝트로 녹색 프로젝트에 대한 연방정부의 '세금공제' 혜택이었다. 물론 그 누구도 더 많은 효율적인 연료가 자동차에 필요한 부품을 만드는 중소기업의 개체가 된다고 보지는 않는다.

의제21과 하부기능인 이클레이 목표는 시장에서 승자와 패자를 선택하는 원리처럼 현존의 모든 정부들을 통합하여 하나의 세계정부를 구현시키는 것이다. 이러한 그들의 음모를 모르는 모든 정부들은 일반적으로 잘못된 승자를 선택하고 그 일에 동참하고 있는 실정이다. 그것이 지난 10여 년간 주택가격의 거품교훈이다. 연방정부는 보조금, 세금혜택, 금리의 억제에 의해 주택 소유를 촉진시켰지만 경제는 추락했다. 녹색일자리에 같은 일을 하고 있는 정부는 훨씬 더 큰 규모의 경제에도 같은 일을 할 수도 있다.

의제21은 유엔에서만이 진행시키는 것이 아니다. 모든 나라가 그러하듯이 미국도 의제21을 진행시키고, 한국도 의제21을 진행시키고 있다. 뿐만 아니라 모든 나라의 지방에까지 분포되어 있다. 예를 든다면, 유엔에서 추진시키는 의제21, 각 나라에서 추진시키는 의제21, 각 나라의 주(도)에서 추진시키는 의제21, 지방과 시에서 추진시키는 의21 등으로 피라미드 조직으로 세분하여 진행되고 있다. 유엔은 의제21을 지속시키기 위해 이클레이 이라는 이름으로 지구촌 구석구석에까지 풀뿌리조직으로 확산시켜서 유엔 의제21을 지속시키고 있다. 따라서 유엔 의제21을 지속적으로 발전시키기 위한 이클레이 기능은 각 나라에서 저변조직으로 확대시키고 있다.

이러한 사실이 유엔국제총회에서 드러났다. 교토의정서는 1997년 12월 11일, 일본 교토 국립교토국제회관에서 개최된 지구 온난화방지 교토회의 제3차 당사국(이 일에 관계가 있는) 총회에서 채택되었으며, 2005년 2월 16일에 발효되었다. 공식명칭은 기후변화에 관한 국제연합규약의 교토의정서(Kyoto to the United Nations Framework Convention on Climate Change)다. 교토의정서는 지구온난화의 규제와 방지를 위한 국제협약인 기후변화협약의 수정안이다. 이 의정서를 인준한 나라들은 이산화탄소를 포함한 6종류의 온실가스(이산화탄소, 메탄, 이산화질소, 수소불화탄소, 과불화탄소, 육불화학)의 배출량을 감축하며, 배출량을 줄이지 않는 국가에 대해서는 관세제도를 적용하지 않는다는 장벽을 적용해서 목을 조이는 것이 교토의정서다.[11]

한편 등급별로 나누어진 국가들이 제1차 공약기간(2008-2012년) 동안 온실가스 배출량을 1990년대 수준의 대비평균 5.2% 이하로 감축하는 규정을 마련해야 한다. 제1등급 국가에는 기후변화협약에서와 마찬가지로 온실가스감축과 기후변화적응에 관한보고서와 계획을 수립하고 이행하는 일반조치를 요구한다. 교토 의정서는 녹색개발체제(Clean Development Mechanism)를 위하여 가스배출권 거래제(Emission Trading Scheme)의 도입을 통해 기후변화대응에 시장메커니즘을 도입하도록 하고 있다. 한편 이를 통해 개도국에 대한 재정지원과 기술이전을 도모하는 등 유엔기후변화체제를 보다 구체화시키는 계기를 마련한다는 것이 골자다.[12]

이러한 주제나 설명만을 보면 절대로 필요하고 좋은 사업이라 할 수 있다. 그러나 세계정부주의자들은 아름답게 포장한 상자만 보여주는 것일 뿐이지, 상자 속에 넣어진 것이 겉으로 보는 포장이 아니라는 사실이다. 한편 2012년 제18차 총회에서는 2012년 12월 1차 공약기간이 종료됨에 따라 2013년부터 2020년까지 8년 동안 공약기간을 설정하는 의정서 개정안을 채택했다. 그러나 미국, 일본, 러시아, 뉴질랜드 등이 2차 공약기간에 참여하지 않아서 참여국의 전체배출량이 전 세계배출량의 15%에 불과해 효율적인 기후변화대응 체제로는 미흡하다고 지적되었다. 이에 따라 국제사회는 2014년 중간평가를 도입하기로 하였다. 선진국은 2020년까지 1990년과 비교해서 25~40%의 감축을 목표로 노력하기로 결정하였다.

2011년 12월, 남아프리카 더반에서 개최된 제17차 유엔기후변화협약 해당국총회에서는 2020년 이후 미국, 중국, 인도 등 모든 해당국이 참여하는 새로운 단일기후변화체제(더반 플랫폼)에 합의하였다. 이에 따라 2012년부터 새로운 기후변화체제를 위한 협상이 2015년을 타결목표로 개시한 것이다. 제18차 해당국총회에서는 2013년부터 2015년 까지 작업계획을 확정하였다. 또한 제18차 해당국총회에 참여한 유엔사무총장은 더반플랫폼 협상의 촉진을 위한 정치적 모멤형성이 필요하다고 보고 2014년 정상급회의 개최를 제안하게 되었다.

의제21과 녹색사업

녹색사업에는 환경을 보호한다는 미명으로 대기오염, 수질관리를 위해 지하수사용금지, 토지사용금지, 무분별개발금지, 현재의 단독주택 거주금지, 전원이나 정원사용 금지, 포구에 정박하는 요트나 야치운항 금지, 자동차 소유금지, 등 일상생활에 필요로 하는 개인의 활동과 재산소유를 금지시키는 음모가 숨겨져 있다. 이러한 음모를 알지 못하고 모든 나라들이 유엔 의제21에서 협약한 녹색사업에 동참하고 있다.

  2010년 제16차 당사국(국제간의 교섭사건에 관계가 있는 나라)총회 때에 채택된 멕시코 칸쿤 합의(Cancun Agreement)에 따라 국제사회는 개도국의 온실가스감축과 적응활동을 지원하기 위한 녹색기후기금(Green Climate Fund-GCF) 설립에 합의했다. 한국은 2011년 제17차 해당국총회에서 녹색기후기금 사무국 설립에 합의했다. 치열한 유치전 끝에 2012년 10월 22일 기금사무국을 인천광역시 송도국제도시에 유치시키는데 성공하였다.[13]

  한국정부는 녹색기후기금 본부협정을 체결(2013년 6월)하는 등 사무국의 조기운영 개시를 지원하기로 하였다. 사무국의 조기안착과 더불어 녹색기후기금은 개도국의 기후변화원칙적용과 온실가스 감축을 위한 노력에 실질적으로 기여할 수 있도록 적극적인 노력을 기울이고 있다고 좋은 면만 설명되어 있다. 녹색기후기금 사무국을 한국에 유치시킨 것은 경제적과 일자리뿐 아니라 부가가치로도 괄목할 만한 일이다. 그러나 유엔 의제21을 지속시키기 위한 운영자금으로 활용되는 일은 덕이 안 된다. 그것 역시 미국정책연구소도 "그것이 무엇인지 몰랐듯이(we don't know what it is)", 한국도 모르면서 좋은 것으로 알고 있는 것이 아닌지 생각되지만, 모리스 스트롱(Maurice Strong)이 유엔에 제출한 보고서를 보면 좋은 것이 아니라는 것을 알 수 있을 것이다.

【모리스 스트롱(Maurice Strong)은 어떤 사람인가? 1929년 4월 29일 캐나다 매니토바에서 출생한 석유와 광물자원 전문사업가다. 아프리카에서 유엔의 기근구호 프로그램에 인정을 받고 유엔 코피 아난 사무총장의 고문역을 담당하였다. 그는 유엔 환경계획 일환으로 지하수 문제를 다루면서 1992년 6월 브라질 리오 데 자네이로 지구정상 회담에서 지구생태계 정책의 필요성을 제출한 사람이다. 그가 제출한 21세기 의제를 국제연합(UN) 의제21과 지방(각 나라) 의제21로 세분시켜서 모든 나라가 실행하도록 한 사람이다.】

스트롱은 유엔에서 일하면서 21세기 국제연합정책의 필요성을 제출한 사람이다. 그가 제출한 '나라 의제21'과 '지방 의제21'로 세분시키는 의제21은 모든 나라를 공격하는 것이나 다름이 없다. 스트롱이 제출한 보고서는 모든 음모는 은폐시키고 환경개발을 위한 지속가능성만을 부각시켜서 사람들로 하여금 동조하게 한 전략이다.

그 음모는 모든 사람의 삶, 아이들의 생활, 연구적으로 사람을 제어(control)하는 것 등이 포함되어 있다.

스트롱은 세계경제와 지구생태를 보호해야 한다는 논리로서 현재의 생활과 풍요로운 소비패턴을 바꾸기 위해 화석연료 사용통제, 가전제품 사용통제, 가정과 직장에서의 에어컨통제, 높은 육류섭취의 부당성, 교외단독주택 부당성, 무분별한 건축으로 인한 땅 사용의 제한 등이 지속(Sustainable)되어야 한다면서 개발환경정책을 유엔에 제출한 사람이다. 스트롱의 보고서는 환경과 경제와 자본에 대한 규제의 필요성을 유엔 의제21의 청사진이 되게 했다. 그리고 그는 재물의 재분배와 현존정부들의 구조를 규제시켜서 세계정부를 만들어야 한다고 주장하였다. 그리고 다음의 중요한 인물은 이클레이를 만들게 한 할렘 브룬트란드(Harlem Brundtland)이다. 그녀가 유엔에 제출한 보고서에 근거하여 유엔 의제21을 지속시키는 이클레이(ICLEI)가 만들어졌다.

【할렘 브룬트란드(Harlem Brundtland)는 어떤 사람인가? 브룬트란드는 노르웨 환경장관을 거쳐서 총리까지 역임하였다. 특별히 브룬트란드는 세계사회주의(World Socialism Party) 당수였다. 그녀는 노르웨이 오슬로에서 태어나서 오슬로 대학을 졸업하고 미국 하버드대학에서 의사학위를 받았다. 의학박사 할렘 브룬트란드가 유엔환경사무국 장직에 있으면서 "국제 지속가능성과 건강리더"를 위한 사업으로 유엔에 1987년에 247쪽으로 된 "우리의 공동미래(Our Common Future)"라는 보고서, 의제21을 지속시키는 이클레이(ICLEI)가 채택되었다.】
(14)

모리스 스트롱(Maurice Strong)은 21세기 유엔 의제21(UN Agenda 21)를 만들게 한 사람이고, 브룬트란드(Harlem Brundtland)은 이클레이(ICLEI)를 만들게 한 사람이다. 따라서 유엔 의제21과 이클레이는 뗄 수 없는 관계이므로 중복되는 내용들이 이 책에서 보이게 된다. 둘은 손등과 손바닥 같은 관계다. 이클레이는 의제21의 전략을 실행하는 풀뿌리 기능이고, 의제21은 이클레이를 움직이는 상부기능이기 때문에 이 둘은 불가분의 관계이므로 따로따로 떼어놓으면 이해가 되지 않는 부분이 생긴다.

할렘 브룬트란드와 모리스 스트롱, 두 사람이 유엔에 제출한 보고서에 의해 만들어진 의제21과 이클레이는 세계정부를 구현시키는 방향을 바꾸어 놓았다. 세계정부를 태동시키는데 깊이 간여했던 지비그뉴 브르제진스키(Zbigniew Brzezinski)의 저서 '두 시대 사이(Between two age)'에서 말하는 삼각통치(Trilateral Commission) 사상과 연결된다. 록펠러 재단의 총수인 데이비드 록펠러의 마음을 움직인 두 시대 사이의 세계의 모든 인류가 주목해야 할 내용에는 이렇게 말했다. "선진국들의 연합체가 심각한 위기에 효과적으로 대처하기 위해, 결국은 과거의 사회주의 형태가 될 수밖에 없다."면서 과거의 사회주의 형태로서 세계정부를 실현시키기 위해선 사회주의 시스템이 안성맞춤이라고 말한 계획의 연속성이 의제21과 이클레이의 활동이다.

유엔 의제21의 계획을 지속시키기 위해 활동하는 이클레이의 명칭이 상부와 하부에서 다르게 표현된다. 유엔에 등록된 명칭은 '지역환경창출 국제위원회(International Council for Local Environment Initiatives)'로 되어있다. 그러나 세계의 모든 나라에서 활동하는 기능은 '지역 환경(Local Environment)'을 '지역정부들(Local Governments)'로 바꾸어놓았다. 상부는 '환경(Environment)'이라 하고, 하부는 '정부들(Governments)'로 바꾸어서 부르고 있다. 그리고 지속은 무엇을 돕는다. 또는 유지시킨다는 의미이다. 그렇다면 무엇을 유지 또는 돕는 지방정부들인가? 문자대로라면 지속이라는 'Sustainable'은 지방정부들이 돕는다는 뜻으로 읽어진다. 그렇다면 그들이 말하는 지방정부들은 무엇인가? 입법정부에서 구획시켜놓은 행정구역이 아니다. 유엔 의제21을 돕기 위한 '비정부단체들(None Government Organizations)'이라는 뜻이다. 이는 누구든지 뛰어드는 자치단체 또는 개인으로서 의제21을 지속시키려는 조직이라는 뜻이다. 그것은 의제21의 배후가 누구인지 뒷받침정책에서 다음과 같이 설명되고 있다.

① 이클레이는 "유엔 의제21을 지속시키기 위해 지방자치단체로서 커뮤니티의 소프트웨어로 유엔이 원하는 지역사회를 이끌게 하고 이클레이 확장교육을 실시하라"고 하였다.

② 이클레이는 "설계위원회와 지방정부 관리자협회와 문예부흥설계 그룹들을 가입시켜야 한다"라로 하였다.

③ 이클레이는 "회비를 납부하는 시장(Mayor) 그룹과 군수(Manager of County) 그룹과 주지사(Governor) 협의회를 통하여 해당부문에서 근무하는 공무원을 회원으로 가입시켜서 그들로 하여금 실무를 담당하도록" 하였다.

④ 이클레이는 "체육연맹과 지방자치단체 외에 사조직 단체들과 정부공직자들로 이클레이 운영자금을 기부하도록 해야 한다"라고 하였다.

⑤ 이클레이는 "지역개발을 위한 지속정책에서 영리한 성장을 위하여 개발되지 않은 땅의 경작프로젝트와 회복시켜야 할 도시와 미래적인 지역프로젝트를 만들어서 사회를 위한 전문가가 되어야 한다."고 하였다.

⑥ 이클레이는 "지속가능한 녹색일자리를 독점하기 위하여 빌딩을 녹색방향으로 주도해서 대체에너지와 지역비전을 수립하는 진행을 개발(Development)해야 한다"라고 하였다.

⑦ 또한 이클레이는 "자신들의 이룩한 역사(History)를 보존하기 위하여 지역권을 관리해야 한다"라고도 하였다.

　⑧ 이클레이는 "개발권한과 농업종합교육과 성장관리합의 등을 실행해야 한다"라고 하였다.

　유엔 의제21은 모두가 생각하는 것처럼 좋은 것이 아니다. 모든 나라를 세계정부에 내어주고 인류를 멸망시키려는 음모라는 점이다. 미국은 유엔 의제21과 의제에 숨겨진 이클레이의 구조 등을 국민에게 알려주고 있다. 물론 주제는 기후환경을 유지시킬 수 있는 개발제한문제만이 아니라 후속조치로 진행되는 내용까지 지각이 있는 보수층의 언론과 공화당에서는 왜 반대하는지 그 내용을 국민에게 알려주고 있다. 많은 내용들 중에서 관심을 가져야할 물 관리문제와 토지관리문제와 인간의 건강문제와 생물공학 활용방안에서 모든 인류에게 적용되는 건강전략(health for all strategies)을 DNA로 신원확인하고 감시한다는 것 등이다.

　이처럼 미국은 인간의 생활문제 등을 구체적으로 알려주고 있지만, 한국은 알려주지 않고 있다. 이것은 모든 나라가 거주지 제한과 물 사용제한과 토지사용제한 등을 DNA로 인간을 감시하도록 하였기 때문에 중요하다. 2014년 7월 17일, 워싱턴 포스트는 "지금 유엔은 세계적으로 집단감시에 고삐를 조이고 있다(United Nations: Rein in Mass Surveillance is now world's)"라고 보도하였다. 미국은 이처럼 구체적이고 객관적으로 설명하고 있는데 한국에서는 알면서 숨기는 것인지, 아니면 처음부터 몰라서 알려주지 못 하는 것인지 모르겠다. 설명하지 않았을 뿐만 아니라 환경단체 또는 녹색사업이라는 그럴듯한 명목으로 적극적으로 활동하고 있는 실정이다. 그렇다면 구체적이고 객관적으로 설명되지 않은 협약만으로 알고 있는 사람들은 의제21을 어떻게 인식할까? 또한 이해문제에만 급급하여 사업의 타당성을 강조하며 현실에만 치우쳐서 발바닥 밑에 도사리고 있는 위험을 감지하지 못하는 어리석음과 무엇이 다르다고 하겠는가.

351쪽으로 된 유엔 이제21과 1996년에 발행된 900페이지에 달하는 지역 의제21 계획지침서(The Local Agenda 21 Planning Guide) 중에서 몇 가지만 들어보자. 의제21의 내용은 모든 나라가 협약서대로 시행하도록 합의하였다. 뿐만 아니라 이러한 시행은 유엔 산하기구들 중에서 세계보건기구, 국제어린이기금, 국제개발프로그램, 세계은행, 등을 총동원하여 감시정책(Policies surveillance)으로 연결되어있다. 그리고 이 합의에는 모든 나라가 21세기 통치를 위해 해당되는 법안을 입법시킨 이유는 무엇인가? 따라서 모든 나라가 합의한 유엔 의제21에 따라 자체적으로 법으로 제도화시키는데 그 중에서 몇 가지만이라도 알아야 한다.

인간의 건강문제와 생물공학(biotechnology)의 활용방안에 대하여 대부분의 나라들은 구체적이고 세부적인 설명이 없다. 그러나 미국은 모든 인류에게 적용되는 건강전략을 DNA로써 신원을 확인하도록 하는 제도를 알려주고 있다. 의제21에는 인간의 건강문제를 해결하기 위해 질병의 이동을 추적해서 확산되지 못하도록 차단시켜야 한다고 되어있다. 질병의 이동경로를 추적하는 방법을 사람의 몸에 생체칩을 넣어서 감시하고 추적하는 일이라 하였다. 그 방법이 사람의 몸에 칩을 넣는 이유를 '건강전략(health for all strategies)'이라 하였다. 또 이 일을 위하여 세계의 모든 곳에서 사람을 감시하게 하는데 이것이 의제21에서는 '새 세계 감시시스템(New age of surveillance system) 이다.(15)

　그럼에도 우리는 의제21에서 기후변화 또는 환경개발이라는 제목의 좋은 면만 알고 있을 뿐이지 그것이 우리의 삶을 송두리째 빼앗아 가는 해악이라는 것을 모르고 있다. 모를 뿐만 아니라 알려고 노력하지도 않는다. 건강전략을 위해 사람의 몸에 칩을 넣는 일은 강대국에서만이 아니라는 사실이다.

　유엔 의제21의 제2부에서 토지관리 문제를 말하고 있다. 토지관리에 대하여 한국 의제21과 한국 이클레이에서는 무분별개발제한 또는 환경보호 같은 원론적인 내용만 설명 하고 있다. 그러나 지구생존개발안내서(On earth survival guide)에 따르면 앞으로 미국사람들은 도시 변두리에서 거주와 쉼이 허용되지 않는다(won't east every last olive garden in America)고 되어있다. 또한 물 사용을 제한하기 위해서는 작은 농장(small farms)을 제한시킨다고 되어있다.(16)

　제한시키는 이유는 지하수 관리를 위한다고 설명하고 있다. 유엔 의제21과 이클레이 에서 물 관리내용에 관하여 설명하고 있다. 수질관리를 위한 한국 이클레이 설명과 미국 이클레이 설명을 비교해야 한다. 한국에서는 수질관리를 크고 작은 강(River)들과 도시주변의 환경에 중점을 두었다. 오염되지 않는 깨끗한 물, 동식물이 서식할 수 있도록 환경오염이 없는 수질관리라고만 설명하였다. 그러나 미국은 수질 관리에 관하여 근본적으로 부족한 지하수관리를 위해 다루는 것도 한국과 미국이 다르다. 미국은 물 부족을 막기 위한 제도로 작은 농장(small farm)을 제한시키고 건축물 규모도 제한시키는 데 전체 거주공간을 폭 10피드 길이30피드(3mx9m)로 제한시킨다고 되어있다. 그것은 방의 칸수, 화장실 수, 그리고 전원이 넓으면 그만큼

물을 많이 쓰기 때문이다. 그래서 건축공간을 규제하고 넓고 아름다운 전원(olive garden)을 가꿀 수 없도록 하고 있다.[17]

이 모든 것은 이클레이가 의제21을 뒷받침하는 기능이다. 이 기능은 모든 나라의 지방과 소도시에까지 뻗어있다. 피라미드에 비유하면 유엔 의제21은 피라미드 꼭대기 역할이고, 이클레이는 유엔 의제21을 뒷받침해 주는 밑바닥 역할이다. 따라서 유엔이 의제21로서 모든 나라 지방에까지 하나로 묶어서 세계정부를 이뤄가는 것을 몇 사람이나 알고 있을까? 유엔 의제21은 아프리카처럼 수 천년동안 기아에서 벗어나지 못하고 국민들이 질병으로 사망자의 수가 매년 늘어나고 있다. 이처럼 가난을 해결시켜주기 위해 그런 나라에도 지방 이클레이 사무소를 두고 있다. 문제는 그들을 돕겠다는 것은 부유한 나라에서 가난한 나라를 흡수하는 방법을 피라미드 하부조직인 지역 이클레이를 통해서 이루려고 하는 것이다.

의제21에는 이산화탄소를 줄이기 위해 자동차가 주행하는 거리에 따라 도로사용료를 부과하도록 하였다. 그렇게 해서 이산화탄산가스를 배출하는 자동차운행을 제한시킨다는 것이다. 또한 자동차에서 뿜어내는 이산화탄소를 줄이기 위해 공용주차장도 줄인다. 그렇게 해서 자동차 운행을 줄이겠다는 것이다. 뿐만 아니라 포구에 정박시켜놓은 요트(yacht)나 보트의 운항을 제한시켜서 배에서 뿜어내는 CO_2와 바닷물을 오염시키는 기름 방출을 줄이기 위함이라고 하였다. 또한 대기오염을 감소시키기 위해 항공기 운항회수도 제한시킨다는 계획이다. 이러한 모든 결과는 "미국시민의 자유를 빼앗는다(wipe out freedoms of all US citizens)"라고 2013년 봄 로이터통신 보고서 중 의제21에서 설명하는 내용이다.[18]

결국은 시민의 거주제한과 이동제한은 국민의 자유를 빼앗는 결과이다. 부유층이나 도시외곽에서 넓은 전원과 호화주택에 거주하는 사람들과 공화당의원들과 주지사들의 반발이 거세지면서 각 주(도)별로 의제21과 이클레이 활동금지 법안들이 통과시키고 있다. 또한 민주당에서도 정부상대로 의제21과 이클레이 추방을 위해 법정소송을 준비하고 있다. 이처럼 반대에 부딪치자 오바마 대통령은 "집을 빼앗는 일은 없을 것이다"라고 담화문을 발표하였다. 또한 알라버마 주지사 로버트 벤트리(Robert Bentley)는 1992년에 미국정부가 유엔 의제21을 수용한 일에 대하여 "어떤 일이 있을지라도 공화당의원들과 주지사들은 의제21을 진행시키는 정부를 상대로 법정소송을 해서라도 의제21을 막아야 한다. 그리고 거주지에서 쫓아내거나 집을 빼앗는 일이 있어서는 안 될 것"이라고 하였다.[19]

세 계급층과 인구감축

미국 전직부통령이었던 앨 고어(Al Gore)는 유엔 의제21의 인구통제(Agenda 21 and Population Control) 문제에 대하여 다음과 같이 요약하였다. "의제21은 모든 지역에서 유엔시스템을 정부, 주요 그룹(세계정부주의자들)의 조직에 의해 국가 및 지역에까지 확산시켜서 종합계획을 시행하는 환경으로써 현재인구에서 80~90%를 감축하는 것"이라 하였다. 이 숫자는 의제21에 명시되어있는 인구감축정책이다. 의제21이 바라는 인구감축은 5억 미만의 인구가 적합하다고 하였다.

【인구 감축정책이란? 앨 고어(Al Gore)는 인구감축문제에 관한 설명이다. "우리가 할 수 있는 것들 중 하나는, 인구도 안정화되고, 그 일

의 원리방법 중의 하나는 여성들이 애기를 낳지 않도록 교육시키는 것이다. 여성들은 얼마든지 낳을 아이들의 수를 조정할 수 있다. 또한 유아 관리의 유비쿼토스 가용성을 가지고 있다. 아이들의 출산간격을 조절할 수 있다. 적은 가족과 가장 중요한 일은 여성들에게 태아를 들어내는 일이(낙태)다. 여성들을 교육하고 여성에게 그러한 권한을 주어야 한다. 그리고 가장 강력한 지렛대 요인은 남자들이 주체하지 못해서 여성들과 짝을 짓지 않고도 성해소를 하도록 동성결혼을 허용하는 일이다. 그리고 그렇게 되면 자연스럽게 출산율이 줄어들기 시작하고 사회가 더 좋은 선택과 균형이 잡히기 시작한다."라고 하였다.】[20]

오늘날 세계 곳곳에서 동성결혼 합법이나 그런 문제들은 유엔 의제21에 숨겨진 인구감축 계획에서 이뤄지고 있다. 하룻밤을 자고났는데 수십 년 후에 완전히 다른 세계에서 깨어난 자신을 보는 사람이 얼마나 있을까? 우리 앞으로 달려오는 세계에서는, 말 그대로 우리의 모든 것이 완벽하게 모니터링 되는 때를 생각해 보았는가? '지속가능 발전(Sustainable development)'이라는 아름다운 이름과 '녹색의제(Green Agenda)'를 촉진시키는 목표로서 생활이 통제당하는 때를 생각해 보았는가? 어쩌면 그것이 괴물이라는 제도에 의해 통제되는 때일 것이다. 하룻밤을 자고났는데 수십 년 후에 완전히 다른 세계에서 깨어난 자신을 보는 사람이 얼마나 있을까? 우리 앞으로 달려오는 세계에서는, 말 그대로 우리의 모든 것이 완벽하게 모니터링 되는 때를 생각해 보았는가? '지속가능 발전'이라는 아름다운 단어와 '녹색의제(Green Agenda)'를 촉진시키는 목표로서 생활이 통제당하는 때를 생각해 보았는가? 어쩌면 그것이 괴물이라는 제도에 의해 통제되는 때일 것이다. 우리 가정은 얼마나 따뜻하고 얼마나 시원한지, 우리

가정은 온도유지를 위해 얼마나 많은 연료를 사용하는지를 통제하는 때를 생각해 보아야 한다. 누구든지 이러한 질문과 시스템에 반대(against)나 반역(rebel)을 시도하는 사람은 지구상에서 사라지게 된다. 미래사회의 인구는 지금보다 85%가 제어되고 15%만 남게 된다. 85%라는 모든 인간은 감옥과도 같은 좁은 도시에 몰아넣을 것이다. 이 모든 것이 우리에게 좋은 소리로 들리는가? 이것이 유엔 의제21의 모든 것이다.

의제21은 TV에서, 영화에서, 대학에서, 중고등학교에서 추진되고 있다. 그렇다. 이 모든 설명이 당신에게는 공상과학소설의 계략과 같은 소리로 들릴 것이다. 하지만 이런 일은 실제로 진행되고 있는 진실이다. 180여 나라가 유엔 의제21에 서명하였다. 앨 고어(Al Gore)는 환경보호운동가처럼 세계를 다니면서 '지속가능한 개발'이 얼마나 훌륭한 일인지를 가르치는 사람이다. 그래서 의제21이 정확히 무엇인지? 다음은 유엔이 어떻게 의제21에 대하여 정의하는지를 설명하는 사람이다. 의제21은 모든 지역에서 유엔 시스템, 정부, 주요 그룹(세계정부주의자들)의 조직에 의해 국가 및 지역적, 세계적으로 취해야 할 행동의 종합적인 계획은 환경을 위한 인간의 충돌이다. 우리가 의제21에 관하여 깊이 연구하였다면, 종합계획대로 설명하는 것을 꺼릴 것이다. 인간의 활동에 미치는 충돌이 환경의 모든 형태, 녹색이라는 위에 공수병에 걸린 환경운동가들은 모든 인간의 활동을 '지속가능 개발(Sustainable development)'이라는 상자에 가두려고 하는 것이다. 지속가능 개발의 핵심 중에 하나는 인구를 제어(Control)한다는 내용이다. 유엔은 실제로 지구에 너무 많은 사람들이 생존한다고 생각한다. 따라서 해결책은 무엇인가? 슬프게도 그들은 실제로 인구감소를 시작해야 한다고 말한다.

고어는 "당신은 글로벌 리더들이 항상 말하는 것을 들었을 것이다. 여성들의 임신문제에 관하여 '법률상의 권한'에 힘을 실어주어야 출산을 주릴 수 있다"고 하였다. 인구감축문제는 유엔 공식문서에 반영된다. 다음 언어는 유엔 결의안에서 의제21의 실행에 나타내기 위해 계획된 것이 유엔총회에서 채택되었다.

"인구감축 방향으로 쏠리는 계획은 세계적으로 안전을 위해 21세기 중반까지 굳히기로 결의하였다. 현재의 인구증가율에서 감축은 더욱 경제발전, 사회발전, 환경보호, 빈곤을 촉진, 국내 및 국제정책을 통해 추진해야 감축된다고 한다. 국제인구개발회의 보고서와 일치되는 가족계획 및 성 건강은 모두를 포함하여 생식건강관리를 포함하여 특히 소녀와 여성들에게 완전하고 평등한 접근과 기초적인 불임교육을 확대시켜서 건강을 관리하는 것이다"라고 하였다. 대부분의 미국인에서는 아직은 못하지만, 진실은 글로벌 엘리트들은 절대적으로 인구제어에 집착하고 있다. 사실 그들은 인구 80~90%까지 감축시키는데 필요한 글로벌 엘리트 사이에서 합의가 있었다.

조지어 가이드 스톤스

미국 조지아 주 엘버트 군(Elbert County)에 있는 '가이드 돌비(Guide stones)'는 1969년 6월에 화강암 기념비(사진)를 만들었다. 이 기념비문에는 10가지 지침을 전달하는 메시지는 8가지 언어가 새겨져있다. 영어, 스페인어, 스와힐리어, 힌디어, 히브리어, 아랍어, 중국어, 러시아어로 10가지 항목이 새겨져 있다.

① 자연과의 균형을 맞추기 위한 인류는 5억 이하로 유지되어야 한다.
② 가이드의 재현은 다양하게 높은 위치로 향상하기 위해 현명해야 한다.
③ 살아있는 새로운 언어로 인류를 단결시켜야 한다.
④ 규칙을 열심히 지키는 믿음과 전통과 모든 것을 조절된 이성을 이루어야 한다.
⑤ 국민과 국가를 공명정대한 법과 올바른 재판으로 보호해야 한다.
⑥ 모든 나라의 내부적인 문제는 세계 법정에서 분쟁을 해결해야 한다.
⑦ 사소한 법률과 쓸모없는 공무원을 피해야 한다.
⑧ 사회적 의무와 개인의 권리는 균형을 이루어야 한다.
⑨ 아름다움과 사랑과 무한한 조화는 진실한 보상이 있어야 한다.
⑩ 자연을 위해 공간을 남기고, 자연에 공간을 두어서 지구에 암을 만들지 말아야 한다.

슬프게도 이 철학은 정식으로 유엔의 공식문서에 반영되어 있다는 점이다. 예를 들어, 2009년 3월 유엔인구정책의 개요에는 다음과 같은 충격적인 내용이다. "자녀를 많이 낳는 것이 사회발전을 빠르게 하락시키는 것"이라고 하였다. 분명한 사실은 유엔에서 인구를 감축시키는 첫 번째 타깃은 가난한 나라들이다. 의제21에서 더 보여주는 것은 유엔이 인구기금을 2009년 세계인구보고서의 연례행사에서 발표하였다. 이때 의제가 다시 나타났다. "세계방향을 바꾸다"라는 표제에서 여성과 인구와 기후변화가 설명된다. 의제21과 '지속가능'에 집착하는 사람들은 우리가 살며 호흡하는 공기에 큰 문제라는 사실을 상기시키고 있다.

2014년 2월 1일자 지역 환경창출 국제회의(ICLEI) 조사에 따르면 미국은 새로운 세계질서정책(New world order politics)에는 총체적으로 유엔 의제21에 맞추어서 새로운 사회구조를 세층으로 나누어 놓았다고 했다. 중류층 계급은 상류층 엘리트 편에서 의제21을 지지하는 성분이다. 오늘날 거기에는 많은 시민들은 정부에서 분류시키는 셋 중에서 하나의 계층으로 분류된다. 대부분의 사람들은 두 갈래로 갈려진 사회가 형성되고 있다. 그것은 일터의 정규직과 임시직으로 나눠지는 것처럼 나누어진다. 세계는 전통적으로 두 그룹으로 나누어져 있었던 성분을 셋으로 나누어놓았다. 상류계층(elite class), 중류계층(middle class), 서민계층(welfare class)이라고 하였다.

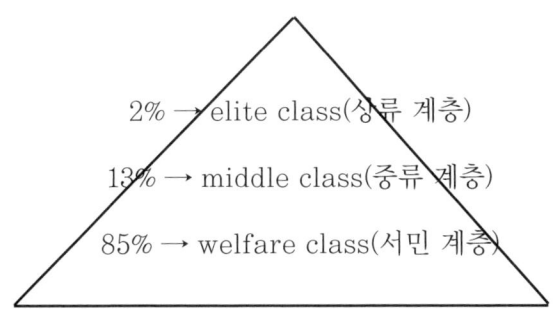

미국은 인구의 2%에 해당되는 상류층에는 세계금융을 움직이는 브레톤 우드 시스템(Bretton wood system)의 수장인 조지 소로스(George Soros), 월가의 금융권을 움직이는 록펠러 재단의 데이비드 록펠러

(David Rockefeller), 로스차일드(Rothschild) 그룹 같은 정치인들과 기업인들로써 세계정부를 만드는 사람들(빌더베르거)이다. 이들은 사람들에게 의제21에 따르도록 강요하면서도 자신들은 이 제도에 구속을 받지 않는다. 13%에 해당되는 중류층은 높은 세금과 관리비를 정부에 납부해서 국민에게 혜택이 돌아가게 하면서 국가를 위해 헌신적인 사람들로서 정부지원을 받지 않는 중산층들이다. 그리고 나머지 85%에 해당되는 서민층은 정부로부터 복지혜택을 받는 국민, 이렇게 미국은 세층으로 분류시켜놓았다.[21]

복지혜택을 받는 서민층들은 이민으로 온 계층이다. 대부분이 초기이민자들은 영주권을 소유하고 정부로부터 복지혜택을 받는 층들이다. 미국은 의제21에 따라서 서민층에게 지불하는 복지혜택을 초청자가 부담하도록 바꾸고 있다. 이클레이 지침에 따르면 복지혜택에 해당되는 서민들을 이클레이가 정부에 저항하는 시위에 방패막이로 활동하는 것으로 되어있다. 다시 말하면 이들을 폭동이나 데모를 일으키는 불씨로 삼고, 이클레이는 뒤에서 지원하는 반정부조직의 주역이라는 것이다.

브레톤 우드 제도

【브레톤 우드 제도(Bretton Woods System)는 1944년 7월 1일, 미국 뉴햄프셔의 조그마한 도시 브레톤 우드에 인접한 국립공원에 있는 워싱턴 산장호텔(Mount Washington Hotel)에서 44개국 대표들이 국제통화정책을 다루기 위해 시작된 기구이다. 브레톤 우드 제도는 유엔 산하에서 국제통화기금(IMF)과 세계은행의 금융대리권을 가지고 있다. 브레톤 우드 제도는 제2차 세계대전이 끝나고 세계의 무역수출입 결제대금, 융자, 대출, 기본금 사용, 등을 결정하는 기능이다.】[22]

브레톤 우드 제도가 시작될 때, 개발도상에 있는 나라들은 경제적으로 어려움을 받지 않았던 경제선진 7개국(G7)에 의해 지배를 당해왔었다. 이처럼 이 세력은 적극적으로 자기들의 힘을 확실하게 확보하기 위해 새로운 체제로 구성하였다. 또한 현재의 세계은행(World bank)으로 알려진 재건 및 개발을 위한 IMF와 국제은행도 브레톤 우드에 의해 만들어진 것이다.

브레톤 우드 제도의 정의는 통화 및 환율관리를 위한 시스템으로 설립했다. 브레톤 우드 제도는 유엔 통화기금을 위해 위임받고 조정하는 기능이다. 브레톤 우드의 주요 정책은 국제통화기금(IMF)과 국제은행의 형성을 포함하여 부흥개발 등이지만, 가장 중요한 것은 환율시스템에서 통화가치를 조율하는 권한을 부여받은 기능이다. 브레톤 우드의 제안 중 하나는 무역 및 기타 상거래에 대한 전환까지 조정하고 있다. 1945년 세계대전이 끝난 후 유럽과 세계의 나머지는 재건과 경제발전의 긴 시간동안 전쟁으로 입은 폐허를 복구하는데 힘이 되었다. 그리고 금(Gold)은 처음에 기본준비 통화역할을 하지만, 미국 달러는 금 가격에 연계된 국제준비통화로 힘을 얻도록 했다.

1973~1979년에 있었던 오일 전쟁과 결제대금에서 에너지수요의 폭발적 증가로 석유자원을 확보하려는 각 나라들의 노력이 더욱 강화되고 자원전쟁이라고 할 만큼 갈등이 심화되었다. 전쟁의 승전국인 미국은 적대관계에 있는 이란의 핵 활동과 석유자원의 안보전략의 활용이 군사 및 에너지안보에서 매우 심각한 위협이 되고 있다고 판단했다. 반대로 이란은 자국의 안보와 생존을 위해 핵개발과 에너지자원을 안보외교의 수단으로 적극 이용하였다. 이란은 핵 활동관련으로부터 외교와 기술적으로 지원받기 위해 자원 외교를 구사하도록 한 것도 브레톤 우드에서 계획한 일이었다. 경제협력을 추진함으로써 미국에 대항하는 '연성세력균형' 체제로 발전시켰다. 브레톤 우드는 강대국들이 에너지안보와 경제지도력을 확보하기 위해 이란의 핵개발에 따른 위협을 과장하거나 확대시키면서 강압외교와 물리적 사용의 가능성을 조정하였다. 하지만 브레톤 우드는 이라크의 국내 혼란과 아프간 전쟁과 높은 기름가격, 국제사회의 여론 등을 감안한다면 대 이란전략으로 협상보다 군사력을 사용하도록 하였다.

이처럼 브레톤 우드는 세계정부를 만들기 위해 국제금융시장을 좌지우지할 뿐 아니라 전쟁이전과 이후에 금융권을 활용하는 기능이다. 브레톤 우드는 세계주의자들이 수십 년 동안 추구해온 세계질서

(World order)를 위한 것이라고 말하기는 어렵다. 브레톤 우드의 수장 격인 조지 소로스(George Soros)는 브룸버거 뉴스(Bloomberg news)와의 인터뷰에서 "브레톤 우드의 가장 큰 질문은 유엔화폐가 될 것인지에 관한 것"이라 했다. 이는 더 이상 미국달러나 유로가 다른 나라들의 화폐나 물자(Gold)로서 그 역할(국제결제통화)을 할 수 없게 하는 것이라고 하였다. 계획상으로 그것은 달러를 대체하는 국제 통화를 장려할 수 있는 강력한 힘이다. 그리고 국제통화를 하나로 만드는 것이 어렵지 않은 것은 새로운 세계질서 틀에서 국제적인 통화가 이뤄지게 될 것이기 때문이라 했다.[23]

미국 달러가치가 떨어져서 더 이상 통용되지 않는다는 것이 아니라, 모든 나라의 돈을 없애고 새로운 세계질서 틀에서 유엔 산하 중앙은행 하나만 둔다는 뜻이다. 이것이 브레톤 우드가 빌더베르그의 프로젝트대로 추진시키는 것이 된다.

1945년 네덜란드 군주 벤하드(Bernhard)에 의해 재편성된 빌더베르그는 모든 나라의 조직을 움직이면서 세계정부를 만들려는 청사진의 골격 5번째에서 세계보호은행이 세상의 부실은행들을 흡수한다. 그 방법은 "모든 돈이 새 국제은행으로 흡수되든지 아니면 전부 사라져 버리게 하는 것이다.(A world conservatory bank, wilderness preservation around the world. That means all green movement will be melded into the new international bank or disappear altogether)"라고 하였다.[24]

3장. 두 얼굴의 이클레이

【이클레이란: 지역 환경창출 국제위원회(International Council for Local Environment Initiatives-ICLEI)를 말한다. 이 조직은 1990년 9월에 설립되었으며, 유엔에서 세계정부를 만드는 정략 유엔의제21을 지속시키는 기능이다. 본래는 '지역 환경(Local Environment)'이였으나 후에 '지역정부들(Local Governments)'로 이름을 바꾸어서 세계 모든 나라의 도시에까지 분포되어 활동하는 기능이 되었다. 이클레이의 사업이나 활동영역은 '지속가능(Sustainability)' '스마트 성장(Smart growth)' '녹색도시 프로젝트(Green cities project)' 같은 용어로 사회를 기만하면서 세계정부를 구현시키기 위한 유엔 의제21을 지속시키는 조직이다.】

이 조직의 약자를 '이클레이(ICLEI)라고 부른다. 따라서 유엔합의서에 따르면, "유엔은 이클레이 기능으로 모든 나라들의 지방에까지 그

물망 조직으로 활동하게 해서 유엔 의제21을 지속(Sustainable)시키는 기능이 이클레이다"라고 설명하고 있다. 이클레이는, 할렘 브룬트란드(Harlem Brundtland)에 의해 만들어졌다. 이클레이를 만든 할렘 브룬트란드가 유엔에 제출한 보고서 "우리의 공동미래(Our Common Future)"에 근거하여 이클레이가 나왔다. 할렘 브룬트란드는 어떤 사람인가? 그녀는 세계사회주의(World Socialism Party) 부의장이었다. 그녀가 만든 이클레이가 유엔 의제21을 지속시키는 동력이다. 그렇다면 이클레이는 어떤 기능을 하는지 궁금하지 않은가?

할렘 브룬트란드는 1939년 4월 20일, 노르웨이 오슬로에서 출생하였다. 그녀는 오슬로 의대를 졸업하고 하버드대학에서 의학박사 학위를 받고 의사생활로 사회에 진출했다. 1981-1992년까지 노르웨이 노동당 당수로 활약했다. 1974-1979년까지 노르웨이 환경장관에 발탁되어 노르웨이 환경에 몸담았다. 그 후 1981-1996년까지 노르웨이 국무총리를 역임하면서 자기구상을 알리기 시작하였다. 그리고 1998년-2003년까지 유엔 보건기구 사무국장을 역임하였고, 1987년에 '우리의 공동미래(Our Common Future)'라는 보고서를 유엔 환경기구에 제출하였다. 세계 사회주의를 이끈 그녀가 1992년 유엔 지구정상총회(Earth Summit/UNCED)에 제출한 보고서는 유엔 의제21이 생겨나는데 자극을(The Brundtland Commission also provided momentum for Agenda 21) 준 사람이다.[1]

따라서 유엔 의제21과 이클레이는 명칭에서 보여주는 것처럼 지구환경을 담보로 하여 세계정부가 진행되고 있다. 그러면 이클레이는 무엇인가? 유엔 의제21을 확장하는 것이 '지속(Sustainable)가능'을 위한 역할이 이클레이다. 그 역할은 유엔 의제21과는 어떤 관계인가? 무엇 때문에 이클레이에서 유엔 의제21이라는 정책을 모든 나라와 도시와 지방단위에까지 뿌리를 내리고 활동하는가? 이클레이 회원에게 요구하는 사항이 무엇인가를 반드시 알아야 한다.

이클레이(ICLEI)의 뿌리에 대하여, 미국정책연구소(American Policy Center)에 따르면 노르웨이 환경장관과 총리를 역임했던 의학박사 할렘 브룬투란드(Harlem Brundtlad)가 유엔 환경사무총장대리직에 있으면서 "국제 지속가능성과 건강리더"를 위한 사업으로 유엔에 1987년 247쪽(3부: Parts, 12장: Chapters)으로 된 "우리의 공동미래(Our Common Future)"라는 보고서를 유엔환경기구에 제출한 것이 이클레이가 탄생되었다.[2]

브룬트란드는 세계사회주의(World Socialism Party) 부의장으로서 지금의 이클레이를 이끌어낸 사람이다. 그녀는 '지역 환경창출 국제회의(ICLEI)를 만들게 한 사람이다. 1987년 유엔지구정상총회에서 그녀는 지속 개발(Sustainable Development)이란 틀에서 "우리의 공동미래(Our Common Future)"라는 주제로 제출한 보고서를 유엔에서 수용한 것이 오늘의 유엔 의제21의 한 축이 되었다. 그것을 1992년 6월 3~14일까지 브라질 리오 데 자네이로(Rio de Janeiro)에서 유엔은 의제21로 모든 나라가 수용하게 되었다고 하였다. 그러나 중요한 것은 의제21을 지속가능을 위한 기능으로 '지방정부를 위한 국제회의(ICLEI)'를 모든 나라의 구석구석에까지 활동시키고 있는 사실을 미국정책연구소에서도 "우리도 그것이 무엇인지 몰랐다(but we don't know what it is)"라고 하였다.[3]

앞에서 보았듯이 이클레이는 유엔이 추진시키고 있는 세계정부정책 중의 핵심인 의제21을 지속시키는 기능이다. 따라서 모든 나라에서 움직이고 있는 지방정부라고 부르는 사무소도 같은 맥락에서 활동하고 있다. 그렇다면 세계정부 조직이 어디까지 형성되었는지를 알 수 있다. 그런데 이러한 현실을 모르고 다만 자기 앞가리기만 하려는 사람들의 형태가 안타까울 뿐이다.

모든 나라들이 브라질 리오 데 자네이로에서 합의한 21세기 의제에 따르고 있다. 또한 유엔환경개발총회(UN Conference on Environment and Development) 협정에 가입했다. 모든 나라가 그러하듯이 한국외교부 사이트에서 알려주고 있다. 외교부는 기후변화협상을 크게 둘로 나누어서 설명해 놓았다. 첫 부분에는 기후변화협정, 교토 의정서, Post 2020 협상, 녹색기후기금(Green Climate Fund)로 나누어져 있고, 두 번째 부분에는 정부의 대응, 이렇게 간략하게 설명해 놓았다.[4]

정부는 국제녹색사업에 가입하고, 녹색기후 도시프로그램을 위한 운영체제는 유엔 의제21이 요구하는 제도를 지속시키는 체계로 만든다고 되어있다. 유엔은 1990년에 시작된 '지방 환경을 위한 국제회의(ICLEI)'를 자신들의 정책을 수행하도록 '지방정부들'이라고 부르면서 각 도시에 사무소를 정착시켜서 운영하고 있다. 경기도는 수원시에 사무소를 두었고, 한국기후변화 연구센터까지 운영한다.[5]

미국의 이클레이는 1990년 뉴욕에서 개최된 '지속가능한 미래를 위한 제1차 지방정부세계회의'에 참석하고 43개국에서 200개 지방정부에 의해 시작됐다. 이듬해인 1991년 캐나다도 세계사무국과 독일 프라이부르그(Freiburg) 유럽사무국에 의해서 활동을 시작하였다. 이클레이 최초의 글로벌 프로그램은 시민참여와 파트너십에 기초한 지역단위 지속가능발전의 운영프로그램인 지방 의제21(Local Agenda

21)과 지방정부 온실가스 감축활동을 체계적으로 지원하는 기후보호도시 캠페인(Cities for Climate Protection)이다. 이클레이의 프로그램과 캠페인은 단순히 환경적 차원을 넘어서 광범위한 지방자치단체에까지 지속가능에 관한 사안을 고려하고 지원하는 기능이다.

이클레이의 사업은 각 나라의 지역사무소들과 세계가 연계된다. 이클레이는 세계 최대 지방자치단체 네트워크로서 지속가능을 위해 노력하는 세계의 도시와 지방정부 지도자들을 연계시켜서 국제사회와 지역에서 목소리를 증폭시켜서 글로벌 정부 역할을 강화 하기 위해 시작된 기능이다. 그리고 이클레이는 적극적으로 지역들과의 실천을 지원하는 기능이다. 이클레이는 역동적이고 유연한 실천주체인 지방자치단체가 협력의 주체로서 보다 적극적으로 지역의 실천을 이끌어가도록 상호간에 지원하는 기능이다. 이를 위해 파트너십을 기초로 전문가, 시민사회, 기업, 도시 네트워크, 국제기구 등이 협력하여 시범사업을 수행하고 국제회의와 이벤트를 통해 파트너들이 유대관계를 확대하고 강화할 수 있도록 지원하는 기능이라고 되어있다.

이클레이 홈페이지에는 다음과 같이 홍보하고 있다. "창의적 해결방안을 모색하는 전진기지로서 지난 20여년의 경험을 통해서 지속가능발전에 지역정책정보, 창의적 프로그램, 네트워킹, 교육과 훈련, 자문에 필요한 노하우를 축적하고 있다. 이를 기초로 지역 이클레이의 유지와 발전정책과 실천역량을 구축하고 강화할 수 있도록 지원하고 있다"라고 설명하였다.[6]

2002년 한국에서 이클레이 한국사무소가 시작되었다. 2007년부터는 제주특별자치도가 한국사무소를 유치하고, 2012년 2월 20일에는 수원시가 사무소를 유치했다. 이클레이의 한국사무소들은 "건강한 관리에 기반을 두고 발전의 뒷받침을 추구하고 실천하는 유엔 의제21의 지방정부들이다."라고 설명하고 있다. 계속하여 "한 파트너로서 지역에서 지구환경변화와 연계하는 국제네트워크 역할을 수행하고 있다."라고 설명하고 있다.[7]

유엔 의제21을 수행하기 위한 한국 이클레이 사무소는 수도권에는 서울시를 비롯하여 16개시군, 강원권은 강원 도청을 비롯하여 6개시군, 충청권은 충청남도 도청을 비롯하여 8개시군, 경상권은 경상남도 도청을 비롯하여 8개시군, 전라도와 제주권은 제주특별자치도를 비롯하여 8개시군, 사회단체와 녹색환경단체 등 총 54개 단체가 한국 사회 저변에서 유엔 의제21을 지속시키고 있음을 회원과 활동현황에 설명하고 있다.

이클레이는 정책을 다음과 같이 설명하고 있다. "모든 회원은 도전적인 지구환경동향과 자원제약 시대를 맞게 될 미래를 대비하는 일이다. 현재의 수준이라면 2050년에 이르게 되면 지구상에는 60억 이상 인구에게 생활여건뿐만 아니라 모든 생태계에도 엄청난 영향을 미치게 될 세계를 살리기 위해 노력한다."라고 하였다.[8] "지방 의제21의 지 도자들과 정책입안자들과 정책결정자들은 총체적이고 장기적인 안목을 가지고 통합적인 지속가능 정책을 수립해야 한다"라고 다음과 같이 설명하였다.[9]

- 이클레이가 말하는 지속가능한 도시라는 의미는, 건강하고 행복한 지역사회를 이루기 위해 녹색도시경제와 녹색사회의 기반시설을 바탕으로 기후회복을 이루어야 한다.

• 그렇게 회복시킨 환경을 잘 보전시켜서 다양한 프로그램으로 효율적인 자원을 이용하도록 하기위해 환경단체로서 사명을 감당해야 한다.

• 다른 배후지역과 상호간이 의존하여 그들로 하여금 이 사업에 동참하도록 해야 한다.

• 다른 도시와 지역차원의 접근방식의 필요성도 제시해야 한다.

• 효과적인 정책은 상위정부(이클레이 본부)의 협조를 받아서 지역사회와 이해당사자들이 참여하도록 해야 한다.

• 더 많은 도시들이 진정한 '생태도시' '녹색도시' 또는 '지속가능한 도시'가 되기 위한 노력에 박차를 가해야 한다.

• 이에 이클레이 회원도시들은 모범적인 선례가 되어야 한다.

이클레이에 동참을 위한 정책을 지방 의제21 운동으로 시작한다는 것이다. 따라서 지속가능관리를 위한 시스템과 네트워크를 공유하도록 하였다. 이클레이는 글로벌정책개발은 도시가 핵심이 되고, 지방자치단체라고 부르면서 지속가능발전을 효과적이고 신속하게 이행하도록 요구되는 법률과 재정여건이 마련되어야 한다고 저변조직 형성의 필요성을 강조하고 있다.

이클레이 한국사무소는 기후변화를 위한 운영주체로서 유엔 의제21의 기후변화를 위해 한국사무소들을 "지속시키는 지방정부들(Local

Governments for Sustainability)"이라고 주장하였다. 주요활동은 온실가스 감축목표를 수립하여 그 결과를 국제사회가 공유하게 하는 일이라 하였다. 두 번째 주요활동은 "시민을 감시(Surveillance for civilians)하는 체계를 만들어서 유엔이 요구하는 '새로운 시대 감시시스템(The new age of surveillance)'을 개발하여 그 결과를 국제사회가 공유하도록 하는 일"이라 하였다.[10] 세 번째 주요 활동은 "모든 결과를 국내외에 홍보하여 지구촌 구석구석에까지 유엔 의제21을 정착시키는 일"이라고 하였다. 그리고 "지역별로 온실가스 감축목표를 설정하고 가스배출량을 산출하여 감축기술과 성과를 공유하기 위해 국제적인 온실가스 감축 프로그램에 맞추기로 한다"라고 하였다. 이클레이 한국사무소의 운영체제는 구체적인 실행을 위하여 유엔 의제21이 요구하는 합의에 따라 지방과 소도시에까지 이 사업을 추진시키기 위해 한국에 들어왔다는 의미이다.

이클레이는 유엔의 한 부분인가?

의제21의 정책을 실행하는 기능이 '지역 환경창출 국제회의(International Council for Local Environment Initiatives)'라는 조직이다. 이 조직의 약자를 '이클레이(ICLEI)'라고 부른다. 그러면 이클레이는 무엇인가? 의제21을 확장하는 것이 '지속가능(Sustainable)'을 위한 이클레의 역할이다.[11] 그 역할은 의제21과는 어떤 관계인가? 무엇 때문에 이클레이에서 유엔 의제21정책을 모든 나라와 도시와 지방단위에까지 뿌리를 내리며 활동하는가? 끝으로 회원에게 요구하는 내용은 무엇인가를 반드시 알아야 한다.

의제21을 지속시키기 위한 이클레이는 지방자치단체에까지 기후보호와 청정에너지 사업에 참여시키는 세계적인 네트워크 기능이다. 이 조직은 행정부의 지방기능 같이 보이지만 사실은 21세기 유엔정책을 뒷받침하는 기능이다. 모든 나라의 지방에까지 온실가스 배출과 각 지역에서도 의제21을 확장시키기 위해 이클레이 조직을 확장시키고 있다. 그 가시적인 개선으로 감축목표 달성을 할 수 있도록 활동하는 것이다.

유엔이 자기 목표를 달성하는데 도움이 되게 하기 위하여 이클레이를 풀뿌리 조직으로 활동하는 회원들의 도전과 모범사례를 서로 공유할 수 있는 소프트웨어 기술을 개발하여 모든 나라의 구석구석에까지 같은 목표를 이끌어가는 기능이다. 기술개발에는 교육프로그램, 기술지원, 등 역동적 네트워크를 제공하는 기능이다.

이클레이는 유엔기관은 아니지만 유엔에 의해 움직이는 기능이라고만 알고 있을 것이다. 그러나 유엔의 사회경제 자료에는 "이클레이는 유엔 의제21 프로그램을 실행하며 유엔세계정상개발을 뒷받침하는 풀뿌리 조직(ICLEI with the support of the UN Secretary for the World Summit Sustainable Development and in collaboration with the UN Development Programme Capacity 21)"이라고 설명하고 있다.[12] 따라서 이 조직과 독특하게 세금면제 법 501(c)(3)과 연결되어서 사회저변에까지 유엔 의제21을 실행시키고 있는 기능이라는 점이다.

501(c)(3)은 세금면제 29종류에서 비영리단체에 지급하는 연방소득세, Section 505 을 통해 면제를 달성하기위한 요구사항을 설정을 말하며, 대부분의 주(도)에서는 501(c)조항에 해당되는 조직이나

개인, 기업, 그리고 노동조합이 무제한 기부금을 받을 수 있는 제도를 말한다.

모든 나라에서 활동하는 이클레이는 연방행정부, 도행정부, 시행정부, 시민단체, 등 모든 곳에 뿌리를 내리고 있으므로 유엔의 한 축이다. 유엔기후협상정상회의와 같이 이클레이도 그렇게 운영되고 있다. 협약에 숨겨놓고 결정하는 것이 이클레이 지역사무소의 필요에 우선순위를 정하는데 도움이 되게 했다. 이클레이는 이러한 프로세스에 입력된 것을 제공하기 위해 유엔에 의해 모든 나라의 지역단위 시민들에게까지 인정받게 하는 일중의 한 부분이다. [13]

이클레이(ICLEI)는 1992년 6월 3~14일에 있었던 기후변화결의안 중에 지역기관, 주요 그룹들과 공동조직의 파트너십으로 모든 소도시 시당국에 초점을 맞추어서 움직이도록 하였다. 이것이 의미하는 것은 이클레이라는 지역사무소를 행정부와 시민에게 알리고, 그런 곳에서부터 우선적으로 청정사업을 수행하게 하는 기능으로 인식도록 속이는 것이다. 이것은 2011년 11월에 남아프리카 더반에서 있었던 '유엔의 기후변화 더반(UN's Conference on Climate Change in Durban)' 회의에서도 볼 수 있다.

그렇다면 의제21이 무엇이기에 모든 나라의 구석구석에까지 이클레이를 통하여 그 정책을 확장시키고 있는 것일까? 의제21은 1992년 6월에 브라질 리오 데 자이네로에서 있었던 지구정상회담에서 유엔과 각국정부에 의해 개발에 자발적으로 참여하는 행동계획이다. 정상회담에서 세계의 모든 정부지도자는 미래가 희생되지 않도록 지속적으로 오늘의 요구를 충족시켜야 된다고 동의하였다.

의제21의 비전을 제시하는 기능이 이클레이다. 방법은 세계의 모든 나라가 환경오염을 방지하고 천연자원을 보존하기 위해 무제한적인 개발을 자발적으로 제한시키는 프로그램이다. 이를 위해 미국은 부시행정부 당시 미국을 포함하여 78~100개 나라가 이 이클레이를 통해 의제21을 진행시키고 있다. 의제21은 법적구속력이 없기 때문에 모든 나라와 지방의 주권을 침해하지는 못한다. 그러나 의제21에 명시된 내용을 깊숙이 들여다보면 사유재산을 폐지시키고, 토지이용을 제한시키고, 공기오염을 줄여야 된다는 명분으로 자동차 운행을 제한시킴과 동시에 자동차 소유권을 용납하지 않게 하였다. 지하수 관리라는 명분으로 물 사용을 제한 또는 통제하게 되어있다.[14] 그래서 이클레이를 통해 자발적으로 의제21에 담겨진 것을 진행시키는 것이 지속가능 프로그램이다.

유엔 의제21과 이클레이는 어떤 관계인가? 지속가능 개발(Sustainable Development)은 정부와 기업, 학계, 지역사회는 의제21과는 아무런 관련이 없는 것인가? 의제21과 절대적인 연관성의 자세한 내용은 각 지역에서 활동하는 이클레이 사무소가 지속시키는 사업에서 말해주고 있다. 특히 개발도상국, 지방정부 및 기타 이해관계자들보다 직접적으로 지역사업의 우선순위에 따라 자신들의 목표를 설정하고 작품을 만들어가고 있다는 것이다. 다시 말하면 의제21은 피라미드의 상부구조와 같고, 이클레이는 피라미드의 하부구조와 같다고 보면 이해가 될 것이다. 따라서 모든 나라에서 활동하는 이클레이 기능으로 하여금 유엔이 원하는 세계정부를 위해 의제21을 이루려하는 것이다.

의제21에서 이클레이는 사회의 모든 분야, 곧 기업, 비즈니스 이익단체, 주민단체, 노동조합단체, 종교단체, 지방자치단체 등을 포함하여 이클레이에 등록하게 하고, 그들로 하여금 의제21의 정책에 솔선하도록 하는 것이다. 이러한 맥락에서 이클레이는 유엔에 가입된 모든 나라에서 풀뿌리로서 지방, 수도권, 그리고 다른 사람을 포함하여 유엔기후변화사업 기술담당 역할을 하는 기능이다. 나아가서 도시개발에 관한문제, 수자원관리문제, 폐기물처리문제, 건축공법문제, 이산화탄소, 온실가스와 대기오염 등을 자발적으로 통제하고 관리하는 기능이므로 이클레이는 세계정부를 만드는 21세기 유엔의 풀뿌리 기능이다.[15]

이클레이가 지방에까지 움직이는 이유

유엔에서 이클레이(ICLEI)의 기능을 지방도시에까지 영향력을 행사해서 의제21을 지속시키려는 이유는 무엇일까? 그 이유는 미국에서 진보 층과 민주당은 이클레이로서 유엔 의제21을 성사시키려는 편이고, 보수층과 공화당은 이것을 반대하면서 반대이유를 발표한 내용에서 의제21과 이클레이가 활동하는 음모에 대한 설명을 듣게 된다. 민주당과 공화당 양당의 설명을 듣게 되면 의제21이 무엇 때문에 이클레이의 기능을 세계의 모든 지방도시에까지 움직이게 하는지 이유를 알게 된다. 그 이유를 알려면 의제21에서의 코덱스(CODEX) 규정과 유전인자(DNA) 확인제도만 보아도 알 수 있다.

유엔 의제21에서의 코덱스 규정은 앞으로 소비시장을 통제하는 코드(Code)로 연계된다. 코덱스 규정은 일상생활의 모든 면에 적용된다. 거주공간으로부터 식료품비축의 통제와 자동차 운행과 주차공간제한은 물론이고 농사에 이르기까지 개인적인 사유재산이 허용되지 않는 규정이다. 이 규정은 이클레이와 연관성을 갖고 있다. 의제21에서 말하는 코덱스 규정은 유전인자(DNA) 확인제도가 매매수단으로 연결되는 것만은 아니다. 이 제도는 의제21에 따라 모두가 거주하는 아파트는 박스처럼 쌓아올린 것처럼 규정하고 있다. 또한 거주공간을 300 평방피트 미만의 좁은 공간 아파트에서 거주해야 된다는 것이다. 그렇게 하는 것은 비용이 절감되기 때문이 아니라, 무분별하게 땅과 환경을 파괴하기 때문이다. 또한 자동차를 소유하지 못하고, 자신에게 필요로 하는 식료품을 비축하지 못하게 된다. 그것은 모든 사람은 자신의 소득에 균형을 맞추어야 하기 때문이라는 이유를 들고 있지만, 개인의 소유에서 권리법이 없어지기 때문에 재산권이 없어진다. 거기에는 작은 농장, 개인소유의 농장과 개인의 음식물까지도 비축할 수 없도록 하고 있다.[16]

  이러한 사실은 세계정부가 본격적으로 구상하기 시작했던 1954년으로 거슬러 올라가야 알 수 있다. 당시 빌더베르그는 세계정부를 만들기 위한 청사진(project blueprint)으로 된 프로젝트에 의한 기능 중에서, 아홉 번째에서 그것을 설명하고 있다. 세계농업과 식량조달의 통제(The world agriculture and Food supplies control)로 "모든 인류는 앞으로 자신이 시장에서 공급되는 식량과 비타민을 통제를 받게 된다." 라고 되어있다. 그리고 "농사도 세계정부의 지시에 따라 경작할 수 있다"라고 되어있다.[17]

  이 말은 앞으로 유전인자(DNA) 확인제도는 매매수단으로 연결시키는 베리칩을 몸에 넣지 않는 사람은 당연히 식량공급을 받을 수 없게 된다는 뜻이다. 베리칩을 받았을지라도 규정에 따라 수량과 분량까지 통제를 받게 된다. 그것이 의제21의 '코덱스' 규정에서 식료품을 비축할 수 없도록 정부에서 통제하기 때문이다.

그렇게 되는 것은 개인의 소유는 하나도 없고 다만 정부가 모든 것을 소유하기 때문이다. 인류의 대부분은 건강을 위해 시장에서 가격이 책정되고 있는 의제21의 코덱스 규정과 유전인자(DNA) 확인제도에 따라야 한다. 곧 건강을 위한 대체물품을 비축하지 못하도록 통제하기 때문이다. 의제21은 무역정책에 따라 일반시민의 에너지 사용을 80%로 줄인다고 되어있다. 이는 미국인의 경우에는 평균적으로 1890년대의 스타일로 살았던 때를 의미한다. 그리고 더 많은 가능성보다 악명 높은 일부 인구의 감소표의 결실로 올 수 있다. 이것은 사람들은 충격을 받을 수 있는 것이 의제21이라는 사실이다.

무엇보다 놀라움은 의제21은 전통사회 경제구조가 무너지게 만드는 결과를 가져오게 된다는 점이다. 그런데 새롭게 발전하는 사회계층 구조는 우리 눈앞에서 펼쳐지고 있다는 점이다. 새로운 사회구조는 경제적인 이동성은 모두 사라지고 있다. 새로운 사회계층 은 영원히 의제21의 구조로 이루어지게 될 것이라고 하였다.

두 가지 계층의 사회구조가 미국에서 표면으로 나타나고 있다. 기본생활의 지원서비스는 사회적인 안전으로 절망적이고 가난이 없도록 하는 사회라고 하였다. 그러나 대중의 모든 자원을 위하여 사회계급이 존재하고 있다.

세 번째 계층의 생활 라이프스타일을 지원하는 중산층의 변환(Conversion)이 끝나는 시점에서 어떤 상황이 시작될지를 아무도 예측하지 못한다. 궁극적으로 이것은 1929년에 중산층의 붕궤를 실감했었다. 당시에는 사람들은 갑작스럽게 돌변하는 경제침체를 믿지 않으려했다. 이처럼 미국정부는 세 번째 계층에 대한 생계비지급이 크게 감소되면서 한계점에 도달하게 되는 것이다. 누구보다도 어린 자녀를 둔 부모들은 어린 자녀들을 먹여야 하기 때문에 길거리로 뛰쳐나가서 방화와 약탈 등으로 사회는 혼란에 빠지게 될 때, 국토안보부는 계엄령을 선포하게 된다.

미국정책연구소가 공개한 이클레이의 실체

여기서 설명하는 내용들은 워싱턴에 있는 미국정책연구소(American Policy Center)가 "우리도 그것이 무엇인지 모르고 있었다(but we don't know what it is)"라는 유엔 의제21을 지속시키는 이클레이가 무엇인지에 설명되어 있다. 또한 유엔 의제21을 뒷받침하기 위해 모든 나라의 지방까지 움직이는 이클레이(ICLEI)라는 조직과, 그들이 무엇을 하는 기능인지를 공개한 내용들을 정리한 것이다.

이클레이는 유엔 의제21의 정책을 지속시키기 위해 사회의 시민으로서 전국 각지에서 시작하여 조직(이클레이)의 확장을 배우게 하고, 그 배움의 결과물이 나오게 하는 기능이라 하였다. 그 결과물은 사람의 의식성장에 따라 활발하게 움직이는 운동선수정신으로 나라와 자치단체와 지역사회를 이끌어가는 계획을 세우는 기능이라 하였다. 여기에는 임명된 이클레이 책임자는 자세한 보고서를 숙독하거나 긴 동영상을 볼 때 어떤 의문점이 생기게 될 것이다. 이러한 의문을 잠재우기 위해 읽기 쉬운 무엇인가를 줄 수 있도록 뒷받침해서 유엔 의제21을 지속시키는 프로그램을 만드는 기능이 이클레이다. 미국정책연구소가 유엔 의제21과 이클레이를 다음과 같이 공개하였다.[18]

1. 개발을 위한 지속이 무엇인가에 대하여;

'이클레이는 유엔 의제21의 지속적인 활동범위를 넓히는 목적에서, 소비를 감축시켜서 얻어지는 사회자분을 끌어들이게 하는 것'이라 하고 있다. 그리고 '자본에서 다양한 생태보호와 복원을 달성하기 위해 경제와 사회와 환경정책을 통합시키는 기능'이라 하고 있다. 이클레이는 지속적으로 활동범위를 넓히는 세 가지 구성요소에 초점을 맞추고 있다. 유엔 의제21은 이클레이를 통하여 "사회에서 모든 의사결정을 환경에 미치는 영향을 기준으로 하도록 주장하여, '토지이용'과 '글로벌 교육'과 '통제로서 세계 인구감축' 세 가지 목표를 위한 구성요소"라고 하였다.

1) 이클레이(ICLEI)는 세력을 확장시키기 위해 사회자본을 쓰겠다고 하였다. 그러기 위해 소비를 줄이겠다고 하였다. '소비'와 '감축'이란 두 단어가 주는 의미를 짚어보아야 한다. 소비를 줄이겠다는 말은 버려지는 폐기물을 줄이겠다는 뜻은 아니다. 시장경제가 제대로 된 기능을 하기 위해서는 재물의 수요와 공급에 큰 흔들림이 없이 균형으로 이루어져야 한다. 그 균형은 재화(財貨)가 경제부처들 간에 시장에서 거래되는 가격을 통해 맞추어진다. 개인과 기업의 이윤을 추구하는 행위는 경제발전을 이끄는 당연한 행위다. 가격이라는 것은 보이지 않는 손에 의해 항상 시장에서 합리적으로 움직여진다. 시장경제에서 개인은 합리적이기 때문에 상품의 가격이 오르면 수요가 줄고, 수요가 늘면 가격이 내린다. 그런데도 소비를 줄이겠다는 것은 시장에서 물건을 사고팔 때 거래될 물건을 제한시킨다는 뜻이다. 이 제한을 유엔 의제21에서 '통제(Control)'라고 설명하였다. 이 내용들이 유엔 의제21에서 간추려진 부분이라고 미국정책연구소가 공개한 유엔 의제21에 숨겨진 사안의 첫 번째 '소비시장을 통제하려는 것'

이라 하였다.

　소비를 줄이겠다는 것은 소비시장을 지배하겠다는 정책이다. 지배는 모든 소비를 국제사회가 합의한 유통구조가 무분별하게 이루어진 상품의 수송에서 판매에 이르기까지 통제하는 것이 소비시장을 지배하는 첫 번째가 된다. 다음은 이러한 소비감축에는 생산 품과 돈으로 교환되는 거래에는 반드시 개인의 신원확인이 요구된다. 이것이 21세기의 매매구조다. 매매구조에서는 국제사회가 합의한 의제에 따라 나만이 몸에 갖고 있는 번호표를 확인시켜야 한다. '그것(Thing's)'이 없으면 물건을 사고팔 수 없는 통제가 두 번째가 소비시장을 통제가 된다.

　특별히 소비감축 문제는 1947년 빌더베르그(Bilderberg-는 더치어다. 빌더베르그는 네덜란드 군주 '벤하드(Bernhard)를 주축으로 네덜란드 국경 산장호텔(Hotel de Bilderberg)에서 모임을 갖고 붙여진 고유명사이다.)가 구성될 때 세계정부를 만들려는 청사진의 골격(Project Blue Print)에서 설명되어 있다. "새 세계농업과 식량조달은 전 세계에 식량과 비타민 공급을 조절한다(The world agriculture and food supply control which will control food and vitamin supplies around the world)"라고 한데서 소비감축에 대하여 볼 수 있다.[19]

　소비감축이나 통제에 대하여 2003년 6월 10일, NBC뉴스 시간에 앵커 마이클 로저스(Michael Rogers)는 그것에 대하여 '그것(Thing's)'은 사람의 몸에 넣는 베리칩과 연계 해서 그것이 없으면 물건의 거래를 할 수 없을 것이라 하였다. 그리고 "신원을 확인하는 칩을 정확한 과학기술이 세계정부주의자들이 도구로써 어느 날 수억 생명을 죽이는

666표로 이어질 것"이라 하면서 "항상 새로운 형태로 발전하는 과학기술이 우리들의 삶에 매일 매일 몰래 접근하고 있으며, 세계는 그것(칩)이 없이는 살수 없는 날이 갑자기 올 것이다. 이제 당신은 어떻게 생각하고 있는가? 이 칩이 당신의 장래에 좋은 것인가? 나쁜 것인가?"라고 물었다.[20]

또한 2003년 9월 22일 Time's 특별 기고에서 "칩(Chip)은 사람의 몸에 넣어져서 당신이 어디로 가서 무엇을 어떻게 하는지 항상 24시간 꼬리처럼 따라다닌다."라고 할 때도 칩을 베리칩이라고 하였다.[21] 이제 소비를 감축시키기 위해 어떻게 통제하려는 것인지를 알 것이다. 따라서 베리칩은 매매수단으로 쓰이는 물건(Things)이면서 또한 666표로 쓰이는 것과 이클레이가 유엔 의제21을 활용하는 첫 번째가 세력을 확장시키기 위해 사회자본을 쓰겠다는 것이다.

2) 이클레이(ICLEI)는 유엔 의제21에서 '경제와 사회의 환경정책을 통합시키는 기능'이다. 이클레이 활동은 '사회에서 모든 의사결정을 환경에 미치도록 영향력을 행사하는 기능'이라 하였다. 기능이란 무엇인가? 어떠한 공공분야의 활동능력이 기능이다. 비정부자치단체(None Government Organization-NGO)는 국가에서 정한 행정구역이 아니다. 그럼에도 이클레이는 독립된 자치정부라고 주장한다. 그런 조직이 그 나라의 경제와 사회와 환경정책을 통합시키겠다는 것은 수십, 수백 년 전부터 이어져오는 국가기능을 부정하고 이클레이가 그 주체라고 한다. 이것이 세계정부주의자들이 유엔이라는 휘장 뒤에 숨어서 세계를 하나로 만드는 도구로 이클레이를 풀뿌리로 사용하고 있다.

여기에 관한 근거는 미국 외교협의회(Council on Foreign Relations-

CFR)의 설립목적에서도 보여준다. 세계를 단일화시키는데 목적이 있다는 외교협의회 설립문서에 따르면, 단일 세계정부를 만들기 위해 설립한다고 하였다.(22) 그리고 1979년 상원의원 베리 골드와터(Barry M. Goldwater)가 쓴 '사과할 수 없다(With No Apologies)' 126페이지에서 외교협의회는 "나라들의 경계선을 없애고 단일정부체제를 위해 설립한 것이다(believes national boundaries should be obliterated and one world rule established)"라는 청사진대로 움직이는 기능이 이클레이라는 것을 알 수 있다.(23)

3) 환경에 영향을 미치는 기준을 상황에서 모든 의사결정권에 영향력을 가져야 한다. 저들의 음모가 무엇인지를 알아야 한다. 유엔의제21이 이클레이라는 '비정부자치단체(NGO)'가 사회의 모든 의사결정권에 영향력을 행사해야 한다고 하였다. 비정부자치단체의 약자가 NGO이다. 우리는 이 기능을 사회단체, 환경단체, 녹색단체, 등 자율적으로 형성되는 조직이라 한다. 어느 나라든 이러한 조직은 해당정부로부터 재정을 보조금으로 받으면서 그 정부가 하는 일을 견제하는 목소리를 높이면서 정부를 압박하고 사회를 혼란스럽게 하고 있다. 그렇게 하는 것은 그 나라에서 자신들이 모든 의사결정권을 장악하려고 목소리를 높이려는 것이다. 세계정부주의자들은 지난날에는 위에서부터 지방에까지 하향식으로 장악하려했던 계획을 바꾸어서 소도시 지방으로부터 단일정부체제를 구현시키기 위해 풀뿌리역할로 활동하는 기능이 이클레이라고 미국정책연구소가 공개하였다.
이러한 음모에 대하여 록펠러로 하여금 삼각통치(The Trilateral Commission-TC)를 만드는데 큰 역할을 했던 지비그뉴 브르제진스키(Zibgnew Brzezinski)의 '두 시대 사이(Between two ages)'에서 "사회는 과거 반드시 실천하여 하나의 세계를 이루겠다는 계획대로 점점 그 실체로 등장되고 있으므로 중대한 위기에서 따르지 않을 수 없게 될 것이다(A community of developed nations must be formed it the world is to respond effectively to increasingly serious crises)"라고 했던 계획대로 진행시키는 때이다.

또한 조지 W. 부시 대통령의 메시지에 "우리는 우리들 자신과 우리의 차세대를 위하여 우리 앞에 새로운 세계질서로 서서히 나아가는 기회가 주어졌습니다. 세계는 질서를 위해 법이 있습니다. 그 법망으로 이루어진 늪이 아니라 국민의 행위를 다스리는 법질서의 세계를 이루고, 그리고 이르게 될 것입니다. 우리에게는 실제로 새로운 세계질서를 성공시킬 기회가 온 것입니다. 유엔 창설자들은 하나의 체제를 위해 연합된 국가를 약속했던 선진들의 세계관을 이행하기 위하여 유엔은 평화유지정책을 사용할 수 있습니다(We have before us the opportunity to forge for ourselves and for future generations a New world order. A world where the rule of law, not the law of the jungle, governs the conduct of nations, when we are successful, and we will be. We have a real chance at this New world order, an order in which a credible United Nations can use its peace-keeping role to fulfill the promise and vision of the UN's founders)." 했던 기회를 놓치지 않고 세계정부를 성공시키기 위한 활동이 이클레이이다.

2. 자본사회를 부정(否定)함에 대해서는;
유엔 의제21에서의 이클레이(ICLEI)는 사회정의를 모든 사람의 권리와 기회를 설명하고 있다. 그리고 사회와 환경의 여유로운 자원에서 동등하게 혜택을 누릴 수 있다고 하면서도, '부의 재분배는 모든 사람이 균등한 재산을 가질 수 있기 때문에 개인의 재산은 사회적으

로 불의(不義)로 본다.'라고 하였다. 그리고 '국가의 주권은 사회적
으로 불의(不義)로 본다. 또한 모두에게 공평치 않은 건강보험은 사
회적으로 불의(不義)로 본다.'라고 설명하였다. 이런 내용들이 유엔
의제21에서 간추린 부분에서 이클레이에 숨겨진 두 번째가 자본사회
를 부정(否定)하는 것이라고 미국정책연구소가 설명하였다.[24]

1) 자본사회를 부정하는 가장 크게 강조하는 부분이 '부의 재분배'
라 하였다. 이 뜻은 가진 자와 없는 자의 차별이 없는 공산방식을 의
미하는 것은 아니다. 그러나 가진 자의 재물을 더 거두어서 없는 자
에게 나누어주는 양극화해소와는 조금 다른 차원의 논리이다. 부의
재분배는 빈부격차를 없애기 위해 정부가 하는 일이다. 언뜻 보기에
는 공산방식 같지만, 국가라는 사회는 서로 어울려서 사는 사회이다.
가난한자가 있기 때문에 부자들이 있으며, 부자들이 있기 때문에 가
난한 자들이 있는 것이다. 빈부격차가 커지면 가난한 층이 소외받고,
소외받는 계층이 사회적으로 문제의 집단이 되는 경우가 많다. 흔히
폭력사건도 소외계층들이 많이 일으키고, 그렇게 되면 서로가 어울
려 살기가 힘들게 된다.

사람의 욕심은 끝이 없고 가진 자가 더 가지려는 경향이 있다. 여
기서 기업들의 오너가 비자금으로 배불리는 그런 것을 말하는 것이
아니다. 비정부사회단체(NGO)라 하는 단체를 말하는 것이다. 이러한
기능들은 정부로부터 재정지원을 받고 운영되는 곳이 대부분이다.
그런데 이런 단체들이 재분배라는 원리를 내 세우고 공짜로 받으려
고 비정상 적으로 기업이나 국가에 터무니없는 요구를 하는 내용들
을 보면 이것저것이라는 등식의 인센티브를 요구하는 것이 재분배를
강요하는 것들이다. 그리고 자신들의 의사를 관철시키려고 시위가

아니면 파업 같은 비정상적인 방법이 동원되는 것이다. 이러한 비정상은 반드시 고쳐져야 할 부분이다. 그것은 더 가지려는 욕망에서 일어나는 현상이기 때문에 비정상적인 방법은 고쳐져야 한다.

재물의 재분배문제에 대하여 1997년, 뉴 아메리칸(New American) 특별 기고에서 새로운 세계질서 정책으로 세계정부가 시작되면 "세계정부는 재물의 재분배를 강요하고 생활에서 엄격한 제재를 받게 될 것(World government will means a forced redistribution of all wealth and a sharp reduction in the standard of living for.)"이라고 하였던 대로 재분배를 강요하는 것이 유엔이 이클레이를 앞세워서 추진시키는 것이다. 이러한 비정상적인 방법에 대하여 2001년 10월 22일, 뉴 아메리칸지는 "우주의 평화와 정의라는 탈의 장막 뒤에 가려진 유엔의 테러는 국민대중의 의사나 법률상의 제약을 받지 아니하고 운용되는 정치제도로 승격시킨 진정한 목적은 세계정부다.(Behind the mask of peace, brotherhood, and universal understanding, he United Nations promoted terror and tyranny in order to achieve its real objective, world government)"라고 유엔의 음모론을 제기한 대로 유엔은 어느 나라에서도 제재를 받지 않는 군주정치를 일삼고 있다.

2) 개인의 재산은 사회적으로 불의(不義)로 본다고 하였다. 유엔은 이클레이(ICLEI)라는 비정부단체를 활용하여 개인이 재산을 소유하는 것을 허용하지 않겠다고 하였다. 자본주의 사회는 돈이 있는 사람이 더 돈을 잘 벌게 되고, 빈부격차는 더 커지기 마련이다. 정부의 힘이 약했던 시절에는 그것이 아무런 제재가 없이 이루어졌으나 국가적인 측면에서 빈곤층이 많이 생기는 것은 옳지 않다. 돈을 많이 번 기업에 대해선 세금을 많이 내게 해서 그 돈을 극빈계층의 복지비로 돌리

는 것이 부의 재분배라는 것이다.

그런데 개인의 재산소유를 불의(不義)로 본다면 모든 재산은 국가로 돌려야 한다. 이런 발상은 어디서부터 시작되었는가. 1996년 5월 15일에 발행된 '왜 미국은 망하는가?'에서 저자 데비 키드(Devvy Kidd)는 "세계정부가 실시되면 개인의 소유권은 더 이상 인정되지 않는다(There will no longer private property right)"라는 내용으로 볼 때, 유엔은 오래전부터 세계정부를 만들기 위해 진행시키는 방법이 음성적으로 이뤄지는 한 부분이다.(25)

3) 국가의 주권은 사회적으로 불의(不義)로 본다는 것은 그 나라를 부정하는 논리이다. 주권(sovereign)은 넓은 의미로는 대중적인 통치(Popular sovereignty)라 하고, 좁은 의미로는 국가적인 주권(National sovereignty)으로 쓰인다. 국가의 정치형태구조를 최종적으로 결정하는 권력이 국민에게 있다는 뜻이므로 주권의 소재는 국민에게 있다는 원리이다. 이 두 가지 원리에서 국가의 주권이란, 국민을 대신하여 다스리는 권리가 정부에 주어져 있다. 그런데 이것이 사회적으로 불의라면 유엔 의제21이 바라는 사회는 어떤 사회를 말하는지 알 것이다.

그들은 유엔 의제21을 지속시키기 위해 정부의 주권을 불의라고 하면서도 세계정부는 주권을 행사하겠다는 두 가지 상반되는 주장을 보이고 있다. 사회적으로 국가의 주권이 불의라고 하는 것은 단일정부를 만드는데서 개별국가의 주권이 세계정부를 위해서는 맞지 않다고 보기 때문이다. 이처럼 지구상의 모든 주권은 세계정부가 가져야 됨으로 개별국가에서 주권을 행사하는 것은 안 된다는 것이다.

이것 역시 데비 키드의 책에서 "세계정부는 누구든지 세계정부가 실시하는 강제적인 다스림을 받아야 되며, 따르지 아니할 때에는 과거 소련의 공산당이 크렘린 광장에서 했던 것처럼 될 것이다(World order will be enforced by agents of the world government in the same way that agents of the Kremlin used to enforced their throughout the former Soviet Union)"라는 연장선상으로 보아야 한다.

4) 많거나 적거나 같은 혜택이 보장되지 않는 건강보험은 사회적으로 불의(不義)로 본다. 이 논리는 보험료의 차별과 혜택의 차별을 말하는 것이 아니다. 국민이 나라의 주인이라면 당연히 보험료를 낼 필요가 없다는 것이다. 보험료는 국민이 낸 세금에서 사회보장제도의 틀에서 정부가 보험료를 지불하고 나라의 주인인 국민에게 보험료를 부담시키는 것이 불합리라는 뜻이다. 그러므로 나라의 주인이 되는 국민의 치료비용은 국민이 낸 세금으로 국가에서 처리되어야 마땅하다는 논리다. 그러한 제도는 사회주의 사회에서 시행되어왔던 정책이다. 이 정책이 노르웨이 환경부장관과 총리를 역임했던 할렘 브룬트란드(Harlem Brundtland)가 노르웨이의 사회보장제도에서 온 정책이다.

여기서 같은 혜택이 보장되지 못하는 보험문제는 잘사는 나라와 못사는 나라로 나누어서 볼 때, 세계정부가 추진하는 새로운 세계질서(New world order)의 틀에서는 맞지 않다는 것이다. 자본주의사회에서는 피할 수 없는 현상이지만 세계정부를 공산방식으로 이끌려는 그들에게는 불의가 될 수밖에 없을 것이다. 이 일은 일찍이 세계정부를 만들기 위해 태동한 영국의 왕실국제연구소와 미국의 외교협의가 모든 나라의 경계선을 없애겠다고 하였다. 여기에서 우리는 우리가 살고 있는 어떤 지역의 한 부분만을 생각할 것이 아니라 시야를 세계로 넓혀야 앞으로 다가올 환경에서 피할 수 있다. 그것은 앞의 여러 곳에서 설명한 바와 같이 유엔에서 조직적으로 사회의 모든 환경으로 좁혀지고 있기 때문이다.

3. 경제번영에 대하여;

이클레이는 대중과 민간 파트너십(Public Private Partnership)으로서 특별히 정부와 교섭하여 확실하게 세금감면을 받아내도록 해야 한다고 하였다. 또한 기업으로부터 보조금을 독점하고 정부의 힘을 독점하여 최대한 이클레이(ICLEI)의 활동범위를 넓혀야 한다고 하였다.[26]

1) 이클레이(ICLEI)를 활용하여 활동범위를 넓히기 위한 방법에서 먼저는 '정부로부터 확실한 세금감면을 받아내는 일'이라 했다. 이클레이에서 말하는 경제번영은 나라의 경제번영을 말하는 것이 아니라, 이클레이 조직을 늘리기 위한 자본을 말하는 것이다. 그들은 경제적인 번영을 위해 대중과 파트너십을 이루어야 한다고 하였다. 여기서 말하는 대중은 누구인가? 대중은 인민(people)과 평민(mass), 둘로 나누어진다. 오늘의 대중으로서 제기되는 문제는 '평민으로서의 대중'이다. 평민으로서의 대중은 인민에 비하여 보다 수동적이며 비합리적 요소를 지니고 있다. 더욱이 그 평민으로서 대중의 문제성은 시민적 민주주의는 불가분의 관계에 있다. 이와 같이 대중은 뚜렷한 내용을 갖고 있지는 않으나 지금까지의 정치회전에 움직임을 가져오는 어떤 사회적 변화를 가리키는 것이다. 대중이란 사회의 대다수를 점하고 있는 근로계급층을 말한다. 그러므로 대중이란 노동계층과 민간, 곧 모든 국민을 하나로 모아서 이클레이 활동을 위한 회원을 만들고 그 힘을 바탕으로 재정권을 확보하겠다는 의도이다.

그리고 그들은 정부와 교섭하여 확실하게 세금감면을 받아내야 한다고 하였다. 세금감면은 기업들이 정부에 납부하는 세금인데 그렇게 감면받은 재정을 누구에게로 가겠는가? 그들은 기업으로부터 보조금을 독점하라는 항목에서 보여주는 것처럼, 그렇게 해서 그 자금으로 이클레이(ICLEI) 활동범위를 넓히려고 세금감면과 정부보조금을 독점하려는 것이다.

2) 기업으로부터 보조금을 얻어내는데 독점하라고 하였다. 보조금을 얻어내는 독점은 다른 어느 조직이나 기능이 아니다. 이클레이가 최대한 많은 자금을 확보하기 위해 독점하려는 것이다. 그렇게 확보된 재정으로 세계정부를 만드는 저변조직을 확대시킨다고 하였다. 이처럼 확대된 이클레이 힘이 커지는 것만큼 비례적으로 입법정부의 힘은 약해진다. 이렇게 해서 유엔이 원하는 새로운 세계정부를 위한 활동범위를 넓히려는 것이다.

이것이 이클레이에서 말하는 정책 중의 핵심과업이 유엔 의제21을 위한 지속가능성(Sustainablity)이다. 여기서 말하는 '지속가능'은 무엇을 위한 지속(Sustainable)인가에 관심을 가져야 한다. 그 지속은 유엔이 바라는 세계정부를 만드는 과업이 끝날 때까지 끊이지 않고 계속해서 진행시킨다는 의미이다. 이것이 이클레이가 세계정부를 만드는 유엔의 풀뿌리 기능으로 모든 나라에서 범위를 확장시키며 활동하는 이유이다.

3) 앞에서 본대로 유엔이 세계정부를 완성시키는 풀뿌리 기능이 이크레이(ICLEI)다. 그리고 이클레이의 활동범위를 넓히기 위한 재정이 필요하다. 그 재정을 충당하기 위한 방법으로 기업이 내는 세금을 정

부로부터 감면받게 해서 그것을 보조금으로 돌린다는 것이다. 또한 감면을 성사시킨 중재역할의 수고비를 기업으로부터 기부금으로 받아낸다. 이것은 일종의 리베이트(Rebate)와 같은 방법이다. 문제는 이러한 자금을 충당하기 위해 정부의 힘, 곧 세력을 독점한다는 점이다. 정부의 힘을 독점하려면 정부부처와 정부기관에 근무하게 공직자들을 이클레이 회원으로 가입시키는 일이다. 실제로 대부분의 정부부처나 정부산하기관에 근무하는 공직자들 중에 이클레이 회원으로 가입되어있다. 이러한 음모로 볼 때 모든 나라에서 활동하는 정부부처에 근무하는 도시계획 담당자, 도시설계사, 환경부서, 청정사업부서 같은데서 근무하는 공무원들로 그들의 윗자리에서 관리하는 감독관들 중에 이클레이에 가입된 회원들이 많다.

그리고 이들 관리들은 연결된 지방자치단체, 녹색단체, 환경단체들에게 정부예산에서 재정지원을 보조받게 하여서 이클레이의 활동범위를 넓혀가고 있다. 이 음모는 세계정부를 만들기 위해 유엔 의제 21에서 말하는 '지방정부들(Local Governments)'은 하부조직인 이클레이를 모든 곳에서 그 세력을 넓히고 있다. 결과적으로 저들이 바라는 것은 권력과 경제권까지 자기들이 원하는 세계정부로 이끌어간다는 뜻이다.

이러한 사실을 알았건 몰랐건 세계 곳곳에서 빠르게 확산되고 있다. 그러한 그들의 활동으로 말미암아 정부와 충돌을 빗고 있음을 우리는 수없이 경험해 왔었다. 그 예가 모든 나라에서 일어나는 시민단체(NGO)들의 저항이다. 일찍이 시민단체들의 저항은 오늘날의 저항과는 차원이 달랐다. 그러나 지금에 와서는 정부기능자체를 뒤엎는 저항이나 파업으로 이어지고 있다. 하지만 대부분의 가담자들은 무엇을 위한 저항인지도 모르고 눈앞의 이익에만 치우치고 가담하는 것이 현실이다. 만일 모든 시민단체들이 유엔 의제21에서 이클레이가 무엇 때문에 그리고 어떻게 움직이도록 하는지를 안다면 지금처럼 충돌이 되는 저항은 하지 않을 것이다. 세계주의자들이 바라는 것은 모든 나라의 권력구조와 경제구조를 세계정부로 빨아들이는 것이다.

이러한 것은 일찍이 빌더베르그(Bilderberg)가 만들어질 때 그들의 세계정부청사진 골격 다섯 번째에서 나타나고 있다. 청사진 다섯 번째에는 "세계보호 은행은 세상에 메마른 은행들을 흡수한다. 그 방법은 모든 돈이 새 국제은행으로 흡입되든지, 아니면 전부 안보도록 없어지게 한다.(A world conservatory bank wilderness preservation around the world. That means all 'GREEN' movement will be melded into the new international bank or disappear altogether)"는 계획이 있다.

4. 지속적인 정책에 대해서는;
이클레이(ICLEI)는 성장을 위하여 영리하게 경작하지 않은 땅의 경작프로젝트와 회복시켜야할 도시와 미래적인 지역프로젝트를 만들어서 사회를 위한 전문가가 되어야한다고 하였다. 그것은 지속시키기 위해 녹색일자리를 독점하는 일이다. 녹색일자리 독점이란 나라에서 활동하는 정부부처의 도시계획 담당자, 도시설계사, 환경부서, 청정사업부서 같은데서 근무하는 공무원들로 그들의 윗자리에서 관리하는 감독관들이 회원으로 녹색방향으로 주도해서 대체에너지와 지역비전을 수립하는 개발이 있어야 한다고 하였다. 또한 지역개발을 이끌어내고 이룩한 역사(history)를 보존하기 위해 지역을 관리해야 한다고 하였다. 그리고 개발권한과 농업종합계획과 성장관리종합 등을 실행시켜야 한다고 하였다.(27)

1) 첫째는 경작하지 않은 토지와 도시와 지방개발을 위한 프로젝트를 만들 전문가를 양성시킨다고 하였다. 전문가를 양성시켜서 그들로 하여금 녹색사회단체를 구성시킨다. 둘째는 그동안 이룩한 역사를 보존해야 한다고 하였다. 이러한 역사를 지속시키기 위해서 모든 개발에 관련되는 권한과 성장에 관한 관리를 자기들이 관리한다는 것이다. 여기서 말하는 역사는 '자신들이 이룩한 역사'를 의미한다. 이는 그 나라 역사를 없애고 자신들로부터 시작되는 새로운 역사를 만들겠다는 것이다.

이러한 일은 우리들이 이미 보아왔다. 정부의 역사를 부정하는 일들은 지난 역사를 부정하고 어느 한 시점에서부터를 주장하는 무리들에서도 볼 수 있는 일이다. 이러한 사실은 우연의 일치라고 할지 모르나 현실사회는 유엔이 원하는 세계정부를 위해 이클레이라는 비정부사회단체와 맥락이 같다는 점이다.

2) 그렇게 될 때 실제적으로 모든 나라를 관리하고 운영하는 사람 모두가 이클레이 회원이 될 것이다. 그러한 사회는 자연스럽게 유엔에서 통치하게 된다. 이것이 유엔 의제21에 숨겨진 단일정부를 만들려는 속셈이다. 지금 이러한 구성은 곳곳에서 나타나고 있다. 중앙정부, 지방정부, 군, 시, 읍면, 나아가서 구청직원들 중에도 상당수가 유엔 의제21을 위해 이클레이 회원으로 활동하고 있음을 이클레이 사이트에서 '회원현황과 활동현황' 항목에 회원의 이름과 예산까지 볼 수 있다.[28]

그들 대부분 환경부서, 도시설계부서 등에서 근무하는 과장, 계장, 주임, 또는 실무관, 주무관들이다. 또한 사회단체들 중에서도 시민자치단체, 녹색자치단체, 환경자치단체라는 조직들이 정부로부터 재정을 지원받으면서 모든 사업을 독점해 나가고 있다.

3) 도시와 미래적인 지역프로젝트를 만들어서 사회를 위한 전문가가 되어야 한다고 하였다. 그들이 전문가가 될 때 그 자리에는 다른 사람이 앉지 못하게 된다. 이것이 정부의 힘, 곧 권력을 독점하는 것이다. 그리고 녹색일자리를 독점하기 위해서 녹색방향으로 설계 또는 개조하는 주도권을 지속시키기 위해서 녹색일자리를 독점하려는 것이다. 이 부문도 녹색일자리를 독점하고 있는 대부분이 현직 공무원들이다. 왜 이처럼 지역부터 장악해 나가는 것인지를 볼 수 있는 시야를 넓혀야 한다.

5. 누가 배후에 있는가에 대하여는;
이클레이(ICLEI) 지역사무소들은 유엔 의제21을 지속시키기 위하여 지방정부들(Local Governments for Sustainability)을 확장시켜야 한다고 하였다. 이클레이는 커뮤니티의 소프트웨어로서 지역사회계획을 주도하고 이클레이 확장교육을 실시해야 한다고 하였다. 또한 추가 그룹으로는 설계위원회와 지방정부 관리자협회와 연예문화설계 그룹들을 가입시켜야 한다고 하였다. 회비를 납부하는 시장과 군수 그룹과 주지사 협의회와 체육연맹과 지방자치단체 외에 많은 사조직 단체들과 정부 고위공직자들이 이클레이 운영자금을 기부하도록 해야 한다고 하였다.[29]

1) 배후에는 정부의 고위공직자들이 많다. 이들의 월급은 정부로부터 받고 일은 이클레이를 위해 헌신하는 느낌을 주고 있다. 그들은 공직자인 시장, 군수, 도지사, 체육인, 연예인, 기업인, 시민단체 등

의 회원으로 동력을 이루고 있다. 모든 나라의 조직에서 움직이는 기능은 밑바닥에서부터 올라가는 형국이다. 지금이 그러한 때이기에 곳곳에서 정부에 저항하는 무리들 대부분이 이러한 조직에서 이뤄지고 있는데도 깨닫지 못하는 것이 답답할 뿐이다. 이들은 직접적으로 저항에 앞장서는 것이 아니다. 근로계급층에 저항하도록 불씨를 지피고, 그 불에 기름을 퍼붓는 역할로는 언론 또는 개인이 글로나 SNS로 선동하게 하고, 정치인들은 정치적으로 저항에 든든한 배후가 되어주기도 한다.

6. 이클레이와 유엔 의제21의 관계에서;

지금까지 178개국 이상이 유엔 의제21을 공식적으로 채택하고 이클레이를 통하여 의제21을 지속(Sustainable)시키고 있다. 미국은 1995년에 클린턴행정부에서 채택하고 조지 H. 부시 대통령이 문서에 서명했다. 클린턴 대통령은 의제21을 시행하기 위해 의제21에 명시된 대로 유엔 지침을 미국은 환경정책에 '조화'를 이루도록 대통령 행정명령 제12,858로 국무위원회에서 이클레이를 대통령직속기구로 만들었다.[31] 이후부터 이 조직은 미국전역의 크고 작은 도시에까지 뿌리를 내리고 활동하면서 헌법이 보장하는 국민의 삶에서 중요한 국민의 자유와 언론의 자유와 종교의 자유와 출판의 자유와 집회의 자유와 정부에 대한 탄원의 자유까지 흔들어 놓았다고 반대성명을 하는 목소리가 늘어나고 있다.

그러면 우리는 유엔 의제21과 이클레이를 어떻게 받아들이고 있는가? 미국정책연구소도 지금까지 그것이 무엇인지 몰랐듯이, 한국도 몰랐을 것이다. 한국은 1998년에 농업촉진법을 유지시키는 법률을 제정하고 농업환경에 해를 끼칠 가능성이 있는 수질오염물질을 배출하는 시설, 농업발전을 방해하고 농지보전을 악화시키는 시설물설치, 레크리에이션시설, 음식점, 골프장, 주택, 숙박시설, 유흥시설 등 많은 것을 금지하고 농림부가 관장하도록 하였을 뿐이지 이면에 이뤄지는 악순환에는 아무런 언급이 없다. 이것이 한 국이 인식하는 이클레이에 대한 지속과 개발정책이다. 그러한 인식으로 지방 곳곳에 자치단체라는 이름으로 형성되어지고 있다. 나아가서 평창 동계올림픽을 유치하면서 강원도청과 강릉시, 수원시 등, 한국최초로 '한국형 녹색기후도'가 시작되었다라고 하였다.(32) (33)

미국뿐만 아니라 캐나다 호주에서도 유엔 의제21과 이클레이 프로그램을 반대하며 추방하는 목소리가 높다. 호주는 "유엔 의제21은 지구주의 청사진대로 세계제도(UN Agenda 21 is the Blueprint, the action plant to fully globalism the work system)"라면서 법으로 유엔 의제21과 이클레이 프로그램을 추방시키고 있다.

미국은 왜 이것을 반대하나?

알라버마 주지사 로버트 벤트리(Robert Bentley)는 "이번에 채택된 금지령 법안으로 유엔의 지속가능성(Sustainability)의 음모에서 승리함을 축하한다."라고 소감을 피력했다. 알라버마 주는 법안 SB.477을 주 하원과 상원 모두 통과시켰다.(34) 사실상 법에 대한 언급은 언론이 법을 만들지는 못하고 보도만 할 뿐이지만, 그 보도는 미국의 모든 곳으로 전달된 금지령법안이 유엔의 계획(음모)으로부터 보호받는 계기가 되게 한 것은 언론의 역할이 크다고 분석하였다.

국민의 사유재산의 권리를 보호하기 위해 법은 구체적으로 어떤 방식으로든 글로벌 계획에 참여하려는 알라버마와 모든 정치적 하부기능(시.군)들이 정책권고가 채택되거나 나타내지 않을 수 없게 되었다. 그것이 의도적으로 또는 실수로 침해가 발생되는 것을 막을 수 있는 정책권고가 필요하게 되었다. 이번 금지법령으로 알라버마 주민들은 유엔 의제21과 이클레이가 무엇인지를 알게 되었으므로 지구정상회담을 통하여 일어나는 음모를 알게 하는 초석이 된 것이다.

미국은 1992년에 시작된 유엔계획에 관하여 간략한 배경을 추가해서 "적법절차 없이 개인의 재산권을 제한시키는 브라질 리오 데 자네이로에서 선출된 대표자들에게 유엔의 계획이 무엇인지, 우리가 유엔의 계획에 따를 때 무엇을 잃게 되는지, 그리고 우리가 나라와 우리 재산을 보호하기 위해서 유엔의 계획을 배척해야 할 이유를 설명하는 시간이 필요했다. 그렇게 해야 했던 것은 다른 어떤 국제법이나 미국의 헌법, 또는 알라버마 주법을 위반하는 행동의 보조(ICLEI) 계획도 새로운 조치에 따라 금지(Prohibited)된다." 물론 법이 지적하는 유엔은 세계의 모든 나라에 몰래 비정부(NGO) 조직과 정부 간에 폭넓게 의제21을 떠맡기고 있다.

독일에 기반을 두고 이클레이로 부르는 세계정부 풀뿌리의 공식명칭은 '지역 환경창출을 위한 국제회의(International Council for Local Environment Initiatives)'이다. 이 조직은 유엔 의제21을 지속시키는 기능이다. 또한 이들에 가입되면 정부로부터 재정지원을 보조받을 수 있다. 정부로부터 재정을 보조받아서 하는 일은 현존정부의 주권과 재산은 물론이고 생활에 필요로 하는 모든 것을 통째로 유엔에 갖다 바치는 역할이 이클레이가 하는 일이다. 이러한 모든 사실들을 유엔 의제21의 문서에 정의되어 있는데 그것이 세계정부 계획이다. 그러므로 알라버마 주는 적법절차 없이 개인재산을 빼앗으려는 유엔 의제21과 그것을 지속시키는 이클레이 활동을 금지시킨 것이다.

분석가들과 미국공화당 관계자들에 따르면 주지사 벤트리(Bentley)는 이 법안에 서명 하는 것을 주저했다고 한다. 주저한 이유는 연방정부 상원에서 공식적으로 유엔 의제21을 비준하지 않았기 때문이었다. 그러나 행정부, 국제사회, 각 나라들이 공범으로 지난 20년 동안 '녹색'이라거나 '스마트 성장'과 같은 기만적인 용어를 사용하며 몰래 미국에 계획을 부과하여 왔었다. 그리고 글로벌계획을 지지하는 사람들은 지속적으로 유엔의 음모로부터 시민을 보호하려는 일부 주(도)들에게 "연방기금을 잃고 끝낼 수 있다"고 위협까지 했다. 그러한 위협에도 불구하고 알라버마는 공식적으로 유엔과 연결된 재산소유권을 부정하는 사람들이 속이려던 음모에서 법률에 의해 보호되는 최초의 주(도)가 되었다고 하였다.

이제부터 유엔 의제21과 이클레이를 반대하는 다른 주들도 알라버마의 결정을 자기들의 주에서도 반영시킬 것이다. 그것은 시민의 의식과 마지막으로 필요한 변화를 본 사람들은 같은 인식과 행동이 다른 모든 주들에 필요한 것을 직접 행동으로 이어지기 때문이다. 입법 분석가들은 공화당 상원의원 제랄드(Gerald)는 반대법안이 매우 잘 만들어졌기에 유엔 의제21을 지지하는 사람들에게는 큰 타격이 될 것이라 하였다. 간단하고 간단한 방식으로 유엔정책에서 시민들과 개인의 권리를 보호하는 일에 국회의원들은 현재의 글로벌계획을 추방시키기 위해 알라버마 금지령 법안 SB.477을 모델로 할 것이라 하였다.

알라버마의 금지령 SB.477로 인하여 미국전역에 있는 중도 층(티파티-tea party) 그룹인 자유로운 생각을 가진 민주당, 자유주의자, 활동가 등 폭넓은 연합은 유엔 의제21 에서 등을 돌리고 있다. 예로서, 테네시 주에서는 초당적으로 '교활함' '사회주의'를 '음모(plot)'하는 유엔 의제를 완전히 놀라게 하였다(테네시 주 UN 의제21 참조). 다른 주에서도 유사한 조치가 진행되고 있다. 알라버마 주는 개인의 자유, 사유재산은 헌법에 따라 자주국인 미국의 전통이다. 유엔 의제21과 의제를 지속시키는 이클레이 프로그램을 반대하는 주들이 계속 늘어나고 있다. 어떤 주들은 알라버마처럼 활동금지령을 입법시키고 있다. 그리고 텍사스도 이클레이에서 탈퇴한 것으로 알려지고 있다.

1. 애리조나 주 상원의원 주디 버거스(Judy Burges)는 유엔 의제21에 관한 시행에 대하여 애리조나 주 의회법사위원회는 이것을 수용할 수 없는 이유에 대하여, "의제 21은 시민의 자유와 재산소유권의 권리와 생활의 자유를 보장하는 미국헌법과 애리조나 주법에 위배되기 때문"이라 하였다. 애리조나 주는 1992년 6월에 합의한 유엔 의제21에 따라 미국이 요구하는 의제21을 수용할 수 없다고 2012년 5월 3일에 애리조나 주에서의 활동금지(Ban) 법안 SB.1507을 통과시켰다. 그리고 같은 달 25일에 주지사 잰 브레워(Jan Brewer)가 반대법안에 서명함으로써 애리조나 주에서는 의제21과 의제를 지속시키는 이클레이 활동이 금지됐다.[35]

애리조나 주 의회는 지속가능(Sustainable) 프로그램인 유엔 의제21과 유엔 의제를 지속시키는 이클레이를 추방시키는 활동금지법안 SB.1507을 통과시켰다. 활동금지 법 안을 구체적으로 찬성을 나타내서 주와 지방도시(시.군) 안에서 유엔 의제21과 그 의제를 지속시키는 이클레이 활동을 원천적으로 차단시켰다. 애리조나 주 상원은 의제21을 무력화시키는 법안 SB.1507을 전체투표로서 의제21을 2012년 5월 3일자로 폐기시켰다. 이날까지 5개주와 애리조나의 싸움은 잘 알려진 유엔과의 정치싸움으로써 알라버마, 캔자스, 루이지애나, 테네시도 정치싸움에 동조하였다.

 의제21에 반대를 발의한 주디 버거스(Judy Burges) 상원의원은 주민들의 개인 재산권을 침해하는 유엔의 음모에서 주민을 보호하기 위해 금지 법안을 요구했다. 의제21을 막지 않으면 "직접적인 피해는 중상층과 가난한 노동자"들이 된다면서, 의제21은 "우리 시민사회를 파멸시키는 공학"이라고 의제21과 이클레이를 함께 비판했다. 애리조나와 다른 지역에서도 폐기시켜야 하기 때문에 언론에서 의제21과 이클레이를 미화시키는 언어를 조심해야 한다면서, 무분별적인 기사에 대해서도 경고하였다. 유엔 의제21은 우리 개인의 자유를 빼앗을 수 있다. 그것은 유엔이 환경이라는 장밋빛 카펫 길을 깔아놓고 기만하기 때문에 우리 모두가 속은 것이라 했다. 버거스 의원은 "환경이 중요한가? 사람이 중요한가? 생각해야 한다."면서, 유엔 의제21은 환경을 살리기 위하여 사람을 감축시키는 프로그램이라 했다.

 애리조나 주는 도시와 지역에서 유엔 의제21 원칙을 은밀하게 추진시키는 조직이 대부분인 비정부자치단체(NGO)들이다. 이클레이는 유엔 의제21을 지속시키는 기능이다. 독일에 세계본부를 두고 비영리단체라는 허울 좋은 명분으로 전 세계에서 유엔을 위해 활동하는 풀뿌리 기능이 이클레이다. 이 조직은 정부로부터 재정을 보조받으면서 정부를 전복시키는 미국의 이클레이는 캘리포니아 오클랜드에 본부사무소가 있다. '이 이클레이는 전 세계에서 지방정부라는 이름으로 속이고 정부를 대신하여 유엔기후협상과 개발회의에 참여하고 유엔기금 또는 재원을 지원받아서 운영하는 세계정부 풀뿌리기능'이라 하였다.

주디 버거스(Judy Burges) 의원은 주 의사당에서 참석한 상원의원들과 정부에 종사하는 관리들과 환경위원들이 모인 청문회에서 "당신들에게 들려줄 말은 유엔의 의제21의 음모를 폭로하겠다."라고 시작한 버거스 의원은 "애리조나 주 의회가 이러한 음모를 몰랐기에 의회가 아니라 모두가 멍청이 소굴이 된다."라면서, "우리 모두가 유엔의 음모를 깨달아야 한다."라고 하였다. 버거스 의원은 1년 전에 상정시킨 법안 SB.1403은 "애리조나의 상태와 생태계의 모든 정치적인 하부조직을 유엔의 음모에 양도할 수 없다"라고 설명하는 버거스(Burges) 의원은 계속하여 의제21과 이클레이 활동은 "재물의 재분배, 애리조나 사업의 파괴와 우리 삶의 모든 측면을 통제되는 호출, 사람들을 반올림해서 우리가 소유한 토지를 빼앗는 것"이라고 하였다.

계속하여 그녀는 "당신들은 그들 조직을 어떻게 부르는지 모르겠지만, 나는 분명히 공산주의라고 부른다"고 말했다. 그리고 "대부분의 사람들이 음모 이론을 모를 것이다. 그리고 이 법안이 애리조나에서 두 번째로 제안된 시간까지 믿거나 말거나 그것은 주 상원에서는 마지막 시간에 통과될 것이다"라고 하였다. 버거스(Burges) 의원은 "모든 사람들은 유엔이 아무런 이유 없이 불도저식으로 밀어붙이고 있다"고 유엔 의제21과 이클레이 프로그램 반대를 호소하였다. 그녀의 호소는 빛을 보았고 주민들과 의원들의 지지로 유엔 의제21과 그 의제를 지속시키는 이클레이 활동금지령은 민주당의 표까지 포함하여 절대다수로 통과시켰다. 그리고 같은 달 25일에 잰 브레워(Jan Brewer) 주지사가 금지령 법안에 서명함으로써 애리조나 주에서는 유엔 의제21과 의제를 지속시키는 이클레이 활동이 금지되었다.

2. 오클라호마 주 의회는, 유엔 의제21의 사업을 지속(Sustainable)시키는 계열(이클레이)의 활동금지법안 HB.1421을 통과시켰다. 오클라호마 의회가 그들의 활동을 금지시키는 이유는 1992년 '지구정상총회에서 선언한 유엔 의제21은 세계정부를 성사시키는 구체적인 실체로 이클레이로 활용하는 프로그램'이라 했기 때문이다. 따라서 "오클라호마 주는 미국의 주권을 보호하고 국민을 보호해야 할 의무가 있으므로 그들의 활동을 금지하는 법안을 통과시켰다."고 하였다.[36]

뉴 아메리칸 알렉스 뉴맨(Alex Newman) 기자는, '오클라호마를 리드하는 주 의회 의원들의 반대법안을 통과하는 승인은 압도적으로 도움이 되었다. 법률은 개인의 재산권을 보호하고 논란이 된 '지속가능 개발(Sustainable Development)'로 알려진 의제21의 계획에 대하는 비평가들은 미국의 가치와 자유에 심각한 위협을 나타내는 것'이라 하였다. 예상대로 상원이 법안을 승인하는 경우의 법은 미국이나 오클라호마 헌법을 위반되는 국제합의에서 어떤 종류를 구체적으로 나타내기 위해 오클라호마 주 안에서 알라버마 주처럼 유엔 또는 그 계열기능(ICLEI)의 활동을 금지하는 법안 HB.1412이 67대 17로 통과되었다.

주 의회가 통과시킨 법률에 힘을 얻은 미국의 권리위원회에서 폭넓은 연합으로 이루어진 것은 '국가주권, 사유재산 소유권리, 헌법, 개인의 자유, 티 파티 그룹' 등 지지자들을 설득시켰기 때문이다. 설득의 통로를 확보하기 위해 노력했던 결과가 나타난 것이다. 오클라호마 주 의회는 인류문명의 변화를 요구하는 논란의 대상이 된 유엔 계획에 대해 조치를 취할 수 있는 가장 최근의 사태였다. '지속가능성(Sustainable)' 문제는 작년 5월에 알라버마 주에서 시작했다. 공식적으로 유엔 의제21을 금지하는 최초의 주가 된 알라버마에서는 개인재산을 보호하고 적법절차의 권한이 주지사 로버트 벤틀리(Robert Bentley)에 의해 서명된 후에 인기를 얻은 것은 초당적으로 이루어진 입법이었다.

또 주 상.하 양원에서 절대다수로 승인을 얻어낸 테네시는 공화-민주 양당에 통로를 열어놓고 양쪽의 의원들이 결의안을 채택하는데 성공한 케이스다. 개인의 자유가 속박당하는 급진적이고 사회주의식 음모(plot)에 대하여 반신반의하는 유엔 의제21을 폭파(blasting)시킴으로써 개인의 재산권과 미국헌법을 보호하게 됐다. 캔자스 주도 같은 방법으로 따랐다. 많은 다른 주 정부가 정치적 스펙트럼(Spectrum)이라는 무거운 압력을 받고 있는 것은 사실이다. 또한 자신의 관활구역에서 '지속가능한 개발(Sustainable Development)' 방식을 금지하기 위해 노력하고 있다. 시(市)와 카운티(群)정부는 주민을 보호하기 위한 조치를 취하였다.

오클라호마 의회는 의원입법뿐만 아니라 유엔체계에서 시민의 권리를 보호하기 위해 필요하다고 하였다. 헌법에서 요구되는 미국상원에서 비준되지 않았음에도 불구하고 법안 지지자들을 설득하는 설명이 필요했다. 특히 연방정부의 행정부로부터 대부분 위법적으로 1992년부터 '보조금'을 이용하며 논란이 되어왔던 것이 가시적으로 나타난 현실에 부딪치게 된 것이다.

법안 HB.1412는 2쪽으로 작성된 짧은 법안이다. 물론 법안은 개인의 재산권을 보호하는데 역점을 두고 큰 틀에서 다루었다. 오클라호마 의회에서 법안을 후원하는 공화당 의원 샐리 컨(Sally Kern)은 이 법안은 구체적으로 무슨 일이 일어나도 개인 재산권 보호와 우리 정부에 무단으로 침입된 데 대해 다루고 있다고 말하며 지난 20년 동안 유엔 의제21을 통해 악화되고 있는 지속가능한 개발 프로그램에 관하여 지적하였다. 미국정부에서 열 곳의 연방정부기관들이 조지 H. W. 부시, 빌 클린턴, 버락 오바마 등 가장 최근에 이르기까지 유엔체계를 구현하기 위해 노력하였다. 또한 그녀는 다른 사람들 뿐만 아니라 국민을 보호하기 위해 유사한 법안을 통과했다는 것을 설명하였다.

오클라호마에 떠맡겨진 의제에서 많은 것들을 제공하는 민주당의 소수는 분명히 유엔 의제21에는 환경을 해치지 못하게 하려고 도시에서 자전거 도로를 만드는 것까지 금지될 수 있다고 하였다. 컨 의원은 환경을 보호하는 것도 중요하지만 오클라호마는 외부세력(유엔)의 속국이 될 수 없는 것이라고 하였다. 어쨌든 "미국의 목표 중 하나가 의제21 구상이 정부에 영향을 미칠 수 있다"고 설명하였다. 법안은 개인의 재산권을 보호함으로써 이러한 문제로 인하여 이클레이에서는 당신의 이동과 지속가능한 개발에 대한 대통령의 위원회를 소환할 수 있다고, 그녀는 이클레이를 오클라호마에서 뽑아내야 한다고 하였다. 지속가능 계획을 떠맡기다시피 하는 세계주의자들과 연결된 그룹 중 하나인 유엔이 계획하는 것을 미국이 동참하고 있기에 모든 주(도)들은 이것을 막아야 한다고 하였다.

1992년 6월에 지구정상회의에서 세계 각국정부들은 이것에 동의했다. 유엔 의제21은 인간이 환경에 끼치는 영향이 절대적이라고 한다. 유엔 시스템은 정부, 모든 지역에서 주요 그룹의 조직에 의해 국가 및 지역적으로 세계정부를 만드는 종합계획을 이루려하는 것이다. 인간이 존재하는 이상 거의 모든 측면에 약간의 영향을 끼칠 수는 있다. 동물과 식물이 생동에 필요한 가스가 오염시킬 물질이기에 인간에 의해 감축시키는 것이 글로벌 의제의 진정한 사업이라는 것은 분명하다. 그러나 환경을 보호하기 위해 인간을 통제하려는 것은 쉽지 않은 일이 될 것이다. 그것은 유엔이 계획한 것으로 인간의 자유를 구속하고 나아가서는 지구상에서 인구를 감축시키려하기 때문에 유엔 의제21과 그 의제를 지속시키는 이클레이는 반드시 추방되어야 한다고 하였다.

유엔 문서에서 이처럼 글로벌 조직은 토지의 사적소유가 축소되어야 한다는 것이다. 다른 공식서류와 문건에도 유엔이 추구하는 것이 나타난다. 그것은 나라의 주권, 개인의 자유, 자치국가인 미국의 전통과 이상을 완전히 바꾸려는 전략이다. 여기에 반발하여 오클라호마 법안은 하원에서 통과된 것이다. 그것은 오클라호마 안에 있는 시.군들과 정치기관이 의도적으로 또는 실수를 제한하는 정책권고가 채택되거나 실행하지 않기 때문에 강력한 법으로 활동을 금지시켰다. 아무리 유엔 의제21이 국제합의로 이루어졌을지라도 그 합의는 구속력까지는 가질 수 없다. 그러므로 유엔 의제21은 적법절차 없이 개인의 재산권을 침해할 수 없는 것이다. 유엔이 인증 또는 전 세계가 유엔의 제21에서의 지속(Sustainable)가능한 개발은 상대적으로 그 정책의 이행을 지원하기 위해 많은 민간 및 정부의 기구들의 도움을 받아야 되기 때문에 국가의 상태와 모든 정치적으로 계약할 수 없는 것이다.

3. 테네시 주 의회는 유엔 의제21의 무력화 법안을 통과시킨데 대하여, 주지사 빌 하스람(Bill Haslam)은 "의제21과 이클레이 프로그램은 정신 나간 짓이다. 이유는 환경이란 명분으로 단독주택, 개인용 자동차 소유권, 개별여행 선택권, 개인소유의 농장 등은 허용되지 않

는다. 그것은 사회주의사회에서 있었던 공산방식처럼 재분배를 적용시켜야 됨으로 사람의 권리와 국가의 주권까지 파괴되기 때문에 거부한다."고 하였다.(37)

테네시 주 의회가 통과시킨 입법은 미국의 자유와 가치로 급진적인 사회주의자들의 음모와 유엔 의제21의 합의를 무력화시켰다. 2012년 3월 15일, 테네시 주 의회는 공화당과 민주당이 공동으로 유엔 의제21과 이클레이 활동을 금지하는 법안 HJR.587을 하원에서 찬성 73표와 민주당의 반대 23표로서 통과시켰다. 그리고 상원은 찬성 19표와 반대 11표로 통과시켰다. 이처럼 절대적인 득표로 통과되었음을 보여주는 것은 그만큼 유엔 의제21과 의제를 지속시키는 이클레이 프로그램이 해악이라는 인식이 지배적이었기 때문이다.

이번에 테네시 주가 의제21과 이클레이 활동을 금지시킨 많은 이유 중에서, 강제낙태를 통해서 한 가정에 한 명의 자녀정책과 그 집행은 유엔의 음모(plot)로 인구를 감축시키려는 등, 여러 가지의 위험이 있기 때문이라고 한다. 그것은 교활한 사람들이 자신이 자유를 사랑한다면 스스로 놀라게 되는 음모가 될 것이다. 인간은 지구에서 적어질 수는 없다. 우리가 더 적게 소비하면 더 많이 생성(生成)할 필요가 없는 것이다. 테네시 주 의원들의 노력이 1992년에 합의로 된 글로벌 21세기 의제에 관하여 미국 전역의 인식과 분노는 쓰나미처럼 진행되고 있다. 전문가들과 다른 입법기관, 심지어 공식 유엔 의제21의 문서에, 전 세계적으로 떠맡기는 방식으로 목표를 성사시키려는 것이다. 그 목표가 지속가능 개발(Sustainable Development)이라는 것이다.

비평가들에 따르면, 문제가 자리하는 곳은 '지속가능'이기 때문에 유엔이 정의하는 것은 헌법이 보장하는 정부와 개인의 자유까지 구속하는 시스템이기에 반대하는 것이라 하였다. 부유층과 중상층은 현재의 생활방식과 소비패턴이 높은 육류섭취, 화석연료 사용, 전기제품, 가정 및 직장의 장소에 에어컨과 교외주택들을 포함하는 곳은 지속가능은 불가능한 것이다. 20년 전에 캐나다 사람 '모리스 스트롱(Muarice Strong)'은 국제환경과 지구온난화 문제를 유엔에 강하게 제안한 사람이다. 그의 제안으로 의제21이 시작되어 유럽지역에는 많은 전진이 있었으나 지금은 지각이 있는 나라에서는 미국처럼 반대도 만만치 않다.

테네시 법안은 연방정부 상원에서 비준되지 않았기 때문에 의제21은 아직은 미국에서 활동하고 있는 동안 유엔 의제21과 이클레이는 논란의 대상이 계속될 것이다. 그것은 다양한 용어사용으로 위장하여 "스마트 성장(smart growth), 황폐한 땅 프로젝트(wild lad project), 지방자치 단체, 지방정부들(Local governments), 회복력이 있는 도시건설, 지역비전수립 프로젝트 등 다양한 '녹색' 또는 '대체 프로젝트' 같은 용어로써 사회를 속이는 교활함이기에 의제21은 위험하다."고 말한다.

환경에 대하여 소위 급진적인 지속가능 개발(Sustainable development)이 유엔 의제21에 숨겨진 계획이다. 계획에는 개인재산 소유권 문제는 미국의 생활방식을 흔들어 놓게 된다. 즉 누구든지 단독주택을 가질 수 없으며, 개인적인 자동차 소유권이 없어진다. 개별여행의 선택권이 없어지며, 개인이 소유하는 농장을 금지한다. 이러한 장애를 해결할 수 있는 공화당은 전체국회에서 이 문제를 매듭지어야 한다. 그것은 중앙정부의 결정을 바라보는 지방정부에 힘이 되는 것이다.

유엔 의제21을 사회적으로 볼 때, 사회와 환경에 의해 여유로운 자원에서 동등한 혜택은 모든 사람들에게 자유로운 권리를 누리게 하기에 테네시 법안은 아주 중요했다. 이번 법안으로 테네시 주민들은 유엔이 주도하는 사회주의방식인 세계정부에 재산을 빼앗기지 않게 되었다. 나아가서 공산주의방식인 재분배에 관한 걱정을 털어버렸다. 테네시 주가 이렇게 결정할 수 있었던 것은 교활한 유엔의 음모(plot)가 위험하다는 것을 인식한 정책입안자들로서 미국의 주권과 국민들의 재산을 보호해야 한다는 강한 책임감이 있었기 때문이다.

정책분석가들은 "다른 지역들도 테네시 법률을 모델로 삼아야 할 것"이라 하였다. 또한 언어는 행동을 부추기기 때문에 유엔 의제21에서 부르는 용어를 차단시켜야 한다고 하였다. '지속가능(Sustainable), 스마트 성장(smart growth), 경작하지 않은 땅 프로젝트(wild land project), 녹색도시 프로젝트(green cities project)' 같은 용어는 이클레이가 쓰는 달콤한 미끼가 되기 때문이다. 차단시켜야 할 이유는 대부분의 정치인들이나 국민들, 그리고 의제21을 지속시키는 이클레이에 가담한 사람들까지 의제21이 무엇인지 몰랐기 때문에 알려주어야 했다. 공화당 전체가 의제21과 이클레이 활동과 싸우기 위해서는 이번 테네시의 결정을 모델로 삼아야 한다고 하였다.

테네시 주지사 빌 하스람(Bill Haslam)은 "분명히 의제21을 지지하며 이클레이를 도 입하는 사람들은 정치 스펙트럼(Spectrum)의 매력에 걸려서 세계정부 풀뿌리 역할인 것을 알지 못했기 때문"이라 하였다. 그리고 "의원들이 입법시킨 법안 HIR.587로 인하여 유엔이 추진하던 개인재산, 단독주택, 개인용 자동차, 농장 소유권이 빼앗기지 않고 유지되며, 여행의 자유에 통제를 받지 않게 되어서 다행"이라 하였다.

5. 캔자스 주 의회도 유엔 의제21과 이클레이 프로그램을 중지시키면서, "유엔 의제21과 이클레이 프로그램은 근본적으로 국민의 생존자체를 파괴하는 어리석은 짓이다. 캔자스 주 의회는 이클레이 활동을 중지시키기 위해 유엔 의제21을 수용하지 않기로 결의했다"라고 하였다.[38]

유엔 의제21의 풀뿌리역할을 하는 이클레이는 국가주권과 국민의 재산권과 국민의 자유권을 빼앗으려고 공격하는 프로그램이다. 이처럼 위험한 글로벌 계획으로부터 나라와 국민을 보호기 위하여 논란이 되어온 지속가능 개발계획에 대하여 의원들은 만장일치로 활동금지를 위하여 법률 HR.6032로 입법시켰다. 최근에 이 문제를 채택한 테네시 주의 입법이 도움이 되었다. 공화당 전국위원회와 캔자스 공화당위원회, 캔자스 주에 있는 시군당국이 함께 유엔체계를 없었던 일로 되돌려놓기로 하였다.

캔자스 주는 역전을 위해 미국인의 번영그룹(Americans for Prosperity Group)이 주최 하여 미국을 순회하면서 시청각설명회를 주선하였고, 미국정책연구소(American Policy Center) 수석대표 탐 디위스(Tom DeWeese)가 의제21과 이클레이가 무엇인지를 설명하였다. 그리하여 캔자스는 만장일치로 채택하게 되었다. 탐 디위스는 "우리는 의제21에 나타난 지난 법률과 규정을 모두 되돌려놓을 수 있는 포괄적인 계획을 개발해야 한다."라고 하였다. 미국인의 번영그룹 지도자 짐 멀린스(Jim Mullins)는 미국인을 위한 풀뿌리 감독과 티 파티 그룹과 자유생각을 가진 다양한 조직들에게는 국가와 국민을 방어하기 위한 조치를 취하도록 압박을 가해서 그들의 동의를 얻어냈다.

이 일을 위해 주 의원들은 전화로 집행위원회에서 청문회가 있음을 알려서 양당 의원들이 참석하도록 이끌었다. 이처럼 공화당과 민주당이 참석한 자리에서 유엔 의제21의 장단점에 대하여 구체적으로 설명해서 모두가 충분히 이해가 되어 만장일치로 법률 HR.6032를 입법시켰다고 하였다.

6. 미주리 주 의회는 유엔 의제21 금지법을 통과시키면서, 많은 논쟁 끝에 개인의 재산보호와 권리침해를 막기 위해 적법절차로 지속가능으로 알려진 유엔 의제21과 이클레이 활동을 법률 SB.265로 금지(Bans)시켰다. 민주당 주지사 제이 닉슨(Jay Nixon)은 이 문제에 대한 공식 입장을 밝히지는 않았지만, 하원은 금지령 찬성 131표와 반대 42표로 통과시켰다. 그리고 활동금지령은 2013년 5월 8일에 상원에서 찬성 24표와 반대 9표로 미주리 주에서도 의제21과 이클레이 활동을 금지시켰다.[39]

닉슨 주지사는 널리 알려진 정치활동가로 유명하다. 미주리 주가 의제21을 금지하는 입법에 서명함으로써 미국전역에 유엔의 계획을 금지(Bans)시키는 움직임의 여파로 민주당으로서는 난처하게 되었다. 예를 들어서, 1년 전에 알라버마 주는 양당의원들의 절대적인 지지로 금지령을 가결시켜서 의제인 지속가능 개발(Sustainable Development)이 금지되었기 때문이다. 다른 주들도 같은 방법을 취하고 있으며, 많은 의원들이 강경한 결의안을 채택해서 이 프로그램을 없애야(blasting) 했기 때문이다.

미주리 주에서 2013년 5월 8일에 하원을 주도하는 공화당이 금지법 찬성 131표 반대 42표라는 절대다수로 통과되었다. 그리고 상원에서도 찬성 24표와 반대 9표로 공화당이 표결을 지배하였다. 이에 따라 주지사 닉슨은 입안을 막으려고 노력했으나 상.하원 모두에서 통과된 금지 법안에 서명을 미루고 있지만 조용히 법안대로 되도록 방관하려 한다는 뉴스가 보도되었다. 따라서 주정부뿐만 아니라 시 군당국에서도 논란이 되어온 유엔 의제21과 그 의제를 지속시키는 이클레이 활동은 미주리 주에서는 법으로 금지되었다.

의원들은 자유롭게 생각하는 성향이지만 강력한 시민들의 압박에 대응할 수 없는 것은 법은 주민을 보호하기 위해 필요하다는 말이다. 미주리 주 의회와 분과위원회, 어느 편에서도 논란의 중심이 되어온 유엔 의제인 지속가능을 거부하는 법을 무시할 수는 없었다. 그것은 법이란 나라의 주권과 국민을 보호하기 위해 있는 것이기 때문이다. 그리고 법은 국민의 자유와 재산을 보호하여 건강하고 부유한 사회를 위해 입법되는 것이다. 따라서 지속가능이라는 아름다운 주제로서 미국을 속이고 미국국민을 속여서 세계정부 풀뿌리로 삼는 의제21의 프로그램과 이 프로그램을 지속시키는 이클레이의 활동을 법으로 금지시켰다. 그리하여 미주리 주에서는 더 이상 유엔 의제21의 프로그램을 위한 이클레이 활동은 할 수 없다.

7. 메릴랜드(Maryland)주는 의제21 금지법을 가결한 후에; "메릴랜드 상원의원은 주민과 주민의 재산과 안위를 보호하기 위해 유엔 의제21의 참가를 취소한다."라고 발표하였다. 그리고 메릴랜드가 의제21의 참가를 취소하는 것은 "유엔은 이클레이를 앞세워서 환경이라는 이름으로 나라의 저변조직으로 세계정부를 구현시키기 위해 사유재산, 재분배, 삶의 이동까지 통제하려하기 때문에 의제21과 이클레이 프로그램을 금지한다."라고 마틴 오말리(Martin O'Malley) 주지사가 법안에 서명하였다.[40]

2011년 3월 6일자 메릴랜드 뉴스는 "의제21 프로그램을 중단한다(Stop Agenda 21 Maryland)"는 제목으로 다음과 같이 기사로 보도했다.

"2011년 11월의 정치바다에 변화는 수그러들지 않았다. 전체적으로 최초에 그러한 조치로 간주되는 것들에서 캐롤 카운티, 메릴랜드 카운티, 등 5개 군 지도자(군수) 회원들은 최근에 지속가능이라는 프로그램을 확산시키는 이클레이 사무실들이 폐쇄되었다"라고 보도하였다. 메릴랜드 주 의회는 신속하게 '이클레이'라는 거대한 의제21의 규정을 수행하기 위해 유엔에 의해 시작된 이클레이 활동을 전면적으로 종료시키는(Stopping) 투표에서 절대다수로 통과시켰다.

현실로 나타나는 보고서는 워싱턴은 동료들에게 나라를 위해 금지법을 통과시키기 위해 앞장섰다고 한다. 지금 미국에는 대략 600여 지방자치단체들이 그들이 무엇을 하는 기능인지도 모르고 있다. 이클레이의 궁극적인 비전은 '지속가능'으로서 개인의 재산권을 공격하는 기능이다. 이 기능은 세계정부를 수립하는 핵심 배후세력인 로스차일드(Rothschild)의 환경과 경제라는 '트로이 목마(Trojan Horse)처럼 개인재산권을 공격하기 위해 모든 것을 통제하는 것이 그들의 비전이다.

【트로이 목마(Trojan Horse)란; -그리스와 트로이의 전쟁에서 나무로 만든 말(木馬)이 등장한다. 그리스는 트로이를 둘러싸고 10여 년간 공성전을 벌였으나 성을 함락시키지 못하자, 나무로 커다란 말을 만들어서 30여명의 군인을 그 안에 매복시켰다. 그리고 그리스는 이 목마를 버려두고 거짓으로 퇴각한 척하자 트로이 사람들은 목마를 승리의 기념물로 여기고 기뻐하며 성안으로 목마를 들여놓았다. 그날 밤 목마 속에 숨어있던 군인들은 성문을 열고 그리스 군대를 성안으로 불러들였다. 이로 인해 그리스의 승리로 막을 내린 침투사건을 말한다.-】

세계정부 풀뿌리역할로 이클레이 기능은 자본주의에 대한 공격이요, 트로이 목마 전략이다. 그들은 미국의 주권과 라이프스타일을 공격하는 기능이다. 예상했던 대로 '지속가능(Sustainability)'과 '스마트 성장(Smart growth)'은 이클레이에서 쓰는 용어다. 이 용어는 듣기 좋은 소리가 나는 두 개의 레이블(lebel)로 모색되고 있다. 지속가능성의 결론은 환경을 외치는 행동주의자들의 관점에 적용하면 정부의 기능과 권력을 빼앗는 것이다. 그들은 정부의 행정을 통제하며 농장주인, 그리고 크고 작은 기업들의 재산을 분산시키거나 재분배로 바꾸려는 것이다.

토지 이용, 식량생산, 주택, 교통, 제조, 에너지 공급, 심지어 건강관리를 포함하여 우리의 삶에서 모든 것을 빼앗는 그들만의 정부를 확장시키려는 것이 지속가능 프로그램이다. 이클레이는 환경주의와 사회주의를 병합한 레이블(lebel)로써 지구온난화에 대하여 극단적인 신념을 가진 조직으로써 유엔이 추진하는 세계정부를 위한 경제정책을 추진하는 풀뿌리기능이다.

8. 텍사스 주 의회 역시 의제21과 이클레이 활동을 중지시켰다. 뉴 아메리칸 뉴맨 기자는, 미국 남부의 텍사스 주가 "의제21과 이클레이 활동을 중지(Stop)시켰다"는 기사에서, 텍사스가 이클레이와 유엔을 위한 지속가능 프로그램을 거부(declining)하는 것은 "50개주에서 이미 활동하던 이클레이 회원 600여명이 감소됨과 동시에 텍사스에서 이클레이를 추방시켰다"는 기사로 알렸다.[41]

텍사스 당국은 최근에 이클레이가 국제적인 그룹으로 알려진 논란의 지속가능 개발이라는 활동을 철수시키게 됐다. 의제21은 이클레이라는 하부가능을 몰래 텍사스에 밀어 넣었다. 이클레이는 유엔 의제21을 지속시키는 국제적으로 활동하는 세계정부를 구현시키는 풀뿌리역할이다. 그리고 회원으로 가입시키는 대상을 시군당국의 공무원들 중에서 환경부서, 도시설계부서, 도시환경설계부서 같은 부서에서 일하는 국.과장들이다. 이들을 통해서 의제21의 계획을 설계하고 관리하여 정부를 점령하도록 하는 기능이 이클레이다. 이것이 유엔이 조용히 모든 지역에 지속가능 개발이라는 이름으로 활동하는 것이다. 이러한 유엔의 음모를 법적으로 금지시킨 승리에 대하여 축하하였다.

9. 캔자스 주 마이클 스라테리(Michael Slattery) 의원은; 의제21에 대하여 '근본적으로 미국 국민의 생존자체를 파괴하는 어리석은 짓(radical destructive to the American way of life)'이라고 비난하였다. 뉴햄프셔 크리스토퍼 세린(Christopher Serlin) 전 의원은 '뜨거운 불에 기름을 붓는 격'이라고 하였다. 이클레이 프로그램을 반대하는 알라버마, 캔자스, 테네시, 뉴햄프셔, 애리조나, 등의 의원들은 이클레이 프로그램에 대하여 '정신이 나간 짓'이라면서 반대하였다.

애리조나 주 의회법사위원회는 이것을 수용할 수 없는 이유에 대하여, "의제21은 시민의 자유와 재산소유권의 권리와 생활의 자유를 보장하는 미국헌법과 애리조나 주법에 위배되기 때문"이라고 하였다. 애리조나 주는 1992년 6월에 합의한 유엔 의제21에 따라 미국에 요구하는 의제21을 수용할 수 없다고 반대법안 SB.1507을 통과시켰다. 그리고 같은 달 25일에 주지사 잰 브레워(Jan Brewer)가 반대법안에 서명함으로써 애리조나 주는 의제21을 이행하지 않기로 했다.[42]

나아가서 워싱턴, 미시시피, 북 캘리포니아(샌프란시스코), 뉴욕(허드슨 벨리), 조지아, 켄터키, 미시건, 뉴햄프셔, 몬태나 주들도 추방과 금지 법안들을 통과시켰다. 이처럼 미국은 공화당의원들과 주지사, 관료들, 공무원, 기업인, 학자들, 경제인들까지 의제21을 반대하는 이유는 유엔은 의제21과 이클레이를 이용하여 미국정부와 지방과 국민의 재산까지 빼앗기기 때문이라 하였다. 나아가서 미국 국민이 누리고 있는 자유와 미국이라는 나라의 주권마저 없어질 것이기 때문에 반대한다고 하였다.

그리고 지금까지 정부정책을 옹호하던 민주당도 의제21과 이클레이 활동금지를 위해 정부상대로 고소를 준비 중이라고 한다. 그 이유는 콜로라도 주지사 존 히켄루퍼(John Hickenlooper)가 의제21의 지속개발문제가 진행되는 환경에서는 "당신들은 더 이상 지금의 방법으로 당신의 토지를 사용할 수 없으며, 당신의 토지를 어떻게 사용해야 하는지도 말할 수도 없다(Your land cannot be used this way any longer and you have no say so how your land can be used)"라고 하였기 때문이다. 콜로라도 주지사가 말하는 중요한 내용은 "당신이 소유하고 있는 토지에 대한 모든 권리를 잃게 된다(You lose all rights to land you own)"라고 하였다.[43]

오바마 대통령은 국무위원회의를 주재하고 대통령행정명령 제13,575호를 발표하였다. "국무위원들은 환경개발혁신으로 국민에게 중요한 식량공급, 섬유질, 에너지, 자연자원 등을 이루어야 한다. 위원들에게 셀 수 없는 거대한 경제성장에 대체하기 위해 의제21을 추진시키는데 집념해 줄 것을 당부한다. 연방정부는 경제성장을 위해 최대한의 주요 규제로서 건강문제와 교육문제로 대중들이 이용할 수 있는 땅으로 넓혀서 아름다운 휴양지가 되도록 할 것이라"하였다.[44]

그러나 공화당 의원들은 반대를 보여주는 사안에 대하여 사람들은 얼마나 이 사실을 알고 있는가? 비단 의제21에는 앞에서 보았던 거주문제와 이동문제, 그리고 토지소유권 같은 문제만은 아니다. 사회의 계급층과 인구감축문제는 무엇을 말하고 있는지 알아야 한다는 것이다.

사람들은 이클레이를 어떻게 인식하고 있을까? 이클레이는 좋은 면으로 홍보되고 이클레이 단체들은 계속 생겨나고 있다.(45) 이클레이가 정부의 기능을 마비시키고 주권과 국민의 생존까지 빼앗아가는 무서운 괴물이라는 것을 모르고 왜 그처럼 적극적으로 뛰어들고 있는지 알 수 없다. 이클레이 각 지역책임자들이나 임원, 가입된 회원들, 그리고 홍보하는 내용을 보면 앞날이 걱정이다.

이러한 문제에 대하여 미국연방하원 로날드 폴(Ronald Paul) 의원의 "그때가 되면 미국 사람들은 연방정부 시행령에 따라서 주정부가 발급하는 신분증명을 제사하지 않고서는 직업을 얻을 수 없으며, 은행계좌 개설이나, 사회보장연금 또는 의료보험 신천이나, 헌법 개정을 주장할 권리가 없고, 나아가서 비행기탑승도 할 수 없으며, 생산도 하지 못하게 된다."고 말한 그의 경고와 어떻게 다른가를 생각해 보아야 한다.(46)

유엔 의제21은 한마디로 이산화탄소를 줄이고 고갈되는 수질관리와 무분별한 건축통제 등 녹색사업이라는 훌륭한 의제로 읽혀진다. 개발목록 등을 세계에 구체적으로 나타내는 의제라는 구호는 누구도 반대할 수 없는 훌륭한 의제임은 분명하다. 그러나 유엔 의제21을 떠받치고 있는 이클레이의 모든 계획이나 진행시키는 일들은 정반대라는 점이다. 그렇지 않다면 어째서 여러 주에서 반대하는가를 생각하고, 그들의 홍보에 미혹되어서는 안 된다는 것이다. 사회는 이미 깊이 빠져들었다. 이제 남은 것은 국민 한사람 한 사람의 몫이다.

유엔 의제21을 지속시키는 이클레이라는 지방자치단체는 보이지 않게 정부의 기능을 마비시키고 나아가서 국민의 재산과 권리까지 빼앗아서 세계정부에 넘겨주는 어리석은(stupid) 역할이라는 것을 알아야 한다. 앞으로 땅 사용, 지하수 사용을 통제하는 계획은 좋은 구호와는 반대이다. 또 모든 미네랄, 식물, 동물, 건설, 생산의 모든 수단, 에너지, 교육, 정보, 그리고 인간을 감축하겠다는 계획은 국민의 생활뿐만 아니라 삶 자체를 빼앗는 결과를 가져오는 것이다. 이렇게 하는 것은 지속가능성과 스마트성장과 고밀도 도시개발의 복합사용에 관한 계획이라 했다. 이처럼 무서운 제도는 20년 전부터 국제적으로 진행되고 있으나 우리들 대부분은 모르고 있었다.

여러분은 유엔 의제21을 알고 있는가? 대부분의 나라 정부는 입법과 사법과 행정부 셋으로 나누어져 있다. 그런데 유엔 의제21은 이러한 3부를 하나로 묶어서 조정하려 한다. 이것은 우연의 일치가 아니다. 모든 나라와 도와 군과 시와 시민에까지 유엔 코드에 맞추는 것이 이클레이를 활용하는 유엔의 정책이다. 도시와 지방의 모든 일반계획에 짜인 정책이 어디서 나오는지 아는 사람이 몇 명이나 되는가? 아주 적은 소수만이 알 것이다. 평화정책을 논하면서 국제연합을 지원하는 동안 사람들이 거의 대부분의 도시 카운티 주 및 나라를 구체적으로 보고 싶으면 유엔 토지사용정책을 보면 알 수 있다.

캐나다와 호주도 추방시킨다

유엔 의제21과 이클레이 활동을 반대하며 금지하는 것이 미국만은 아니다. 캐나다는 미국과는 다르게 민주사회가 유엔 의제21과 의제를 지속시키는 이클레이를 추방(In Canada democrats against UN agenda 21 & ICLEI out kick)시키고 있다. 미국에서는 주정부 차원으로 반대가 진행되고 있지만, 캐나다는 도시별로 진행되고 있다. 도시별로는 수도 오타와(Ottawa). 퀘벡(Quebec)주에서는 몬트리올(Montreal). 브리티시 콜롬비아(British Columbia) 주에서는 밴쿠버(Vancouver), 프린스조지(Prince George), 델타(Delta). 앨버타(Alberta)주에서는 에드먼턴(Edmonton), 캘거리(Calgary). 서스캐처원(Saskatchewan) 주에서는 새스커튠(Saskatoon). 온타리오(Ontario) 주에서는 토론토(Toronto), 에식스(Essex), 해밀턴(Hamilton), 서드베리(Sudbury), 마크햄(Markham), 할턴 지역(Halton Region). 뉴브런즈윅(New Brunswick) 주에서는 세인트존스(St. John's). 노바스코샤(Nova Scotia) 주에서는 핼리팩스(Halifax)까지 대부분의 대도시들이 동참하고 있으며, 동참하는 다른 도시들이 계속 늘어나고 있다.

호주에서 유엔 의제 21(UN Agenda 21)과 이클레이 활동을 반대하며 추방시키면서 다음과 같이 네 가지를 설명하였다. 첫째 유엔 의제21은 무엇인가? 둘째, 유엔 의제21에 대하여 듣지 않는가? 셋째, 유엔 의제21의 최종 목표는 무엇인가? 넷째, 우리는 그것에 대해 무엇을 할 수 있습니까?
이렇게 국민들에게 호소하면서 유엔 의제21과 이것을 지속시키는 기능인 이클레이를 추방시킨다고 하였다.

1. 유엔 의제21이란 무엇인가?(What is U.N. Agenda 21?)
'로사 코이레(Rosa Koire)'은 "아마도 더 나은 질문이 있을 것이다. 그것은 유엔 의제21과는 상관이 없다는 사람들 때문"이라며 말문을 열었다. 음모의 실체는 의제21과 이클레이 의 행동계획 청사진에 있다. 그것은 모든 인벤토리(inventory), 땅을 통제(Control), 물, 모든 식물, 미네랄, 건설, 동물, 생산 수단, 에너지, 정보와 인간까지 통제하고 제거시키는 청사진이 말하고 있다. 이클레이라는 비정부단체 (NGO)는 유엔에서 움직이는 세계정부 구현의 풀뿌리기능이다.

일반적으로 알려진 '지역의 환경창출에 대한 국제위원회(ICLEI)'는 지속 가능성을 위한 지방정부라는 것이 국민의 동의를 얻지도 않았던 것은 국민이 투표하지 않은 모든 것을 통제하기 때문에 유엔 의제 21은 우리 국민이 원하지 않은 프로그램이다. 원래 1992년 6월 3~14일의 브라질 리오 데 자네이로 국제연합(UN)에서 다루어질 때의 명칭은 '지방"환경"창출에 대한 국제회의(International Council for Local 'Environment' Initiatives)'였다. 그런데 국제사회의 동의를 얻고 난 후에는 환경(Environment)을 "정부들(Governments)"로 바꾸어서 "지방정부들(Local Governments)"로 속이고 있다. 현재의 정부를 부정하고 자기들이 주인인 것처럼 우리의 모든 것을 빼앗는 음모가 유엔에서 자행하는 이클레이이다. 다시 명칭에 주목해 보아야 한다. '국제회의(International Council)'를 '지속가능(Suatainability)'으로 바꾸었고, '지방 환경창출(Local 'Environment' Initiatives)'을 '지방정부들(Local Governments)'로 바꾸었다. 이처럼 교묘하게 우리의 모든 재산의 소유권, 자유로운 여행권리, 개인의 주택, 자동차, 나아가서 농장이나 토지까지 저들의 통제에 놓이게 되기 때문에 우리는 유엔 의제21과 그것을 지속시키는 이클레이 활동을 금지하도록 추방하는 것이다.

2. 유엔 의제21이 무엇인지 들었는가?(Why haven't I heard of U.N. Agenda 21?)

대부분의 사람들은 유엔 의제21이 무엇인지에 대하여 듣지 못했을 것이다. 그것은 내용의 설명도 없이 음밀하게 도입되었기 때문에 여러분은 이처럼 광대한 글로벌 계획을 알지 못했던 것이다. 그러면서도 점진적으로 불길한 뭔가에서 정확한 해법을 찾으려고 하는 것이다. 그런데 사람들은 '힘에 밀려서 그것을 알고 싶어 하지 않는 것

(DON'T WANT YOU TO KNOW ABOUT IT)'이다. 사람들이 유엔 의제21의 진실이 무엇인지 알고 있다면 즉시 그것을 중지시킬 것이다.

예를 들어, 나치 독일에서 입증 된 바와 같이, 또는 실제로 많은 범죄 독재정권이 증명하듯이 어떤 사람들은 유엔 의제에 들어있을 수 있다고 가정하면서도, 해당 지역 웹 사이트에 단어가 글로벌 계획에 대해 점검되기 때문에 짐작만 할 뿐이지 확실하게 세계정부 음모론에 대하여 적극적으로 반대하지 못하는 것은 정부가 그 중 일부를 공개하지 않기 때문이다. 그러나 당신은 일반적으로 환경이라는 속임수, 세계를 파멸시키는 녹색 마스크 뒤에 옷을 입고 반역하는 무리들, 불길한 방식의 증거를 볼 수 있다.

대규모 연료사용의 상승으로 모든 주변의 사무실이 자원하여 닫히게 하는 '지속가능한 개발'로 지속적인 전쟁으로, 실시간으로 감시하는 아주 불쾌한 스마트 감시라는 글로벌 응용 프로그램을 포함하여 생각해야 한다. 이산화탄소가 공급부족에서 실제로 생활에 필수적인 경우, 업계에 금지되는 탄소, 세금인상을 통해 모든 생활에 공격을 받게 되는 것을 알아야 한다. 모든 규칙과 규정은 우리를 통제하고 우리라는 인간성을 빼앗는 하나의 세계은행과 하나의 세계통화, 그리고 하나의 세계정부에서 우리라는 인간성을 빼앗으려는 숨겨진 설계가 유엔 의제21이다. 우리와는 상의도 없이 우리에게 강요되는 새로운 세계질서, 그리고 세계정부를 만드는 무리들에 의해 인간의 목숨이 끊어지는 85%라는 인구감축계획이 유엔 의제 21에 숨겨진 음모다.

3. 유엔 의제21의 최종 목표는 무엇인가?(What is the endgame of UN. Agenda 21?)

그들의 '지구 온난화' 또는 '기후 변화'에 대한 가짜 '녹색' 문제, 유엔 의제21이라는 사기극이 노출되었다. 이제 남은 그 진짜 목적은 컨트롤(Control)이라는 속임수로 남겨졌다. 세계 전체는 아주 소수의 사람들의 손에 모두가 통제받게 된다. 예를 든다면 이 사람들은 상류계층 2%와 중류계층 13%이다. 그리고 서민계층 85%가 인구감축계획에 들어있다. 유엔 의제21계획의 일부에서 환경정책 결정자 모리스 스트롱(Maurice Strong)은 "삶의 중산층 방법은 '지속'이 아니기에 중산층을 제거하기 위해, '글로벌 엘리트'라는 사람들의 삶의 방식대로 개인 제트기, 기차와 자동차와 궁전의 함대와 함께. 지속되어야 할 것이다. 그러므로 우리는 연료비용, 세금, 중소기업에 대한 제한, 이러한 거대한 부당함을 보게 될 것이다."라고 하였다.

한편, '글로벌 엘리트' 계층은 최소한의 세금을 내고 있을 뿐이다. 대부분의 세금은 중류 계층의 기업인들이다. 이들이 정부에 납부하는 납세자에 의해 상당한 보조금이 유엔 의제21을 지속시키는 이클레이에 들어가고 있다. 그리고 납세자들이 낸 세금을 보조받는 유엔 의제21의 프로그램이 의해 최대 85% 이상으로 세계 인구가 감소된다. 인구 감소의 높은 수준 달성에는 많은 사람들이 죽는 것을 의미한다. 그리고 당신들은 세계적인 독재자들이 어떻게 사람들을 죽였는지를 학교에 다니는 자녀들에게 물어볼 필요가 있을 것이다. 그런 것은 우리 스스로 자신의 컴퓨터에서 찾을 수 있다. 즉, 내 스스로 그리고 다른 사람들과 세계정부에 대한 글로벌 정책에서 의제21을 제외하고는 다른 방법으로 찾아볼 수 없다. 이처럼 비극적 상황에서 정치인과 지방의회 및 다른 사람에 의해 구현되는 세계정부 방식을 당신은 의제21의 참 모습을 볼 것이다.

4. 우리는 그것에 대해 무엇을 할 수 있습니까?(What can we do about it?)

우리가 할 수 있는 것은 현재 활동하고 있는 유엔 의제21을 쫓아내는 일이다. 예를 들어, 미국의 알라버마 주에서 최근 이클레이가 쫓겨난 것처럼 쫓아내는 행동이다. 우리 모두는 유엔 의제의 이름으로 행사하는 것은 무엇이든 도전할 수 있는 좋은 기회가 바로 지금이므로 의심하지 말고 적법성을 보여주어야 한다. 어떤 식으로든 그것을 쫓아내지 않으면 안 되는 것은 우리가 투표하지 않은 이클레이라는 비정부단체(NGO)에 의해 실행되는 의제21이기 때문이다. 사실 모든 '개발'이 유엔이 움직이는 지역정부라는 터무니없는 기능들을 강제로 중지시키는 행동만이 우리의 나라를 지키는 일이다.

이제 우리는 의제21과의 싸움에 합류할 사람들의 수가 증가되고 있다. 우리도 미국처럼 승리하기 위해서는 더 많은 사람들이 정보와 유엔 의제 21과 세계주의자들의 기만이 무엇인지 주변에 알려서 모두가 힘을 모아 추방하는 싸움에 참여해야 한다. 유엔 의제21은 사악한 기운이 인류의 기만에 뿌리를 두고 있기 때문이다. 그리고 '당국'은 우리가 수동적으로 따르기를 바란다. 진정으로 우리가 자유롭게 가진 것을 누리며 행복하게 살기를 원한다면 반드시 유엔 의제21과 그것을 뒷받침하는 이클레이를 이 땅에서 추방시켜야 한다.

4장. 의제21로 인해 달라지는 제도 (FEMA)

【FEMA란; -2001년 9월 11일에 무역센터가 알카에다 공격을 당한 직후에 국가안보를 위해 구성된 부서가 '국토안보부(Department of Homeland Security)'다. 국가적인 비상사태를 주관하는 주무부서로서 국토안보부에 예속된 '연방비상사태관리청(Federal Emergency Management Agency-FEMA)'을 일컫는 명칭이다. 주요 업무는 화산, 홍수, 지진, 태풍/해일 같은 여러 종류의 자연재앙이나, 인간에 의해 일어나는 테러, 정부정책을 반대하는 시위 같은 저항을 저지시키는 책무로 움직인다. 그리고 정부정책에 반대하는 무리, 폭동을 일으키는 무리, 사회혼란을 획책하는 무리, 사실이 아닌 것을 사실인양 시민을 선동하는 무리, 매매수단으로 쓰이는 표를 받지 않는 무리 등을 수용하기 위해 만들어 놓은 감옥을 연방비상사태관리청에서 관리하는 곳, '캠프'를 운영하는 기관이 FEMA다.-】

세상에는 화산, 홍수, 지진, 태풍/해일, 같은 여러 종류의 자연재앙이 있는가 하면, 인간에 의해 일어나는 테러나 정부정책을 반대하는 시위 같은 저항은 더욱더 확산될 것이다. 이 모든 것을 말할 때 하늘과 땅의 이변으로 일어나는 재앙과 인간에 의해 뜻하지 않게 불행한 인재를 당하게 되는 경우가 생긴다. 이러한 이변이나 격변을 사전에 방지하기 위해 나라마다 대책을 세우고 실천으로 옮기기 위해 법을 만들고 법령이 정하는 규정에 따라서 조직을 구성해서 운영한다.

　사회가 정부정책에 저항하여 유엔이 바라는 정책으로 바꾸어질 때쯤이면 피부로 느끼는 국민들은 또 다른 형태의 저항이 일어나게 될 것이다. 세계정부를 위해 지속적으로 뒷받침하는 하부조직인 이클레이(ICLEI)는 정부입장에서 볼 때 급진적 진보세력으로 바꾸어질 것이다. 여기엔 앞에서 본대로 세계정부가 만들어지는 것은 비밀이 아니라 공개적으로 진행되고 있다.

　유럽에서는 대부분의 나라들이 유엔 의제21을 지속시키는 이클레이가 지방 곳곳에서 활동한지 오래되었다. 이제 아시아와 남미의 몇 개 나라에만 확산되면 유엔이 바라는 세계정부패턴으로 완전히 바꾸어진다. 여기에 대하여 삼각통치를 만든 브르제진스키(Brzezinski)는 "사회는 과거에 '반드시' 실천하려던 하나의 세계를 이루겠다는 계획대로 점점 그 실체로 등장되고 있으므로, 중대한 위기에서 따르지 않을 수 없게 될 것(A community of developed nations 'must' eventually be formed it the world is to respond effectively to increasing serious crisis.)"이라 한 것처럼 이루어지는 것이다. 따르지 않을 수 없는 실체란 무엇을 말하는가? 먼저 세계정부를 만들기 위한 새로 협약한 의제21이다.

　이것이 모든 나라들이 이 정책에 따르지 않을 수 없다는 것이다. 그리고 세계정부 지도부가 등장하게 될 즈음이면, 사회는 엄청난 혼돈(Chaos)에 빠지게 될 것이다. 그래서 선진국에서는 이처럼 중대한 위기(Crisis)를 인식하고 대비하고 있다. 현재 활동하는 이클레이가 전 세계로 확산되면서 자연스럽게 현재의 행정부와 충돌하게 될 것이다. 이럴 때 세계정부정책에 저항하는 사람은 악의 축으로 몰아서 체포할 수밖에 없게 된다. 반대로 유엔이 이클레이 조직을 이용하여 세계를 장악하려 할 때, 모든 나라에서 보수층은 유엔을 향해 저항이 일어날 수밖에 없는 환경으로 바꾸어질 것이다. 이래저래 사회는 혼란에 빠지면서 계엄질서로 바꾸어질 것이다.

사회에서 일어나는 혼란을 막기 위하여 모든 나라가 계엄법을 제정해 놓고 그 나라 통치권자가 선포하게 된다. 모든 나라가 계엄법을 만들어 놓았듯이, 미국은 9.11 사건이 터지자 여러 분야로 나누어져 있던 정보기관까지 통합시켜서 구성된 것이 국토안보부라는 곳이다.[1]

인간이 살고 있는 사회에서 많이 접하는 재앙이나 재난에 투입되는 조직을 보면, 소방대원들이나 긴급사태에 투입되는 119대원들의 집결체 같은 조직들이다. 인간이란 한계가 있기 때문에 아무리 준비되고 훈련된 요원이라 할지라도 100% 완전하게 방지할 수도 없거니와 인명을 완전하게 구조하지는 못한다. 그래서 연구하면서 방지책을 간구하고 경계하는 것이다. 그러한 경계를 위한 발전을 거듭하면서 조직을 확대시키는 것은 재앙을 방지하려는 것이다. 또는 서로가 주도권을 장악하려는 힘은 세계로 번지기 때문에 자국의 안보라는 이름으로 대량살상무기를 개발하고 핵무기까지 개발하는 것이다.

이러한 방지책을 강화시키는데도 사회적인 혼란은 세계로 번지고 있다. 나아가서는 강대국들이 서로 물고 물리는 형국인 종착점에 도달하면서 지구사회는 소용돌이에 휘말리게 되는 것이다. 그래서 만들어 놓은 곳이 '캠프'라고 일컫는 감옥이다. 이러한 감옥은 미국에만 국한되는 것이 아니라 미국 군대가 주둔하는 곳이라면 세계 어느 곳이라도 만들어놓았다. 그 숫자는 자그마치 미국에만 1,000여 곳에 이른다.[2] 그리고 종국에는 천재지변으로 죽은 시체, 폭동을 일으키다가 죽임을 당한 시체, 정부정책에 반대하다가 죽임을 당한 시체, 정부가 시행하는 표를 거부하다가 죽임을 당한 시체를 처리하기 위해 수많은 관(coffin)도 다 준비해 놓았다.[3]

이처럼 구체적인 현실을 모르는 사람들은 소셜 네트워크 서비스(SNS)로 잘못된 정보를 흘리고 있다. 또 나아가서 잘못된 정보가 사이트에 떠도는 것을 수집할 때 그것을 확인이나 검증을 해보지 않고 책으로 출판하는 사람도 수박 겉 핥기 식이 아니면 잘못된 정보를 흘려서 사람들을 호도하고 있는 실정이다. 저자는 오랜 기간을 미국에 살면서 이러한 세계정세나 정책에 관련된 자료에서 새로운 세계질서와 현실로 나타난 유엔 의제21이 어떻게 진행되는 것을 알고 있기 때문에 구체적인 근거를 제시해서 바로 알리려하는 것이다.

2003년 3월 1일, 연방비상사태관리청(FEMA)을 국토안보부에 예속시켰던 것은 1988년 11월 23일에 대통령이 서명한 법으로 이뤄졌다. '나라와 나라 사이, 또는 국가와 개인과의 관계를 규정하는 법률'인 공법(Public Law) PL.100-707은 1974년에 제정된 재해구호법인 PL.93-288을 수정시킨 법이다. 이 법안들은 연방비상사태관리청과 연방비상사태 프로그램에 관련된 대부분의 연방재난대응활동에 대한 법적권한을 행사하게 하도록 되어있다.[4]

따라서 혼돈(Chaos)상태의 세계에서 말로 표현할 수 없는 혼란에 빠질 수밖에 없는 것은, 유엔 의제21을 지속시키는 이클레이의 운영가이드에서 속내가 들어나기 때문이다. 먼저는 경제적으로 혼란에 빠지는 것은 유엔 의제21 프로그램에는 사유재산을 인정되지 않을 뿐만 아니라 소비를 줄이고, 시장을 통제하기 때문이다. 개인의 사유가 인정되지 않게 됨으로써 식량뿐만 아니라, 모든 것을 비축해 둘 수 없는 상태에서 사회는 파괴와 약탈과 방화와 살인 같은 사건들이 증폭되는 것이다. 그렇게 되는 것은 유엔 의제21은 현재 모든 나라주권을 빼앗기 때문에 세계정부를 향한 저항이 일어나는 것이다. 어느 나라일지라도 자국주권을 빼앗길 때 보고만 있을 나라는 없을 것이다.

세계정부의 통제로 인하여 많은 사람들이 생명을 잃게 될 것이다. 그들은 오래 전부터 세계 인구감축을 계획해 놓았다. 누구든지 세계정부정책에 따르지 않거나 저항할 때는 사정없이 처벌하게 된다. 정부정책에 저항한다는 뜻에는 많은 항목으로 나누어진다. 어떤 항목에 해당될지라도 정당한 절차 없이 체포되고, 합당한 재판 없이 구금되는 불행이 따르게 된다. 그리고 한번 감금되면 목숨이 끊어진 시신이 아니면 출옥되는 일은 없을 것이다.

미국 연방비상사태관리청의 권한은 초국가적이다. 나라의 안전을 유지하기 위한 방지, 대응, 복구, 모든 위험을 완화시키기 위해 함께 작동하는지 확인하기 위해 시민과 함께 초동(初動) 지원을 하는 곳이다.[5] 이 기관은 2001년 9월 11일에 미국에서 동시다발적으로 일어났던 사건 중에서 9.11 테러는 사전에 많은 정보가 있었음에도 전혀 대처하지 못했고, 테러공격을 막지 못했음으로 인하여 미국사회에 많은 충격을 안기면서 막강한 권한을 부여했다.

그때까지 국내정보를 수집하는 정보기관이 여러 곳으로 나누어져 있었던 것을 하나로 통합해서 만들어진 부서가 국토안보부이고, FEMA는 여기에 속하는 청(Agency)에 지나지 않는다. 하지만, 비상사태가 발발되면 헌법이 정한 초국가권력을 행사하게 되는 곳이다. 따라서 비상사태가 일어나면 법률을 중지시킬 수 있을 뿐만 아니라, 모든 국민들을 통제할 수 있는 막강한 권한이 부여된다. 그럴 때 채포영장이 없어도 시민을 체포하고 감금시키거나, 공정한 재판절차도 없이 부여된 법에 따라 재산, 식량, 그리고 교통시스템 등을 점유할 수 있다. 그러한 때는 비상계엄령이 선포되며 사회의 모든 것이 군에서 통제하게 될 때 그 일을 지휘하고 통제하는 곳이 연방비상사태관리청(FEMA) 이다.

2011년 10월 8일에 지금의 연방비상사태관리청은 재앙이나 재난을 방지하기 위해 전국적으로 직원들이 일하고 있다. 전국을 10지역으로 나누어서 사무소와 국립비상훈련센터와 국내비상대비와 이에 따르는 교육센터 및 기타지역 등을 지원하도록 되어있다. 10지역으로 나누어서 댐 안전프로그램, 지진위험감소프로그램, 홍수대비프로그램, 내란사건관리시스템, 자연위험완화개혁 방사능 비상대비프로그램, 핵 방사능 비상대비프로그램, 나라정책에 반대하는 시민사회단체의 비상대책프로그램 등의 업무를 관장하도록 권한이 주어져 있다.[6]

2009년 1월 22일, 미국의회는 연방비상사태관리 캠프권한부여 및 합법화를 위한 연방비상사태관리청 시행령 HR.645을 통과시켰다.[7] '캠프권한부여와 합법화' 라는 뜻은 범법자들을 구금시킬 수 있는 감옥 설치와 구금자들을 감시하고 감독할 권한을 말한다. FEMA 신설 목적에 대하여 크게 두 가지로 나누어서 설명할 수 있다. 첫째는 외형적으로 볼 때이다. 연방비상사태관리 캠프설치목적은 '임시주택, 의료, 그리고 비상사태 또는 대규모 재해로 인한 개인 및 가족들에게 인도적인 지원'이 목적이라 했다. 그러나 실제로는 연방비상사태관리는 억류(detention)용으로 쓰이는 캠프이다(캠프 사진 참조). 그 근거는 HR.645에서 민간과 군부대가 공동으로 운영하도록 되어있다.

다음은 연방비상사태캠프관리를 군부대에 설치하도록 하였다는 점이다.[8] 그렇게 한 것은 미국뿐만 아니라 미군이 주둔하고 있는 군사기지에 캠프시설을 만들어서 국가비상센터를 국토안보부장관이 직접 관리하게 했다. 범법에 해당하는 사람을 체포하고 군사기지에 있는 FEMA 캠프에 구금시키도록 했다. 그것은 이라크 전쟁에서 전범자들을 쿠바에 있는 관타나모(Guantanamo) 수용소에 구금시킨 것을 모델로 한 것이다. 구금에 해당되면 수색영장 없이 체포되고, 정당한 재판도 없이 장기적으로 구금당하게 된다.

HR.645에는 경제위기와 대규모 시위의 가능성에 직접적인 연관성까지 염두에 두고 있다. 그것은 군에서 민간인의 형을 집행하는 군국주의화가 이뤄지는 것과 다름이 없다. 이것은 이미 법령을 통해 전국에 계엄령 장치와 국토안보부 산하에 FEMA를 만들도록 하였고, 현재 미국에만 1,000여 곳에 센터(감옥)를 만들게 한 법안이다.

분명한 것은 경찰과 감시카메라만으로는 캠프센터 감시가 충분하지 못하기 때문에 군사명령이 따르도록 한 것이다. 그것은 캠프가 시민들에게 노출되었기 때문이다. 충분하지는 않지만 많은 사람들이 FEMA 캠프에 범죄자들을 구금시키는 시설이라는 것을 알고 있다. 사람들은 지금의 시설은 국가비상사태를 대비하여 군대에서 관리하는 연방비상사태관리 캠프시설이라는 것도 알고 있다. 앞으로 일어날 수 있는 한 가지는 지금 연방비상사태관리 캠프는 대부분이 군사시설이라는 점이다. 이 법안에는 '응급센터'라고 부르는 캠프가 합법적으로 시설을 갖추게 되어 있다.(9)

000여 곳의 FEMA Camp가 있는 지도　　　　　　캠프(수용소) 경비초소

2011년 12월 31일, 오바마 대통령은 HR.1540 법안이 통과된데 대하여 2012년 회계연도 국방예산에 서명한 미국대통령으로서 미국과 해외의 이익을 위한 방어와, 모든 가족을 위한 중요한 국가안보프로그램은 갱신이 되어야 한다고 하였다. 500페이지에 달하는 수백의 별도조항은 법안에서 국방성(DoD)은 테러방어를 위한 보안능력을 구축하기 위해 해외사업, 주요 파트너의 힘을 현대화하고, 높은 수준의 정보 수집을 극대화시켜서 효과적인 군사작전을 진행해 나아가기를 원한다고 하였다.(10)

계속하여 수집된 정보를 바탕으로 지속적이고 가능한 프레임으로 구류, 심문, 테러리스트의 재판, 등의 위험을 감수하면서도 이 법안에 서명했다고 하였다. 따라서 2012년도 방위재무 법안에 해당되는 HR.1540이라는 법안은 너무도 중요하고 소름끼치는 법안이다. 그리고 이 법안은 미국에만 국한되는 것같이 보이지만, 이면에는 모든 나라로 파생될 법이기 때문에 중요하게 다루는 것이다.

또한 이 법안은 마지막 때에 살고 있는 모든 사람에게 해당된다. 나아가서는 연방비상사태관리청이 관리하는 캠프라고 일컫는 수용소와 사형집행에 쓰이는 단두대와 시체를 넣을 관들과 연관성이 있다. 이 법안에 대해서 많은 사람들이 관심을 가지고 논쟁하며 나아가서는 방송에서도 무게 있게 방영했던 것은 그만큼 중요하기 때문이다.

오바마 대통령이 상원에서 통과시킨 HR.1540법안에 서명하고 담화하는 내용이 NBC News의 전파를 타고 같은 날 밤에 전국으로 방영되었다. 미국뿐만 아니라 세계로 전파된 담화에서, 광범위한 부분에서 주목을 받을 수 있는 논란의 규정은 Title-X의 D조항에 명시된 권리에 포함된 대테러에 관한 내용이다. 특히 계속되는 조항에서는 테러에 동참하는 사람은 정부에 반기를 들고 일어나는 용의자로 규정하고 처벌할 때 재판 없이 국방구금조항(1021)과 군에서 구금시킬 수 있는(1022)조항들이다. 하지만 백악관은 관타나모 문제를 상원에서 제기한 문제점을 개선한 군사력행동의 사용을 승인하게 이르렀다고 하였다. 이 권한에 대해서 구체적인 규정을 만들었던 것은 지구상에서 발생하는 전쟁터에서만 아니라, 국내에서 일어날 수도 있는 사건에 대한 준비를 위해 미국시민일지라도 무기한 구금할 수 있다는 법률을 대통령이 국방부에 권한을 부여하고 집행하도록 하였다.

오바마 미국 대통령은, "우리정부는 일련의 급한 결정을 했다. 테러에 대한 빈약한 계획으로 인하여 테러주의자들이 매우, 그리고 자주 아무렇게나 접근해 왔던 것을 더 이상 그렇게 할 수 없도록 만족한 원칙들을 세웠다. 우리정부는 어떤 여건보다 심사숙고하게 결정했다. 이렇게 결정하게 된 것은 지난 8년 동안에 효과도 없고 또 막을 수도 없는 테러행위와의 싸움에 목적을 두고 접근한 임시 법률(an ad hoc legal-앤 애드 혹 리갈)에서 지속될 수도 없고 효과도 없는 테러행위와의 싸움을 위해 새롭게 접근한다."라고 하였다.

법령의 구금조항은 사람과 사람과의 사이에서 일어나는 중요한 사안이다. 주목을 받는 것은 대통령의 권한범위가 너무 막강하다는 우려이다. 1929년부터 정부정책에 반대하며 일어난 시민단체(NGO)는 50주에 50여만 명의 회원을 두고, 연간 $1조의 예산으로 움직이는 조직이다. 그들의 공식 명칭은 '미국시민자유연합'이라고 한다. 따라서 연방비상사태관리청 법에는 누구든지 정부정책을 부정하도록 유도하는 글로서 시민을 선동하는 일부 언론과 미디어를 포함하여 무장군인에 의해 체포하게 된다. 이 뜻은 누구든지 정부정책에 반대하거나 반대를 유도하는 사람은 물론이고 미디어 또는 소셜네트워크서비스(Social network service-SNS)를 활용하여 선동하는 사람도 테러범으로 체포되고 구금된다는 뜻이다.

당신도 체포 대상이다

오바마 대통령은 아주 새로운 것을 재안했다. 그것은 '무한정 구금'이라고 하였다. 기분 나쁜 소리같이 들릴 수 있을 것이다. 이것은 '소수정당 보고서'라는 영화를 연상케 한다. 이 영화는 소설작가 필립 딕(Philip K. Dick)이 쓴 이야기가 2002년에 나온 시나리오로 제작된 영화다. 이 장면에 톰 크루스(Tom Cruise)는 '사전 범죄부서(Department of Pre-Crime)'의 경찰관역할로 등장한다. 사전범죄는 사람들이 갇혀있는 것이고, 그들이 아직 범행을 하지 않았는데도 사람들은 체포되고 사전범죄를 못하도록 투옥시켰다.

이처럼 사람들이 아직까지 아무 일을 안했어도 이번에 제정된 법률은 "당신은 앞으로 살인할 사람, 앞으로 악한 일을 할 사람"이라는 가정으로 얼마든지 감옥에 감금시킬 수 있도록 하였다. 누구든지 "직접적으로 정부정책에 반대사람, 정부정책에 반대를 선동하는 글, 시민을 선동하는 언론, 시민을 선동하는 미디어까지도 체포대상이 된다."고 하였다.

먼저 정부정책이 무엇인가부터 설명이 되어야 한다. 정부정책은 외세로부터 받는 공격을 방어, 테러조직을 사전에 소탕하는 일, 국내에서 일어나는 소요를 막는 일, 정부정책을 반대하는 언론사의 기사를 막는 일, 정부에 반기를 들도록 선동하는 말, 정부에서 소비시장 질서를 위한 통제, 등이라 하였다. 이제부터 각 부분별로 보아야 한다.

이러한 범주에는 과거에 범죄를 저질은 사실이 없었고 기소될 수 없는 많은 사람들일수도 있다. 오염될지도 모르는 근거 때문에 그럴 수도 있다는 것이다. 그렇게 해야 하는 것은 미국의 안전을 위협하는 비도덕적인 자세를 가진 사람, 비정상적인 말로 행동하는 사람이라는 이유에서다. 이 내용은 과거에 저지른 범죄로 인하여 기소되는 것이 아니라, 앞으로 범죄 할 가능성이 있다는 가정으로서도 감금시키는 것을 말한다.

미국은 지금도 알카에다 테러와 그들을 추종하는 사람들과 전쟁을 하고 있다. 미국은 그런 사람들을 전쟁포로처럼 가두어서 다시 공격하지 못하도록 방지해야 한다. 투옥되는 사람들은 공평한 재판도 없이 감금시키는 것이 무엇을 말하는 것인지를 생각해 보아야 한다. 오바마 대통령의 설명에서, "누구든지 정부를 비방하거나 또는 표현으로 선동하는 사람"을 말한다.

가령, 어떤 사람이 표현의 자유라는 이유로 정부를 비방하는 말, 언론의 자유라고 글로서, 인터넷 등에 올리는 글, 댓글 등으로 시민을 자극시키며 선동하는 사람은 체포되고 감금된다. 또한 그러한 행위일 때는 그의 지위가 어떠할지라도 면책특권이 인정되지 않으며 체포대상이 되고 구속시킨다는 것이다. 그것이 미디어뿐 아니라 정치인은 물론이고, 대통령 자신일지라도 같은 범주로 취급한다는 의미이라 하였다. 이 법률에 해당되는 사람은 법적절차에 따르는 체포영장도 없고, 기소도 없고, 선고도 없이 무조건 투옥시킨다. 그것이 비록 범죄 사실이 불확실한 사람일지라도, 이처럼 강력한 처벌은 어떤 사유도 통하지 않으며, 오직 범법자라고 하면 그는 범법자가 되는 것이다.

사람들은 익명으로 자신이 숨겨졌다고 소셜네트워크 서비스(SNS)에 정부를 향하여 비방하는 글, 정부에 저항하도록 유도하는 글, 시위에 가담하도록 선동하는 글, 또는 정부를 전복시키기 위해, 뿐만 아니라 입에 담을 수도 없는 저질스러운 욕을 SNS에 글로 올리는 사람들은 모두가 체포대상이고 구금대상이 된다. 그것은 당신이 SNS를 이용하여 정부에 저항하였고 또 저항하도록 선동한 행위는 정부를 전복시키려는 반역자로 보기 때문이다.

1. 내부에서 일어나는 저항도 위험하지만, 외부로부터 오는 공격을 방어하는 정책이라는 뜻은 다른 나라들로부터 공격을 받는 전쟁을 의미한다. 이러한 공격은 핵공격까지 염두에 두기 때문이다. 그러한 전운은 오래전부터 드리워지고 있다는 것을 보여주는 단면이다. 이것은 하늘의 군대와 지옥의 마귀군대가 만나서 최후의 결전을 겨루는 '아마겟돈(헬; $Ἀρμαγεδών$)'(계16:16)으로 까지 전개되기

때문이다.⁽¹¹⁾ 이러한 상황으로 전개된다면 정부는 당연히 나라와 국민과 재산을 보호하는 한편, 외부의 공격으로부터 방어해야 한다. 이러한 와중에서 정부는 계엄령을 선포하고 모든 국민은 신분고하를 막론하고 계엄법에 따르게 하는 것이 첫 번째 정부가 하는 일이다.

특별히 가공할만한 것은 이러한 요구가 법률로 규정되었다는 사실이다. 따라서 모든 사람들은 영토 안에서는 이 법률이 정하는 규정에 따라야 된다고 하였다. 이 규정에는 누구든지 앞으로 범죄 할 수도 있다는 가정 때문이다. 어떻게 범죄 한 사람과 미래라는 예측으로서 동일한 범인으로 취급할 수 있는가 할 것이다. 여기서 우리가 분명히 깨달아야 할 점이 있다. 사람들은 자신의 마음에 들지 않으면 통치권자도 비방하고, 기준이 될 수도 없는 개인적인 사상을 양심선언이라면서 법정에서 적대국지도자를 찬양해도 처벌하지 못하는 나라와는 대조된다. 그렇다면 미국은 왜 이러한 초강력 법을 만들고 국민들에게 따르라고 하는 것일까? 근래에 아프리카나 중동 등지에서 민주화를 부르짖으며 나라를 뒤엎는 혁명이라는 집단시위를 보았고 이슬람국가(IS)라는 사건이 있기 때문이다. 따라서 앞으로 미국에서도 일어날지도 모른다는 가정에서 그러한 것을 사전에 예방하기 위해 계엄령을 선포할 수도 있다.

2. 테러조직을 사전에 소탕하는 정책이라는 뜻은 지금까지 빈번하게 무장 세력에 의해 다양한 방법으로 공격을 받았던 것과 같은 상황을 의미하는 것이다. 테러세력에 대하여 '대테러'라고 한 것으로 보아서 큰 규모, 또는 다발적이고 지속적인 테러로 보고 있음을 암시하는 내용이다. 그렇게 되면 정부는 당연히 계엄령을 선포하고 테러조직을 소탕하기 위해 무차별적으로 체포하게 된다. 계엄 상태에서는

정상적인 체포영장 같은 절차를 거치는 것이 아니라 계엄법에 따라 체포하게 된다. 그때는 '알카에다' 또는 '이슬람국가(IS)'이라는 수식어를 붙이지 않는다. 누구든지 정부정책에 반대하면 그 사람이 IS 회원이 아니더라도 같은 범주로 체포하고 구금하게 된다는 뜻이다.

지구상에는 모든 인종이 살고 있다. 누구든지 법 앞에서는 평등하게 살고 있는 평화로운 나라에서 반란은 용납될 수 없고 정부에 저항할 수 없기 때문이다. 정치인이나 관리들일지라도 누구든지 정부가 추진하는 사업이나 방향에 문제를 삼거나 그것을 비방하고 방해하고 행동하는 사람은 모두 알카에다와 같은 범주에서 처벌하려는 것이다.[12]

3. 정부정책 반대를 유도하는 글이라는 뜻은 많은 사람이 다치게 되는 내용이다. 글은 신문 같은 언론뿐만 아니라 인터넷 사이트는 물론이고 홈페이지, 블로그, 카페, 전자메일 등, 모든 매체를 이용하여 정부정책을 반대하는 글이나 그렇게 하도록 선동하는 글로서 반대를 유도한다면 체포하고 구금시킨다는 것을 암시하기 때문에 많은 사람이 다치게 된다.[13]

이러한 문제는 우리가 현실에서 많이 접하고 있다. 시민단체(NGO)라는 이름으로 정부정책에 사사건건 족을 걸고 있는 정치인들, 학자들, 기업인들, 학생들까지 사회의 모든 부문에서 얼마나 많은 무리들이 정부정책에 반대하고 있는가? 그러한 존재로 낙인이 찍히면 체포 1순위와 구금 1순위가 된다.

4. 정부정책에 반기를 선동하는 일부 언론이라는 뜻은 문자 그대로 언론사를 말한다. 여기엔 인터넷 신문은 물론이고 라디오와 공중파 방송인까지 포함된다. 이러한 매개체를 이용하여 정부정책에 반

대하도록 시민을 선동하는 미디어는 그곳이 조직이든 개인이든 관계 없이 반란을 일으키는 뿌리라는 것이다. 국민을 선동하는 것이 신문이든, 공중파 방송이든, 나라에 암적 존재라는 것이다. 따라서 이러한 암적 존재는 당연히 체포대상이 되고 구금되는 것은 당연한 조치라고 보는 것이다.

정치인들은 이러한 법이 국민들이 좋게 받아들일 수 없다는 것을 잘 알면서도 이러한 초강력 법을 미리 제정해 놓은 것은 개인이나, 정당보다 나라가 우선이기 때문이다. 나라가 있어야 정당도 정치도 있기 때문이다. 이번에 제정한 비상계엄시행령에 대하여 정치인들이나 국가사업에 반대하는 사람들에게는 무언가 느껴야 할 점이다.

이렇게 하는 목표는 남아있는 관타나모(Guantanamo) 수용소처럼[14] 합법적인 법테두리를 세우고자 하는 것이라 하였다. 그 테두리는 헌법이 허락하는 제도로서 무한정으로 구속하는 것은 어느 한 사람의 결정으로 되어서는 안 된다. 만일 전쟁유사시에 개개인을 보호하기 위해서는 법적이고 입법부의 소홀함이 없이 개입하는 조직을 결정해야 하기 때문이다. 더 나아가 행정부는 국회와 더불어 국민의 가치와 헌법과 더불어 수고가 헛되지 않도록 적절한 법적제도로 발전시키겠다고 하였다.

여기서 우리는 불확실한 사람이라도 감금시키기 위해 법적제도를 만들었다는 사실이다. 앞으로 이 규정에 따라 당국은 누구든지 아무런 고발이 없었더라도 의심이 되는 사람이라면 누구의 집이라도 수색영장 없어도 수색하고 체포할 수 있게 된다. 상원의원 린지 그레이엄(Lindsey Graham)은 "이 법이 말하는 것은 시민일지라도 무기한 구금시킬 수 있다. 그리고 심문할 때 범법자로 체포된 사람은 변호사를 선임할 권리가 없다."라고 하였다. 또한 "지금 대통령은 엄청난 능력을 가졌지만, 그중에서 강력하게 재판절차도 없이 시민을 무기한으로 구금시킬 수 있는 권한을 부여한 것"이라 했다. 따라서 누구든지 안전에 호전적인 행위를 저지르거나 그러한 음모에 가담하는 사람은 그가 시민일지라도 감옥에서 생활한다는 의미라고 하였다.

여기에 대하여 오바마 대통령은 "그들에게 주어지는 혐의가 경미할지라도 재판절차도 없이 시민을 무기한으로 감금시키지 않는다면 가장 중요한 전통과 가치관과 휴식을 지속시킬 수 없다."고 하였다. 그러나 아이러니하게도 오바마 대통령의 성명서는 이러한 국민의 자유가 보장되어야 한다는 헌법의 권한과 분리시키는 것이다. 또한 그 권력이 배치되고 나면 권력의 행사에 대한 헌법제한을 무시하는 악으로 치닫는 경향을 보여주는 것이다. 일단 신체라는 육신은 정치적, 폭정처분에 맡겨져야 하는 사항으로 시작된다. 여기에 대하여 오바마는 그가 대통령일지라도 테러리스트로 의심받는다면 '아니라고 부인할 확률'은 아주 낮다고 하였다.

새로운 법에 따르지 않으면

오바마 대통령이 서명한 방위재무승인법안의 Sec.1021에는 용의자를 감금할 대통령권한을 부여하고 있다. 그러나 "더 이상 새로운 문제로 나누려고 하는 것은 우주관할권까지 용납하지 않는다."라는

말에는 알카에다와 그들과 관계를 맺는 지지자들까지 포함된다는 뜻이다. 이 법안을 불러오게 된 것은 9.11을 계기로 시작된 이후, 연방정부는 종종 테러와의 전쟁에서 '무장세력'으로 체포된 사람들이 알카에다 회원으로 가입된 것을 증명하는 문제를 가지고 있다. 그래서 그들은 항상 증거를 입증시킬 여러 상항을 염두에 두고 그들의 일망타진하기 위해 준비하려는 것이다.

국방예산인증법시행령에서 위험하고 애매한 용어는 재심절차도 없이 미국정부에 의해 무기한으로 수감될 수 있는 기준이라고 하였다. 그러므로 더 이상 알카에다 또는 탈레반 구성원으로만 제한되지 않는다. 누구에게도 이러한 그룹을 '실질적 지원' 또는 '관련 병력에 필요로 하는 일에 밀접하게 관련이 있다면, 그리고 실질적인회원'으로서의 구성원으로 활동한다면, 어떻게 그것이 테러행위를 저지른 사람이라고 규정할 수 있는가? 법률에서 '정말 나쁜 사람' 테러리스트 또는 비 시민에 대한 면제가 없다는 것이다. 그것은 어느 누구일지라도 그 사람에 대하여 정부권력의 핵심체크기준이기 때문이다.

그러면서 이번에 제정한 법은 기존의 법 시스템이 약해서 만들어진 것은 아니다. 미국은 법제도가 아주 강하다. 국방예산인증법의 권리가 전쟁의 시기에 중단되는 이론에 대한 권리로 정당화시키려는 시도, 그리고 미국전체를 전장(戰場)으로 보는 것이 테러와 전쟁이 된다는 것을 의미한다.

조지아 주 의회가 입법시킨 HB.1274에 따르면, 사형집행(Death penalty) 조항에서 단두대 규정(guilltine provisions)을 통과시켰다.[15] 이 규정은 전기의자 사형집행을 단두대 사형집행 방법으로 바꾼 것이다. 단두대는 프랑스어로 '질로틴(gijɔtin)'으로 발음한다. 뜻은 '절단기 또는 잘라내는 기구' 라는 뜻이다. 이는 사형집행에서 몸과 머리를 분리시킬 때 목을 자르는 절단기다. 절단기의 칼날은 직각이며,

높은 기둥에서 똑바로 떨어지도록 프레임으로 조립된 칼날이 붙어있다. 칼날에 연결된 밧줄이 기둥에 고정되어 있는 밧줄을 놓으면 칼날이 목으로 떨어지면서 몸통과 머리를 분리시키는 절단기다.

단두대

축소판 단두대 모형

단두대는 1793년대에 프랑스혁명의 지지자들에 의해 국민의 보복으로 실행하는 방법으로써 시작되었다. 그 후 이 방법은 대중문화의 일부가 되었고, 통치권을 유지하기 위해 상대에게는 공포의 방법이 되었다. 단두대 사형제도는 유죄당사자의 지위나 계급에 관계없이 처벌할 때 처형하는 방법이었다. 유죄당사자의 처벌은 즉시 망신이나 그의 가족에 대한 차별을 가져올 수 있는 효과도 있었다. 이러한 범죄자들은 공개적으로 판사에 의해 사형이 집행되었다. 그러나 남은 가족이나 친척들을 고려하여 재산은 몰수되지 않았다. 이후로 이탈리아에 의해 영향을 받은 스코틀랜드 메이든(Maiden)과 핼리팩스(Halifax)의 교수대로 연결되었다.

이전에 이러한 기계는 대개 목을 짓눌리게 하거나 머리를 벗고 둔기를 사용하는 동안 디바이스(Device)는 또한 일반적으로 초승달의 칼날과 두 개의 기둥에 고정시켜서 사용되다가 폐기된 이 단두대집행법을 조지아 주에서 부활시켰다. 그러나 단두대 사형집행은 조지아 한 주에만 그치지 않을 것이다. 앞서 언급한 대로 예기치 않았던 국내에서 일어나는 테러집단이나 정부정책에 반대하는 사람들을 처벌할 때 쓰인다. 또한 정부가 요구하는 칩을 받지 않는 사람에게 쓰이지 말라는 보장은 없을 것이다. 미국전역 1,000여 지역에 있는 연방비상사태관리캠프라는 숫자는 계산만으로 끝나는 것이 아니다. 그것은 캠프에 보관되어 있는 관들을 보아서 사형당할 숫자를 짐작할 수 있다.

죽임은 자초한 것이다

죽은 시체를 매장할 때 나무판자로 만든 관(Coffin)에 넣어서 매장하는 제도는 16세기 때부터 진행되어온 것으로 알려져 있다. 그러한 장례절차가 발전하여 1889-1897년에 법으로 장례절차 규정이 만들어졌다. 오래전부터 미관상의 이유로 개인 장지에서 공동묘지로 바꾸어서 공원형식으로 조성해왔다.

그런데 2009년 1월 22일, '국가비상사태대비를 위해 군사시설에 대한 국가응급센터 시행령'은 비상시에 일어난 사망자 처리에 따라 연방비상사태관리청에서 플라스틱으로 만들어진 관을 대량생산해왔다. 이렇게 만들어진 관은 연방비상사태관리캠프와 캠프가 없는 지역에는 군사기지 안에 보관되어있다. 지역마다 다르기는 하지만 그 숫자는 적게는 1만개에서 많게는 50만개까지 이른다.

이러한 배정은 도시와 주변의 인구를 비례한 것으로 알려졌다. 그렇지만 인구 60여만 명의 알라스카에서 연방비상사태관리청이 운영하는 감옥에 수용할 수 있는 시설은 300만 명을 넘는다. 이처럼 각 지역으로 나누어져 있는 FEMA 캠프마다 관들이 보관되어 있는 이유를 짐작할 수 있다.[16] 그것은 오바마 행정부는 연방비상사태관리청의 본질이 범법자들을 억류하기 위해 캠프를 만들어 놓은 것임을 알 수 있다. 그리고 그곳에서 처형되는 시체들을 처리하기 위해 관들(Coffins)을 만들어서 보관되어 있다. 그렇다면 이토록 많은 관들은 누구를 위해 보관되어있는 것일까?

관 크기를 보는 사람

야적된 관

앞에서 누차 설명한대로 정부를 비난하거나 또는 저항하였든지, 글로나 말로나 집회나 투쟁을 위해 국민을 선동하였든 어떤 이유로 감옥에 투옥되었든 한번 들어가면 나 오는 경우는 두 가지 뿐이다. 많은 경우 중에서 한 가지 경우는 유엔 의제21이 요구하는 식량공급문제에서 발생되는 사건은 너무도 충격적일 수밖에 없다. 앞에서 보았듯이 이클레이 정책 중에서 소비를 통제하고, 식량비축을 금지하려는 것은 의제21에서 요구하는 '코덱스(Codex)' 규정에 따라야 하기 때문이다.[17]

생산회사, 유통회사, 소비시장, 소비자 등에서 그가 누구일지라도 코덱스 규정을 위반하면 체포되고 구금된다. 모든 물품에 부착시키는 바코드 또는 바이오 코드 역시 코덱스 규정대로 준행하도록 한 법이다. 따라서 사람의 몸에 넣고 있는 베리칩(VeriChip)도 이 규정으로 인하여 매매수단에서 엄격하게 통제된다. 이것 또한 정부정책이다. 이것은 성경에서 "누구든지 이 표를 가진 자 외에는 매매를 못하게 하니 이 표는 곧 짐승의 이름이나 그 이름의 수라"(계13:17)라고 예언된 부분이다. 먼저는 의제21에서 설명한 대로 앞으로는 개인의 소유가 허용되지 않고 여분의 식량을 비축할 수 없을 때, 나만이 지니고 있어야 할 칩을 넣음으로써 죽지 않고 캠프감옥에서 나오는 경우다. 그러나 그의 육신은 연명할지 모르나 영혼은 영벌을 면치 못한다.[18] 반대로 자신의 모든 것을 빼앗기고 잃어버릴지라도 그것을 넣지 않고 거부하는 행위는 정부정책에 반하는 행위이므로 범법자가된다. 그래서 캠프에서 단두대 틀어 올라가게 된다. 사형당하고 죽은 시체가 감옥에서 나오는 경우다. 이처럼 코덱스 규정에 속하는 666표를 안 받고 죽임을 당하는 숫자는 인간의 상상을 초월한다고 예언서에서 "각 나라와 족속과 백성과 방언에서 아무라도 셀 수 없는 큰 무리"라고 예언되어있다.[19]

그렇다면 인간의 능력으로 셀 수 없는 그 많은 사람들이(계7:9) 모두 표를 받지 않아서 죽임을 당하는 것이다(계15:2). 사람들은 매매수단이 되는 베리칩을 받아도 구원과는 상관없다고 장담하고 있다. 또한 그것을 받아도 그리스도의 피가 능력이 있으므로 받은 죄를 용서해 준다고 속이고 있다. 과연 그럴까? 매매수단으로 쓰이는 표를 받아도 구원이 되는 것일까? 구원이 되고 안 되는 결정은 그리스도의 권한이다. 그렇다면 생명을 주관하시는 그리스도께서 "그의 우상과 그의 이름의 수를 이기고 벗어난 자들이 유리바다 가에 서서(계15:2)"라고, 표를 받지 않은 사람들만이 구원을 받게 된다고 결론을 내렸다.[20]

그렇다면 구원과는 상관이 없다고 선동하는 사람들의 말은 신용할 수 없는 거짓이고 속임수임을 깨달아야 한다. 체포되고 투옥되는 이유를 이만하면 알 것이다. 체포되는 것은 사람을 죽였거나 물건을 도적질 한 죄를 지어서가 아니다. 그리고 남의 재산을 빼앗거나 사기죄를 지은 것도 아니다. 두 가지 법을 따르지 않았기 때문이다. 두 가지 법에서 첫째는 남녀노소를 막론하고 "국민이 의무적으로 받아야 된다(It absolutely does contain the mandatory chipping of citizens)"라고 규정한 의무조항 법과[21] "정부에 의료기기 등록(National medical device registry)이라는 자신의 신원등록 법을 이행하지 않은 세상 법을 어긴 죄"[22] 때문에 투옥되고 목 베임을 당하는 것이다. 또 다른 법은 그리스도께서 "그 이름의 표를 받는 자는 누구든지 밤낮 쉼을 얻지 못하리라(계14:11)"라고 명령한 하늘의 법을 어긴 죄 때문이다.[23]

사람이 목숨을 잃는 경우는 두 가지가 있다. 한 가지는 스스로의 삶을 마감하는 경우를 '죽음'이라 하고, 타에 의해 목숨을 빼앗기는 경우를 '죽임'이라 한다. 그러나 이 시대의 죽임은 스스로 자초하기 때문이다. 인간사에서 모든 행위는 상대성원리에 따르는 반사작용으로 나타는 것이다. 반사적용의 의존관계는 사람이 죽는 일도, 국민의 권리와 의무를 규정하고 활동을 제한하는 '법규'란 축과, 명령을 좇아서 행하는 '준행'이란 축이 서로 의존관계를 유지하고 있다. 그러기에 법규가 정한 명령에 따르면 생명이 보호를 받는다. 그러나 반대로 법규가 정한 명령을 준행하지 않으면 생명이 보호받지 못한다.

앞에서 살펴보았듯이 어째서 미국에서 유엔 의제21과 이클레이 활동을 금지시키고 추방시키는 법안을 주 의회들에서 가결했나를 생각해 보아야 한다. 그것이 주제에서 처럼 좋은 일이라면 왜 반대하고, 무엇 때문에 금지법을 제정하였을까를 생각해 보아야 한다. 우리가 모르고 있었더라도 어딘가에 독소조항들이 있고, 해가되는 조항들이 있었기에 그렇게 하지 않았을까 라고 한번쯤은 생각해 보아야 한다. 나라를 지키고 백성들의 생명과 재산을 지키려고 하는 것이다.

누구든지 재산의 소유권이 박탈당할 때 정부에 반항하고 저항하려고 무리를 지어서 시위를 하게 된다. 그것은 재산권을 빼앗기지 않으려 하기 때문이다. 이럴 때 정부는 시위를 선동하는 사람은 물론이고 시위에 가담하는 모든 사람은 과격분자로 분류하고 체포하게 된다. 구금상태에서도 저항하면 생명을 빼앗기게 된다. 시위뿐만 아니라 SNS에 정부를 비방, 정부정책에 반대 또는 저항, 정부지도자를 비방하는 글과 댓글을 게재하는 사람들도 체포된다. 소비를 감축시켰기 때문에 시장에 식량은 부족하고 물가는 폭등된다. 누구든지 시장규정이 요구하는 번호표가 없는 사람에게는 현장에서 칩을 넣게 한다. 이 제도를 거부하면 즉석에서 체포되고 구금되는 것도 자신이 자초하는 결과다.

　물가로 인한 폭등에 대하여 2014년 7월 4일, 김용 세계은행 총재는 영국 일간지 가디언과 인터뷰에서 사회변화문제와 심각성을 강조하며 다음과 같이 밝혔다. 김 총재는 "5년에서 10년 안으로 물과 식량전쟁이 온다(Battles over water and food will erupt within the next five to 10 years...)는 보고서를 그냥 받아넘길 일이 아니다. 10년 안에 물과 식량을 둘러싼 전쟁이 벌어질 수 있다."라고 하였다. 김용 세계은행 총재가 그렇게 말한 것은 기후변화로 물과 식량이 부족하기 때문에 물과 식량전쟁 가능성을 경고하며 환경단체와 과학계를 향하여 일관된 대응계획수립을 촉구했다.[24]

　김 총재는 에이즈 바이러스인 '인간면역결핍 바이러스'(Human Immunodeficiency Virus-HIV) 치료약 개발노력은 15년에 걸친 운동단체와 과학자들이 공조한 노력으로 믿기 어려울 정도로 성공을 거뒀다면서 환경단체와 과학자들은 에이즈극복 노력을 벤치마킹 사례로 활용해야 한다고 강조했다. 그는 "그동안의 기후변화대응노력이 실패하지 않고 성공했다면 지구온도 상승을 2℃ 아래로 억제하는 일도 가능했을 것"이러고 진단했다. 그가 기후변화에 대비한 일관된 계획에 대해서는 "기후변화에 의구심을 품는 사람들을 설득하고 지구온도 상승을 실질적으로 목표치만큼 막는 것이어야 한다."고 주장했다. 지구온난화에 대비한 세계은행의 역할로는 탄소배출권이 가격안정과 화석연로 보조금철폐, 청정도시 투자, 친기후변화와 농업육성 등의 노력을 꼽았다.

그는 또 기후변화시대에는 깨끗한 물과 공중위생의 중요성은 절대적이 될 것이라며 부실대응은 관련자원을 둘러싼 갈등확산으로 이어질 것으로 내다보았다. 세계은행 총재는 과거에 가난한 나라의 불평등 문제를 해결하지 못한 실책을 저질렀다며, 그 영향으로 지구촌 곳곳에서 사회적으로 불안이 이어지고 있다고 밝혔다. 스마트폰과 미디어에 대한 접근성 확대로 각종 불평등의 현상에 대한 반감이 거대한 사회운동으로 폭발할 수 있다고 덧붙였다. 세계은행은 이런 교육을 통해 2030년까지 극심한 빈곤근절과 개발도상국 하위 40%의 빈곤층에 대한 번영확산을 목표로 연간 대출능력을 수배 수준인 280억 달러(약29조원)로 늘렸으며 업무효율의 증대를 위한 혁신노력을 추진하고 있다고 밝혔다.[25]

유엔은 모든 국제기구를 총동원하여 세계정부를 만들고 있음을 세계은행에서 알 수 있다. 세계은행에서 기후변화 환경문제를 거론하였다. 물과 식량에까지 세계은행에서 재정을 풀어야 되기 때문이다. 그리고 앞으로 10년 안으로 물과 식량부족이 생길 것이고, 이것으로 인하여 폭동(전쟁)이 일어날 가능성까지 비쳤다. 이처럼 지속가능성에 역점을 두고 유엔은 환경개발, 기후변화, 온난화, 도시개발, 지하수 관리 등 다양하게 다루고 있다. 이처럼 강한 힘을 가지고 있는 유엔을 상대로 대항하면 생명을 담보할 수 없게 된다. 따라서 누구든지 생명과 베리칩, 둘 중 하나를 선택해야 한다.

5장. 의제21로 달라지는 환경

유엔 의제21에는 소비시장에서 매매수단에 적용되는 코덱스(Codex) 규정을 적용시켜서 소비자를 통제하도록 되어있다. 칩을 사람의 몸에 넣게 하는 규정의 첫 번째가 식품의약청규정 519조이다. 그 규정에는 이렇게 명시되어 있다. 1995년 식품의약청 519조(g)항에서 "베리칩을 판매하고 사람의 몸에 넣어도 된다(sell ahead for the VeriChip implant ID system)"라고 '넣는(implant)'다고 명시되어 있다. 그리고 식품의약청에서 '사람의 몸에 넣고 팔도록(implantable human body and sell to)' 허가했다고 하였다. 또한 식품의약청규정 519조(f)항과 (21 미국코드 360i에서 식품의약청은 '칩을 소비자에게 넣도록(Chip will be inserting to consumers)' 하였다. 이러한 규정에 따라 사회보장제도를 제정하면서 '반드시 시민들은 의무적으로 칩을 받는 것을 포함(It absolutely does contain the mandatory chipping of citizens)'시킨 것이 H.R.3200의 2521조항이다.[1]

【매매수단이란; 코덱스 지침과 실행규정에 따라서 물건을 사는 사람의 신원을 컴퓨터로 확인해서 물건에 붙어있는 바코드와 물건을 사는 사람이 지니고 있는 자신만의 번호표인 아이디(ID) 확인으로 거래되게 한 규정이다. 지금까지는 소비시장에서 현금이나 크레딧 카드로 물건을 사고파는 방법이었다. 그러나 앞으로 그러한 방법으로는 사고파 는 거래가 이루어질 수 없음은 FDA C519조(f)항과 (21 미국코드 360i에서 소비자들에게 칩을 삽입하도록(Chip will be inserting to consumers) 하였다. 이 뜻은 물건을 살 때 사람의 몸에 넣어진 베리칩(VeriChip)으로만이 거래가 허용되는 제도다.-】

이것은 유엔 의제21에서 가장 강력하게 거론되는 인구감축에 속하는 내용이다. 이것이 유엔이 주도하는 '새로운 세계질서를 위한 감시'(The New Age of Surveillance)에서도 입증되고 있다. 그리고 이미 "유엔은 집단감시에 고삐를 잡았다(United Nations: Rein in Mass Surveillance)."라고 유엔에서 직접 공개하였다.[2] 이것이 코덱스 규정에 따라 시장의 매매수단으로 감시와 감축에 이용되는 내용이다.

2001년 10월 22일자, 뉴 아메리칸(The New American) 4페이지는 "국제연합은 당신의 친구가 아니다(The UN is not your friend)."라는 제목에 이어서 소제목으로, "우주의 평화와 정의라는 탈의장막 뒤에 가려진 유엔의 테러는 국민대중의 자유의사나 법률상의 제약을 받지 않고 운용되는 전제정치제도로 승격시킨 진정한 목적은 세계정부다(Behind the mask of peace, brotherhood, and universal understanding, the United Nations promotes terror and tyranny in order to achieve its real objective; world government)."라고 조지 W. 부시 대통령이 주지사시절에 유세에서 한 말을 기사로 다루었다.[3]

제41대 미국대통령 조지 부시는 상.하원합동회의에서 유엔을 창설한 목적에 대하여, "우리는 우리들 자신과 우리의 차세대를 위하여, 우리 앞에 새로운 세계질서로 서서히 나아가는 기회가 주어졌습니다. 세계는 질서를 위해 법이 있습니다. 그 법망으로 이루어진 늪이 아니라 국민의 행위를 다스리는 법질서의 세계를 이루고, 그리고 이르게 될 것입니다. 우리에게는 실제로 새로운 세계질서를 성공시킬 기회가 온 것입니다. 유엔창설자들은 하나의 체제를 위해 연합된 국가를 약속했던 선진들의 세계관을 이행하기 위하여 유엔은 평화유지 정책을 사용할 수 있습니다(We have before us the opportunity to forge for ourselves and for future generations a New world order. A world where the rule of law, not the law of the jungle, governs the conduct of nations, when we are successful, and we will be. We have a real chance at this New world order, an order in which a credible United Nations can use its peace-keeping role to fulfill the promise and vision of the UN's founders.)."라고 하였다. [4]

이 내용은 유엔을 창설한 의도는 모든 나라들을 연합하여 단일정부, 곧 세계정부를 만들기 위함이라는 설명이다. "차세대를 위해 우리 앞에 주어진 기회는 새로운 세계질서로 서서히 나아가갈 기회가 주어졌다."고 하였다. 여기서 주목해야할 것은 '새로운 세계질서' 라는 단어다. 새로운 세계질서를 영어로 '뉴 월드 오더(New world order)' 라고 한다. 사람들은 새로운 세계질서에 대하여 잘 모르고 있다. '뉴 월드 오더' 라는 단어는 라틴에 '노브스 오도 섹크로룸(Novus ordo seclorum)' 에서 번역된 말로 '새로운 세계질서' 라는 뜻이다. 이 전략은 세계의 모든 나라의 국경선을 없애고 하나의 정부, 곧 세계정부를 만들게 하는 정책이다. 세계정부를 통해 국제사회를 지배하려는 것이다.

이 일은 "우리 앞에 서서히 나아가는 기회가 주어졌다."라고 하였다. 그 일은 모든 나라가 정해놓은 법질서가 아니라 국제연합이 새로운 법을 만들고 그 법대로 따르게 하는 것이 새로운 세계질서다. 이것을 우리 시대에 성공시켜야 하는 이유는 1954년 유엔창설자들은 하나의 체제를 위해 연합된 국가를 약속했던 선진들의 세계관을 이행하기 위하여 유엔은 평화유지정책을 사용할 수 있다는 것이다.

유엔 헌장에서 유엔 설립조약을 보면 1941년 6월 12일, 런던 세인트 제임스 궁전에서 선언하였다. 1941년 8월 14일, 런던선언 2개월 후에 대서양 헌장을 선언하였고, 1942년 1월 1일 유엔의 선언을 거쳐서 제2차 세계대전이 끝난 1945년 10월 24일, 샌프란시스코에서 45개국이 선포함으로써 유엔이 시작된다. 국제연합이라는 유엔을 만든 것은 더 이상 지구상에서 전쟁이 없는 하나의 나라, 하나의 체제로서 평화를 다짐하며 시작되었다. 이것이 세계를 연합국가로 약속했던 선진들의 세계관이다. 따라서 국제연합이라는 유엔은 단일정부를 만드는 주체가 되었다. 그 후 냉전 상황에서 크고 작은 분쟁들이 끊이지 않는 이때가 단일정부를 성공시킬 기회라는 것이다.

그러나 전쟁이 없어졌다고 해서 세계가 하나로 이뤄진 것은 아니었다. 세계정부주의자들은 유엔이 만들어지기 오래전부터 세계정부를 꿈꾸고 진행해 왔었다. 거슬러 올라가면 지구주의자들은 정치와 금융과 종교와 지식을 장악하여 통합을 이루는데 있었다.

이러한 목표를 이루기 위해 1919년 5월 30일에 영국의 왕실국제연구소가 시작되었다. 그 후 미국의 1921년 7월 21일에 외교협의회와 1973년 7월, 삼각통치 같은 조직들이 세계정부를 만드는 사람들을 빌더베르거라고 일컫는다. 그들이 하나의 세계정부를 만드는 정책이 노브스 오도 섹크로룸(Novus ordo seclorum)이다. 세계정부주의자들인 강대국들은 이 정책을 '새 그램스 전략(New Gram's Strategy)'이라고 하였다.

1991년 9월 11일, 부시 대통령은 백악관 서쪽회의실에서 유엔을 창설한 의도는 '모든 나라들을 연합시켜서 단일정부, 곧 세계정부를 만들기 위함'이라 하였다. 조지 H. 부시 대통령은 "그것은 한 작은 나라에만 국한되는 것이 아니라 큰 이상(idea), 곧 새 세계질서는 다른 종족의 모든 나라국민이 뭉쳐서 하나의 공동체인 다른 종류의 세계로 다가가는 것입니다. 그것은 평화와 보안, 그리고 자유와 법질서는 이러한 혼란시대에 우리는 다섯 번째 목적을 드러낼 수 있습니다. 이제 우리는 새로운 세계가 다가오는 것을 볼 수 있습니다. 참으로 전망이 있는 새로운 질서의 세계가 있습니다(What is at stake is more than one small country. It is a idea, a New world order where diverse nations are drawn together in common cause to achieve the universal aspirations of mankind; Peace and security, freedom, and the rule of law. Out of these troubled time our fifth objective, the New world order, the new world order can emerge. Now we can see a new world coming into view; a world in which there is a very real prospect of a new order)."라고 하였다.[5]

모든 나라 국민이 뭉쳐서 이루는 하나의 공동체는 세계정부라고 하였다. 다른 종류라는 말은 독재체제라는 의미이다. 새로운 세계가 다가온다는 말은 세계정부 세계가 다가온다는 뜻이다. 그리고 새로운 질서가 있다는 말은 세계정부체제를 의미하는 것이 아닌가. 그러므로 우리는 지금까지 몰랐던 일을 고집할 것이 아니라 새로운 안목으로 넓은 세계를 보아야 할 때임을 깨달아야 한다. 그것은 지금 우리

사회의 밑바닥에서부터 세계정부가 시작 된지가 오래되었기 때문이다. 이러한 지난날들의 정황에 더하는 것이 1992년 6월 3~14일까지 브라질 리오 데 자네이로에서 180나라 대표자들이 이행을 합의한 것을 유엔 의제21이라는 것이다.

의제21에는 인간의 건강(human health) 문제와 거주(human settlement) 문제를 명시하였다. 건강문제에서는 질병의 이동을 막기 위해 사람에게 칩을 넣어서 병을 규명하는 규정이다. 여기서 사람의 몸에 베리칩을 넣고 새로운 시대를 위해 감시(The new age of surveillance)한다고 하였으므로 우리는 베리칩이 무엇인지, 그리고 그것으로 어떻게 감시하는지에 대하여 관심을 가져야 한다.

유전자 지도와 부호

베리칩

베리칩(VeriChip)이라는 것은 나만의 비밀번호가 들어있는 666표를 말한다. 그러면 나만의 비밀번호라는 666표는 어떻게 이뤄지는가? 안테나 역할인 코일과, 송수신을 원활하게 전달하기 위해 몸의 열로서 영구토록 충전되는 축전지와, 추적과 감시를 위한 16자리 코드인 디지털 엔젤(Digital Angel)과, DNA 코드 128개가 넣어진 캡슐이 베리칩이다. 이 캡슐의 폭은 직경 2mm x 길이는 12mm로 쌀알 한 톨보다 조금 길다.[6]

이 제품은 오늘날 모든 상품에 국가와 생산회사와 품목들로 분류하는 확인에서부터 시작했었다. 따라서 운용과 관리에서 시간과 재고파악 등에 획기적인 발전을 가져왔다. 다른 한편에서는 동물을 이용해서 인간의 인체조직이나 인간을 일괄적으로 다룰 수 있는 방법을 연구하고 임상실험을 거쳐서 완성시킨 것이 인간유전자지도라는 것을 모두가 인정한다. 이날(2000년 6월 26일)을 클린턴 대통령은 '세기의 날'로 선포하였다.[7]

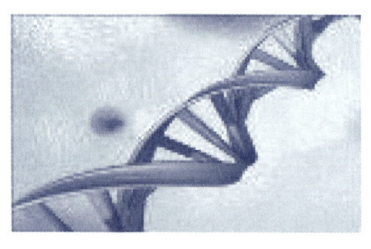
Human Genome

이러한 과정은 상품에 표시했던 바코드로 시작됐다. 그 후에 바코드에서 바칩으로, 바칩에서 바이오칩으로, 바이오칩에서 생체측정(Biometric)으로 발전해서 인간의 몸에 들어가는 인간유전자지도를 만들어냈다. 인간은 유전자로 구성된 '디옥시리보핵산'인 몸에 인간유전자코드를 넣어서 세계정부통치자가 원하는 방식으로 바꾸려는 것이다. 그러나 이것에 관하여 더 깊이 알기 위해서 지난날의 역사에서 어둠의 세력이 어떻게 이것을 추진시켜 왔는가를 살펴 보아야만이 깨닫게 되는 문제이다.

이것은 인간을 컴퓨터로 통치하려는 가장 손쉬운 방법이라 했다. 현대과학의 발달로 컴퓨터가 생산되었고, 그것을 이용하는 생체측정법으로 염색체에 연결시켜서 인간의 생각과 말과 행동을 관장하게 하는 기법이다. 새 그램스 전략은 인간의 세포와 피부사이에 베리칩을 넣어서 사람의 움직임과 대화, 그리고 생각까지 모니터에 나타내며 조정하는 기법이다. 이 기법은 인간의 DNA-코드 128개로 만들어진 것을 피부와 세포사이에 넣어서 사람을 로봇으로 만들게 한다.[8]

병을 치유하는 데는 128개 전체가 활용하는 것이 아니다. 32개만으로 병원이나 의료원 등에서 활용한다. 그리고 나머지 96개는 뇌신경세포(Nueron)에 쓰이고 있다. 이것이 삼각통치에서 계획한 지능통제(Control for intellectual) 프로그램이다. 96개로서 사람의 생각과 마음을 움직이게 하게 된다. 인간의 뇌는 최소한 100억 개 이상의 뇌신경세포가 있다고 한다. 하나의 뇌신경세포체(Nueron body)는 수많은 뇌신경세포가 연결된다. 세포체에서 뇌신경세포로 전파되는 신호인 수상돌기(dendrite)와 근육세포로 전파되는 신호인 축삭돌기(axon)로 이루어진다. 이것이 사람의 생각과 마음을 움직이는 최초단계인 뇌기능이다. 수상돌기라는 용어는 헬라어 '덴드론($\delta \dot{\epsilon} \nu \delta \rho o \nu$)'에서 번역된다. 수상돌기는 뇌세포체로부터 신호(정보)를 받아서 다른 뇌신경세포로 전송하는 전파를 말한다. 이렇게 뇌신경세포로 전송되는 전파를 수상돌기라 하고, 근육신경과 땀샘근육으로 정보를 전송하는 전파를 축삭돌기라 한다.

뇌신경세포에서 다른 뇌신경세포로 신호를 전달받기 위한 연결지점으로 넘겨지는 통로를 시냅스(synapse)라 한다. 시냅스는 모든 메모리가 전달되는 통로역할이다. 시냅스는 뇌신경세포들과 끊임없이 다른 뇌신경세포로 정보를 교환할 때 통로를 이용해서 정보를 주고받는 뇌신경세포말단에 있다. 정보교환은 뇌신경전달물질(전파)을 통해 수상돌기와 축삭돌기로 보내진다. 하나의 뇌신경세포체에는 1,000개~10,000개의 수상돌기와 한 개의 축삭돌기를 가지고 있다. 따라서 뇌신경세포가 100억 개라고 하면, 10조에서 100조 개의 시냅스로 이루어진다. 뇌신경세포는 전파를 시냅스를 통해서 다른 뇌신경세포와 연결되는데 이 뇌신경세포에 각종정보가 입력된다. 시냅스는 뇌신경세포들 간에 자유롭게 정보교환을 위한 다리역할을 해주는 통로가 된다. 그것이 바로 사람의 생각과 마음이 작동하는 기본적인 심리과정(mechanism)이라 한다.[9]

사람이 즐거운 감정, 화내는 감정, 슬픈 감정, 긍정적으로 생각하고, 부정적으로 생각하고, 머리를 써서 문제를 해결하는 지능으로 언어를 통해서 자신의 마음을 나타낸다. 이러한 것들의 의식을 모두 합한 것이 마음이다. 의식은 자신이 무엇을 하고 있는지 아는 것, 자기와 다른 사람과의 관계, 자아의 개념 등 추상적인 것을 포함해서 뇌에서 벌어진 모든 정신활동은 시냅스 작용의 결과물이다. 특히 인간은 생각하는 것을 생각할 수 있도록 하는 희귀한 능력을 가지고 있다. 꼬집거나 맞으면 아픔을 느끼고, 때로는 비명소리도 나온다. 아주 순간적인 일이지만 이러한 모든 정보는 시냅스의 작동에서 이루지는 것이다.

공부를 한다는 것은 눈으로 들어온 책 속의 정보들을 뇌신경세포들이 시냅스를 통해 처리하게 된다. 사랑하는 것 역시 시냅스의 작용이다. 우리의 모든 정신활동(마음)은 뉴런과 시냅스 간의 작용이다. 표정은 감정을 담고, 감정은 마음을 보여주는 신호다. 그 감정도 시냅스의 작용이다. 우리의 마음에서 만들어지는 시냅스에서는 전기신호가 뇌신경전달물질을 주고받는 화학신호로 바꾸어진다. 이러한 뇌신경전달물질이 뇌세포의 작용에 의해 특수한 액즙을 만들어서 밀어내는 분비량에 따라 생각과 마음이 달라진다. 시냅스가 많이 분비되거나 적정량이하로 액즙을 만들어서 밀어내면 정신적인 문제로 인하여 극단적으로 생각하고 궁리하다가 행동으로 움직이거나 정신적으로 문제를 일으키게 되는 것이다.

칩을 뇌신경으로 연결해서 연구한 사람이 영국 리딩대학(Reading University) 인공두뇌학박사 케빈 웨릭(Kevin Warwick) 교수다. 그는 2002년 3월 11일 타임즈(Time's)와 회견에서 자신이 연구하고 실험한 결과에 대하여 두 가지를 설명하였다. 한 가지는 인간의 신경을 이용하여 사물을 원하는 대로 움직이게 하는 것이고, 다른 한 가지는 칩(Chip)을 신경에 연결시켜서 사람의 생각과 감정을 움직이는 것이라고 하였다. 사물을 움직이게 하는 것을 자신의 신경에 칩과 연결시켜서 런던에 있는 로봇을 5,000마일이라는 먼 거리 미국 뉴욕에서 자유자재로 움직이게 하는 것을 영상으로 보여주었다.

그는 계속하여 전동장치가 없이도 자신의 팔목에 넣어진 칩으로서 휠체어를 전후방, 좌우로 자유롭게 굴러가게 했다. 이 기법은 단순히 생각으로 움직인다고 하면서 미래에는 자동차를 핸들이나 기름이 없이도 생각만으로 굴러가게 한다고 하였다. 다음은 두 번째인데 칩이 넣어진 사람의 목에 연결된 목걸이에 푸른색으로 변하면 마음이 평온하고 붉은 색으로 변하면 흥분한 상태 등으로 심리상태를 나타낸다고 하였다.(10)

웨릭 박사가 연구한 결과대로라면 베리칩이 몸에 넣어지면 정부는 그 사람의 생각까지 데이터로 알 수 있을 뿐만 아니라 그 사람의 움직임까지 조정할 수 있다. 이런 것을 반은 기계, 반은 사람(Cyborg)라고 하였다. 이보다 더 많은 전자공학 과학자들은 베리칩이 예언서에 예언된 666표로서 사람의 몸에 넣어서 영혼을 사로잡는 것은 물론이고 영혼을 죽이는 무서운 물건이 될 것이라고 하였다.

【컴퓨터 코드 산출방식과 666: -컴퓨터는 숫자를 계산하는 디지털(Digital) 방식과, 무게, 온도, 길이, 넓이, 고도 등을 계산하는 아날로그(Analog), 두 방식이 있다. 미국 특허청 파일 제3,120,606에는 1943년 디지털방식으로 컴퓨터 코드를 만든 펜실베이니아 대학 존 모클리(John Mauchly: 1919.4.9.-1995.6.3)와 프레스퍼 에커트(Presper Eckert: 1907.8.30.-1980.1.8), 두 사람이 광속으로 최대실행 속도를 초당 5,000 사이클로 작동하는 10진수 디지털(10-digital) 숫자로 계산한 산출 법을 보게 된다. ≪10진수 x 0.0028 ÷ 0.006 = 4.6666...≫ 연속적으로 6으로 실행되도록 만들었다고 되어 있다. 4.6666...에서 4를 네개(4)의 기둥으로 세우고, 세워진 세 칸에 연속되는 6으로 작

동하도록 한 것이 에니악(Electronic Numerical Integrator And Computer-ENIAC) 산출법이다. -】

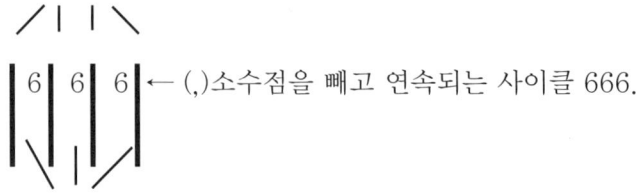

에니악(ENIAC) 산출 법 도표

기둥 밖으로 벗어나지 못하도록 4를 넷으로 나누어서 네 개의 기둥을 세움.

6 6 6 ← (,)소수점을 빼고 연속되는 사이클 666.

4를 빼고, 6으로 실행되는 사이클이 666이다.

이렇게 6자리씩 건너뛰는 숫자에 26알파벳, A6, B12, C18, D24, E30, F36, G42, H48, I54, J60, K66, L72, M78, N84, O90, P-96, Q102, R108, S114, T120, U126, V132, W138, X144, Y150, Z156. 이렇게 배열시킨 것이 컴퓨터 코드라고 한다. 이러한 코드는 자연적으로 생긴 것이 아니라 사람이 알파벳에 숫자를 붙여서 부호를 만든 것이다.

COMPUTER CODE 와 BAR CODE

C — 18
O — 90
M — 78
P — 96
U — 126
T - 120
E — 30
R — 108
─────
666

왜 이것이 만들어졌나

　이처럼 컴퓨터로 조정되는 베리칩은 매매수단으로 쓰는 666표로 이뤄지고 있다. 누가 이것을 왜 만들었을까? 앞에서 설명이 있었던 내용을 또 다시 설명하는 것은 떼어놓을 수 없는 연관성 때문이다. 강대국들은 이탈리아 사람 안토니오 그람시가 발표한 많은 군대의 힘을 이용하는 '그램스 전략(Gram's Strategy)'으로 세계를 지배하려고 했으나 실패하였다. 레닌, 스탈린, 히틀러, 무솔리니, 히로히토, 그 누구도 대군전략으로 세계를 장악하지 못하고 실패했다. 그러나 미국은 그들처럼 몸 밖에서 찾으려고 연구한 것이 아니라, 덴마크 사람 '한스 그람(Hans Christian Gram)'이 체계화시킨 염색체 이론을 연구하기 시작한 것이 1960년대 초부터였다. 미국은 국가차원으로 에너지 자원부가 지원하면서 마지막 사업자로 선정된 회사에서 개발한 것이 12자리 바이오칩에서 16-자리 디지털 엔젤이라는 코드로 발전시켰다. 그리고 다른 하나는 사람의 세포를 조율하는 DNA-코드 128개를 만들어냈다.

　유전자정보지에 따르면 이제까지 수 만개의 유전자가 발견되었으며 각 유전자의 성격이 규명되었다고 한다. 인간이란 바로 유전자의 상호작용에 의해서 형성된 존재라 한다. 인간은 '디옥시리보핵산(Deoxyribo nucleic acid-DNA)'으로 육체를 이루고 있다. DNA는 한 개의 단백질이 수천 개씩 합쳐서 세포의 조직과 기관을 이루어서 마침내 인간이란 몸 전체의 조직을 이룬다고 한다. 염색체의 1조(Trillion)에 해당되는 DNA는 인간 몸에서 분열되는 세포핵산의 염색체 이상(異狀)으로 일어나는 매 유전자의 성분을 코드화시킨 것을 '인간유전자코드'라고 하였다. 인간유전자 속에 있는 유전자 대부분은 다른 유전자의 작용을 조절해 주는 역할로 밝혀졌다. 이렇게 연구한 유전자는 몸에 대하여 혁명적인 지식을 갖게 되며, 획기적인 유전공학의 산업화가 이루어지는 것이라는 점이다.

세포의 DNA는 99.9%가 동물과 모든 사람의 것과 똑 같다고 한다. 그렇지만 0.1%가 동물과 코드가 다르고 사람간의 서로 다른데 이것이 개개인의 특성을 결정된다고 한다. 30억 개의 유전자 가운데서 3백만 개의 암호가 개성, 재능, 병, 등에 대한 반응을 나타낸다는 것이다. 발표된 내용은 3백만 개의 유전자의 매 유전자 하나하나에 코드화시킨 것이 '인간유전자코드' 라고 발표하였다.[11]

인간이 어떠한 병이 발병되더라도 이 부호에 의하여 치료하게 된다. 따라서 인간의 수명연장은 물론이고 임신 중에 있는 태아의 개성이나, 성별 등 자신이 원하는 대로 바꿀 수도 있다는 것이다. 나아가서 노쇠현상을 가져다주는 유전자를 바꾸어서 젊게도 할 수 있게 된다는 것이다. 이것에 대하여 1970년에 '두 시대 사이'를 발표한 지비그뉴 브르제진스키는 "인간은 성숙한 생명을 유지하려고 창조적인 재연의 활동을 전개할 것(Represents a further vital creative stage in the maturing of man's universal vision)"이라고 한 것이 객관적으로 입증시켜 준다.[12]

이러한 유전자공학으로만 볼 때는 인간에게 유익만 주는 것이 아니라는 점에 주목해야 한다. 선한목적에서는 앞의 말대로 사회와 인류에게 획기적인 변화와 아울러서 좋은 면이 많다고 하게 된다. 그러나 세계정부주의자들은 이것을 역으로 악한방법으로 이용한다는 사실이다. 일찍이 미국이 에너지자원부의 지원으로 그램스 전략으로 수십 년 동안 연구하고 개발한 결과가 유전자코드다. 인간유전자에 대하여 이해하려면 그램스 방법에 기초하여 대군정책으로 마르크스의 역사, 경제, 사회, 철학에 그램스 방법을 접목시켜서 추진하였던 새 그램스 전략을 알아야 한다.

미국에너지자원부의 지원을 받은 여러 회사들 중에서 마지막으로 선정된 회사가 디스트론 히어링(Destron Fearing Corp)회사다.[13] 이 회사는 1945년에 설립되었으며 세인트 폴 미네소타(St Paul, Minnesota)에서 1960년 후반부터 60여명의 연구원들이 동물과 사람에게 임상실험을 거쳐서 완성시킨 제품이 캡슐에 넣어진 유전자코드이다. 그 후, 디스트론 히어링 회사는 디지털 엔젤회사와 합병되고 1995년 1월 10일에 베리칩 특허신청서를 접수시켜서 1997년 5월 13일에 베리칩은 특허 제5,629,678번을 받았다.[14]

특허신청을 접수시키고 특허를 받을 때 서류에는 '확인 칩(Verification Chip)'으로 신청했을 뿐 만 아니라, 식품의약청에서 허가서를 발행할 때 이것(VeriChip)을 '사람의 몸에 넣고 시중에 팔도록'(Implantable human body and sell to) 허가하였다. 특허를 받을 때 신청서에 명시된 내용은 '베리칩을 사람의 몸에 넣고 모니터로 탐지하기 위함'(The DEVICE also can monitor certain biological functions of the human body and send a distress signal to monitoring facility when it detects a medical emergence.)이라고 기록에 남겨져 있다.

1999년 12월 10일에 플로리다 팜비치(Palm beach, Florida)에 있는 어프라이드 디지털 솔루션(ADS)이라는 회사는 디지털 엔젤회사의 생산제품인 디지털 16-코드를 독점사용계약을 체결하였다. 베리칩이 완성되던 2000년 6월 26일, 선진국에서 연구하여 왔던 프로젝트 중에서 미국은 지난 수십 년 동안 에너지자원부가 지원하면서 이 부분에 상당한 투자로 사람 몸에 있는 인간유전자의 근본 뿌리에서 찾아낸 것이 인간유전자코드라고 하였다. 칩은 사람의 몸에 넣어서 추적하는 것과, 사물에 붙여서 추적하는 것으로 나누어진다. 크기는 다섯 종류가 있다.

앞의 네 종류는 추적을 위한 16-코드만 들어있고 DNA-코드는 없다. 그러나 마지막에 나온 제일 작은 제품인 TX-1400-B 12mm x 2mm 023g은 16-코드와 함께 캡슐에 넣어져서 추적과 아울러 사람의 병을 치유하는 칩이다. 그러므로 유전자 코드가 없다고 말하는 사람들은 앞의 네 가지를 말하고, DNA-코드가 들어있다고 말하는 사람은 제일 작은 것이기 때문에 유전자 코드가 들어 있느냐 없느냐 하는 논쟁이 생기는 것이다. 그러나 캠브리지대학 칩 분석자 요나단 웨스튜(Jonathan Westhues)는 베리칩을 분석한 결과를 다음과 같이 발표하였다.[15]

크기에서 외형의 길이는 12mm이고 둘레의 직경은 2mm로서 전체가 쌀알보다 약간 길다. 특수플라스틱으로 만들어진 캡슐 안에는 사람의 몸에 넣었을 때 근육에서 움직이지 않도록 밀폐시켜서 막아졌다. 안테나는 아주 가느다란 자석철로 열전류를 감아서 한 쌍이 되도록 하였다. 이렇게 감겨진 코일은 울러 퍼지는 소리를 전파하기 위해 전기용량을 134.2 킬로헤르츠(1,000 사이클과 동일한 kHz)로 구성되어있다. 신분 칩은 끊임없는 변화를 계속하여 안테나로 발사거리를 연결해서 움직임을 주는 16코드 사이에서 함께 넣어진 DNA-코드 128개 중에서 32개만이 다른 변화를 보여주고 있다. 그리고 나머지 코드들은 회로(Maximum Residue Limits-MRL)가 시작될 때 리더(reader)에게 알려준다. 또한 어떤 결점이나 조사와 날자를 조정하고 있다고 분석하였다. 분석가의 검증결과는 베리칩이라는 캡슐에는 안테나와 열전류와 16-코드와 DNA 코드 128개로 이뤄진 베리칩을 디바이스(Device)라고 하였다.

캡슐에 들어있는 16 - 디지털 엔젤은 칩의 고유번호로서 위치확인 위성을 통해서 지상통제소 그리고 스캐너로서 확인을 위해 추적하는 역할이다. DNA-코드 128개는 염기활동을 확인하고 조율해서 병을 치유하는 역할이다. 따라서 베리칩으로 사람의 유전자를 바꾸게 한다. 생산회사 부사장 볼톤(Balton) 박사는 2002년 3월 11일 타임즈(Time's)와 인터뷰에서 '베리칩은 조작이 불가능하므로 "인체에 넣어지면 그 사람은 칩에 의존해야 된다"라고 하였다. 여기서 "전자기술에 의존해야 된다."는 문맥을 살펴보면 인간이 로봇이 된다는 결론이다. 그래서 칩이 666표라는 것을 분명하게 알리는 내용이라는 결론을 얻게 되는 것이다.

2001년 11월 12일, 어프라이드 디지털 솔루션(ADS)회사가 캡슐에 넣어서 열전류를 유지시키기 위해 합병한 자회사가 어드밴스드 파워 솔루션(Advanced Power Solution)이라고 불렀다.(16) 설모라이프(Thermo Life®)를 캡슐에 넣어서 사람 몸의 열로 작동되는 열전류(然電流)를 개발한 제품이다. 설모라이프는 가장 작으면서도 큰 에너지원천 전류 로 피부 속에 넣어서 그 사람의 생명이 유지되는 동안까지 영구히 작동하게 되는 축전지전류를 공급하는 제품이다.

어드밴스드 파워 솔루션은 꾸준한 연구와 개발로 마이크로기술 장치로서 축전지 설 모라이프를 만들었다. 그것은 새롭고 독특하면서 아주 작고 낮은 전력(底電力) 열전발전기(LPTG)와 같은 마이크로센서 시스템과 ZigBee 칩 세트를 이용하는 제품이다. 이것은 몸에 넣는 칩이나 RFID 태그(Tag)처럼 낮은 전력장치에 에너지를 공급하는 근원이다. 이 기술은 온도 차이나 환경에 상관없이 항상 사람의 체온으로 출력전력을 만들어냈다. 아주 낮은 온도 차이로서 온도의 에너지 소스를 제공하는 기술이다. 캡슐에 들어있는 축전지가 어드밴스 파워 솔루션(APS) 회사가 공급하는 설모라이프다. 회사는 '미동하는 힘의 원천과 강한 감지기 장치'로서 조기경보 작동에 중점을 두고 있다.[17]

그것들을 지원할 수 있는 포괄적인 정보처리자료 기술을 다루고 있다. 최첨단 무선의 각 개체를 통해서 이 회사는 안전에 관한 자료수집과 가치가 있는 정보의 추가, 지능, 등 복잡한 자료배분 체제를 연구하고 개발했다. 그것이 40년간 연구하고 개발한 DNA 코드 128개다. DNA 코드 128개를 16-코드와 함께 캡슐에 넣도록 클린턴 대통령에게 보고한 사람이 통상부장관 노르맨 미네타(Norman Mineta)였다.[18]

그는 4살 때 미국으로 귀화한 일본 사람이다. 미네타는 부시행정부에서는 교통부장관, 클린턴행정부에서는 통상장관을 역임한 사람이다. 그의 보고서를 받은 클린턴은 ADS사의 최고경영자 리처드 설리반(Richard J. Sullivan)박사에게 베리칩 캡슐에 16자리 디지털 엔젤과 함께 DNA 코드 128개를 넣으라고 지시해서 넣게 되었는데 이것을 미네타 인클류션(Mineta inclusion)이라 하였다.[19]

1999년 12월 19일에 어프라이드 디지털 솔루션(ADS)에서 '세계에서 처음으로 사람에게 칩을 넣어서'(Acquires Right to World's First Digital Device Implantable Humans) 전자산업과 사업의 보안, 인간의 건강문제와 위치확인과 재판의 공정성 등을 가져오게 만들었다고 발표하였다. ADS사는 인터넷을 통하여 사람의 몸에 넣어서 신원확인과 함께 의료와 보안, 그리고 응급상황 등 여러 용도로 쓰이도록 만들어진 제품을 소개할 때 "아주 작은 제품은 사람의 몸에 넣을 베리칩"이라고 발표하였다.

베리칩을 세상에 공개하게 된 것은 9.11사건이(테러공격으로 무역센터 건물이 무너지던 날짜) 일어난 후에 즉시 실행하도록 하였다.[20] 그리고 2002년 4월 4일에 식품의약청은 몸에 넣는 칩에 대하여 칩을 넣음을 밝힐 때(Clears Implantable Chip) 회사는 "칩을 팔아도 된다."(to begin selling a chip)라고 하였고, "사람의 피부 속에 넣어도 된다."(that can be embedded beneath people's skin)라고 하였다.[21]

베리칩을 시중에 팔고 몸에 넣도록 허가한 식품의약청은 "베리칩만이 사람에게 넣도록 허가한다."(VeriChip was the only Food and Drug Administration approved Human implantable microchip)고 명시했다.[22] 이후에 ADS회사는 "이는 시장에서 확실한 증명"(It was marketed by Positive-ID)이라고 상표의 이름을 바꾸었다.[23] 또한 이 칩을 몸에 넣을 부위를 "오른팔 어깨관절 아래에서부터 팔꿈치 중간"(the shoulder and elbow area of an individual's right arm)에 넣도록 하였다.[24] 베리칩은 분명하게 오른 손에 넣어서 확실한 ID에 의해 매매가된다고 하였다. 이것이 베리칩은 매매수단으로 쓰이는 666표라고 확실하게 입증시키는 내용이다(요한계시록 13:17). 따라서 베리칩이 666표가 아니라고 반대하면 안 된다.

미네타(Mineta) 보고서

【미네타 보고서란: -클린턴 행정부당시 통산부장관 노르맨 미네타(Norman Y. Mineat)가 베리칩 캡슐에 16자리 코드와 새로 개발한 128-DNA 코드를 함께 넣을 것을 클린턴 대통령에게 건의했다. 클린턴은 그것을 베리칩 생산회사 최고경영자 리처드 실리반(Richard Sullivan) 박사에게 지시해서 캡슐에 인간유전자 코드 128개가 함께 넣어졌다.

이렇게 되도록 보고한 사람이 미네타라고 하여 미네타 인크류션(Mineta Inclusion)이라 했다.-】

베리칩(VeriChip)이 666표라는 과학적 증거는 1960년 후반부터 새 인트 폴 미네소타에 있는 디스트론 히어링(Destron Fearing)회사가 60여명의 연구원들과 함께 동물과 사람에게 임상실험을 거쳐서 완성시킨 제품이 첫 번째로 캡슐에 넣어지게 되었다. 그리고 미국 에너지자원부로부터 40년 동안 재정지원을 받아서 최종적으로 선정된 회사가 만든 제품이다.

1995년 1월 10일, 디지털 엔젤회사는 특허신청을 할 때 제품이름을 '베리칩'으로 접수시켰다. 그 후 2년이 지난 1997년 5월 13일, 특허를 받을 때 정부로부터 베리칩은 제5,629,678번으로 특허를 받았다.[25] 특허신청을 접수시키고 특허를 받을 때 서류에는 칩을 베리칩으로 신청했을 뿐만 아니라 식품의약청에서 허가서를 발행할 때도 베리칩이라고 했음이 그 증거이다.

미국식품의약청에서 허가서를 발행할 때 명시된 것은 "사람의 몸에 넣고 시중에 팔아도 된다."(Implantable human body and sell ahead for the VeriChip)라고 허가하였다.[26] 그리고 생산회사(ADS)는 병원에서 의료용도로 쓰일 때는 베리메드(VeriMed→Verification Medical의 줄인 말) 프로그램에는 "오른팔 어깨관절 아랫부분에 칩을 넣게 했다"는 점이다. 그리고 실제로 병원에서 오른팔 어깨관절 아랫부분에 넣고 있다. 여기서 시중에 판매하고 사람의 몸에 넣도록 한 것과 오른팔 어깨관절 아랫부분에 베리칩을 넣도록 한 것은 요한계시록 13장 17절에서 "오른손에 표를 받게 하고"라고 예언된 그대로 이뤄지고 있다는 점이다.

그렇다면 666표를 받은 대상은 어떤 사람일까? 그 666표는 누가 주는 것일까? 누가 무엇 때문에 베리칩을 몸에 넣을 것인가? 대상은 지구상에 살고 있는 모든 사람이 대상이다. 표를 주는 주체는 세계정부통치자의 이름으로 모든 나라, 모든 지역에서 정부로부터 지정된 장소에서 실시하게 된다. 모든 사람이 666표가 없으면 아무것도 할 수 없기 때문에 지금까지 쌓아온 모든 것을 빼앗기지 않으려고 666표를 받게 된다. 생활에서 불편함이 없이 편리함을 갈구하기 때문에 몸에 나만의 번호가 들어있는 베리칩을 받게 되는 것이다. 여기에는 지금까지 이것을 부정하거나 반대해왔던 사람도 베리칩에 관하여 부정하고 반대하던 인식을 바꾸지 않으면 피할 수 없이 받게 된다. 그것을 알았든 몰랐든 상관없이 그 사람의 의지로 결정되기 때문이다.

베리칩이 세상에 알려진 것이 2001년 12월 19일이다. 인터넷과 방송이나 신문, 그리고 모든 매체를 통해 알려졌고 지금은 홍보를 하지 않아도 세계의 모든 나라들이 자발적으로 자국 국민들에게 시행하는 실정이다. 그런데 사람들은 이런 것은 먼 나라에서만 적용되고 자국에서는 적용되지 않는 것으로 착각하고 있다. 이것은 세계의 모든 나라가 10년 전부터 많은 사람들이 몸에 넣고 있음을 모르기 때문에 안일하게 대처하는 것이다. 그런데도 모르는 것은 지금까지는 치매환자나 위급한 사람, 그리고 여성이 임신을 피하기 위해 베리칩을 몸에 넣고 있지만, 모두가 쉬쉬하고 숨기기 때문에 알려지지 않았을 뿐이다. 그러나 세계정부사회에서 삶에 직접적으로 영향을 받게 될 때는 급속히 진행될 것이므로 지금부터 받지 않도록 홍보해야 한다.

앞으로 사람들은 자기가 아끼는 그 무엇을 잃지 않고 빼앗기지 않으려고 베리칩을 받게 될 것이다. 또는 자신의 편리를 도모하기 위해 이처럼 경고하는 것을 무시하고 베리칩을 받을 것이다. 누구든지 베리칩을 몸에 넣는 그 순간에 마귀는 그 사람을 자기 것이라는 소유권 표시로 이마에 표시를 주게 된다고 예언되었다.(계17:5) 그래서 마귀는 사람들로 그것을 받게 하려고 가진 술책으로 속이고 있다. 그러한 술책 중에서 가장 효과적으로 활용되는 곳이 소비시장이다. 식품의 약청에서 '칩을 소비자에게 넣도록'(Chip will be inserting to con- sumers)[27] 하였으므로 근거나 검증도 없이 무조건 반대만 할 것이 아니라 베리칩의 기능에 관하여 알아야 한다.

베리칩의 기능에는 베리칩 자체와 인간의 DNA와 연결된다는 사실이다. 베리칩 자체가 지니는 기능은 '디지털 엔젤'(Digital Angel™)의 16-코드를 말한다.[28] 이것은 위성과 교신하여 정부데이터베이스로 정보를 보내고 정보를 받게 된다. 이것을 오래전부터 유엔에서는 지구감시제도(The system of global surveillance)라 하였고, 모든 나라에서 모든 사람을 감시하는 것이다. 다음은 128개로 구성된 DNA-코드이다.[29]

인간이란 유전자의 상호작용에 의해서 형성된 존재한다. 인간은 '디옥시리보핵산'(DNA)으로 형성되어있다. DNA는 한 개의 단백질이 수천 개씩 합쳐서 세포의 조직과 기관을 이루어서 마침내 인간이란 몸 전체의 조직을 이룬다. 사람의 몸은 30억여 개의 세포로 이루어져 있다. 세포 안에는 세포핵이 있고, 그 안에는 유전자 정보를 담은 염색체가 있다. 염색체 속에 일정한 순서로 배열되어 실 모양으로 꼬여진 염색사(染色絲)를 유전인자(遺傳因子)라고 한다. 이러한 유전자 하나하나에 핵산이 있고, 핵산이 모여진 것을 염색체라 하는데 염색체는 유전자의 염기배열에 의해 결정된다고 한다.[30]

DNA 염기는 아데닌(Adenine), 시토신(Cytosine), 구아닌(Guanine), 티

민(Thymine) 등 크게 네 종류로 분류된다. 단일염기변이(Single Nucleotide polymorphism-SNP) 300만개는 각기 그 형성에 따라 A,C,G,T로 분류되고, 매개에 번호를 붙였다. 이렇게 붙여진 번호가 A,C,G,T 중에서 각기 짝을 찾는 것을 인간유전자부호(DNA-Code)라고 하였다. DNA 300만개를 확인하고 조율하는 DNA 코드 128개가 일련번호(16자리 코드)와 함께 캡슐에 들어있다.

그러므로 칩이라는 캡슐자체가 코드가 아니다. 캡슐에는 DNA 코드 128개와 위치추적을 하는 16자리 디지털엔젤 코드가 들어있다. 따라서 DNA 코드 128는 세포코드를 바꾸어줌으로서 병을 고치는데 쓰인다. 16-코드는 위성과 연결하여 추적하는 역할이다. 그렇다면 어느 것으로 사람의 병을 치료하는가? 16자리 코드인가? 아니다.

DNA 코드 128개로 병을 치료한다. 베리칩은 사람의 육신을 총괄하도록 만들어진 것이다. 염색체의 1조(Trillion)에 해당되는 DNA는 인간 몸에서 분열되는 세포핵산의 염색체이상(異狀)으로 일어나는 매 유전자의 성분을 코드화시킨 것을 '인간유전자지도'라고 하였다. 인간유전자 속에 있는 유전자 대부분은 다른 유전자의 작용을 조절해주는 일을 하는 것으로 밝혀졌다. 세포의 DNA는 99.9%가 동물과 모든 사람의 것과 똑같다고 한다. 그리고 0.1%가 동물과 사람과 다르고 사람간의 서로 다른데 이것이 개개인의 특성을 결정한다고 한다. 30억 개의 유전가운데서 3백만 개의 암호가 개성, 재능, 병, 등에 대한 반응을 나타낸다.

인간에게 어떠한 병이 발병되더라도 이 코드에 의하여 치료하게 된다. 따라서 인간의 수명연장은 물론이고 임신 중에 있는 태아의 개성이나, 성별 등 자신이 원하는 대로 바꿀 수도 있다는 것이다. 나아가서 노쇠현상을 가져다주는 유전자를 바꾸어서 젊게도 할 수 있게 된다는 것이다.

특허를 받을 때 신청서에 명시된 내용은 "베리칩을 사람의 몸에 넣고 모니터로 감시하기 위함"(The device also can monitor certain biological functions of the human body and send a distress signal to monitoring facility when it detects a medical emergence)이라고 기록되어 있다. 그리고 생산회사가 허가신청을 할 때 칩의 기능에 대하여 – 누구며 무엇인가? 라는 신원확인 항목과, 어디에 있는가? 라는 위치확인 항목과, 상태는 어떤가? 라는 상황파악 항목과, 도움이나 정보를 원하는가? 라는 정보제공 항목이라고 기록하였다. – 이것은 '누가 어디서 무엇을 어떻게 하는가?'를 추적된다는 것이다.[31] 이것이 베리칩의 기능이므로 베리칩이 666표라는 것이 과학적으로 증명되는 것이다.

디바이스(Device)와 법

세상에서 모든 문화는 시대에 따라 바꾸어진다. 환경이라는 문화는 그 시대의 사람들이 만들어 내는 것이다. 지금 우리가 살고 있는 21세기는 사이버문화로 이뤄졌다. 모든 사물에 칩이라는 것이 없으면 아무것도 할 수없는 그런 시대에 사람의 몸에 넣어서 인간을 일괄적으로 통제하도록 쓰이는 제품이 파지티브 아이디(Positive-ID)라는 이름으로 바꾸어진 것이 베리칩이다.[32]

사회는 어떤 것을 시행할 때는 법으로 그것을 뒷받침해야 확실한 효과를 거두게 된다. 이러한 실효성을 위해 사회보장제도는 의사진단 분류체계를 이용하여 입원환자의 진료비를 보상하는 포괄수가제

(diagnosis related groups)를 법령화시켰고, 미국은 일명 오바마 케어라는 제도를 만들었다. 이것을 뒷받침하는 법이 식품의약청규정 519조 항과 미국코드 등이다. 사람은 누구도 자신의 건강을 장담하지 못한다. 언제 무슨 병이 발병될지 또는 어떤 병을 어떻게 치유할지도 모른다. 국가는 국민이 있어야 하고 그러한 국민을 위한 사회보장제도를 위해 보강된 것이 건강보험법이다.[33]

이 법에서 환자를 다루는 병원, 수련생들을 교육시키는 학교, 생존에 절대적으로 필요한 수입원의 크고 작은 직장, 이러한 수입을 저축하며 늘려주며 고객들의 재산을 관리하는 은행, 국민들의 생활에서 없어서는 안 되는 크고 작은 시장 등 어느 한곳도 법이 적용되지 않는 곳이 없다.

1. 병원과 환자

그렇다면 어째서 병원에서 칩을 넣도록 하는 것일까? 통계에 따르면 모든 사람은 2년에 한번 씩 병원이나 의사를 찾는다고 한다. 교통사고나 알지 못하는 병, 그리고 정기적인 검진이나 전염병예방 등으로 주사를 맞는 것까지 포함하면 2년에 한번 꼴로 주치 의사나 병원을 찾는다고 한다. 이것이 바로 2~3년 기간이면 모든 사람에게 베리칩을 넣기에 적합하기 때문이다. 그래서 병원이나 의사를 상대로 베리메드 프로그램을 실시했던 이유다.[34]

의료보험법에 명시된 1703조는 1902년에 입법된 (42 미국코드 1396조 a항을 수정한 법이다. 그 수정안(B)(72)조 (C)항에 뚜렷하게 '삽입(inserting)'이라고 명시되었는데 이것이 법으로 베리칩을 넣는다는 것이다. 이 말은 병원에 입원하거나 주치의에게 갔을 때 베리메드 교육을 받은 의사 또는 간호사로부터 베리칩을 몸에 넣도록 법으로 규정되었기에 베리칩이 매매수단으로 쓰이는 666표라는 것을 법적으로 증명된다. 이러한 일을 시행하기 위해 건강보험법 제2211조와 2231조의 타이틀-Ⅲ의 D항과 (42 미국코드 254조 b항을 수정한 법이다. 여기에 2216조에서 간호인력 보충이 요구되고 있다.

이처럼 병원에 입원하는 사람들의 몸에 베리칩을 넣기 위해 의사와 간호사들만으로는 부족하기 때문에 그들을 돕는 노동인력이 필요하다고 하였다. 그 법조항이 2201에 명시되어 있는 Title-Ⅱ이다. 여기에는 노동력의 의무조항이 있다. 의무조항에 대한 설명은 "반드시 미국시민들이 의무적으로 칩을 받는 것을 포함하고 있다"(It absolutely does contain the mandatory chipping of U.S. citizens)라고 되어있다.[35]

맨더터리(Mandatory)는 강제성이 따르는 '의무' 조항이라는 뜻이다. '칩핑(Chipping)'은 칩을 몸에 넣는다는 뜻이다. 그 칩은 ADS회사가 만든 베리칩이다. 또한 2521조에서 일반 건강인력을 요구하고 있다. 많은 사람에게 칩을 넣기 위해서는 이러한 인력이 필요하다는 것이다. 이것이 베리칩이 매매수단인 666표라는 것을 확실하게 증명되는 것이다.

2. 교육과 학교

교육이라는 것은 가르침과 배움이라는 터전으로서 학문만을 의미하는 것은 아니다. 교육은 배움에서 얻어진 지식을 활용하여 국가와 사회에 공헌하기 위함이다. 따라서 국가는 이러한 사업을 이루기 위한 프로그램에서 만들어진 법조항들 중에 2531조에는 간호사와 간호교육프로그램이 들어있다. 이것이 베리메드 시스템이다. 이 시스템 교육은 2006년 초부터 실시하여왔었다.

처음에는 40여 병원과 200여명의 의사들로 시작하여 200여 병원과 1,100여명의 의사들에게 실시한 것이 프로그램이 베리메드(Ver-iMed) 규정이다. 이 규정이 정하는 프로그램에서 눈여겨보아야 할 규정이 2511조다. 규정에는 '학교단위 건강센터는 18세미만 학생 에게는 보증인의 동의를 요구'하고 있다. 이 뜻은 18세 미만의 학생들에게 칩을 넣을 때는 부모의 동의가 필요하다는 뜻이다.[36]

이 조항은 표제-Ⅳ에 따르는 특정과 감시(Quality and surveillance)라는 문맥에서 집작하게 된다. 그것이 학부모의 동의를 요구하는 것을 말하기 때문이다. 따라서 교육프로그램 중에는 399조 Z항 1이 있다. "국가의료 등록(national medical device registry)을 규정하고 있는데 디바이스(Device)는 몸에 칩을 넣고(device that is implantable) 영구적으로 감시한다"라고 하였다.[37]

이 베리칩이 요한계시록 13장 17절에 예언된 매매수단으로 쓰일 666표라는 것을 법적으로 증명되는 것이다. 각 학교의 의무실에 베리메드 프로그램교육을 받은 의사를 상근시키고, 학군단위로 각 학교를 통제하는 담당자를 두고 학생들에게 법이 규정하는 국가의료 칩 등록(National medical device registry)을 시행하겠다는 것이 베리칩이 없으면 등교자체가 안되므로 666표라는 것이 법적으로 증명되는 것이다.

2521조에 명시된 국가의료 칩 등록에서 '디바이스(device)'는 사람의 몸에 넣는다(device that is implantable)라고 명시되어 있다. 디바이스라는 베리칩에 있는 일련번호는 그 사람의 유일한 신원(serial number or unique identifier)번호라고 설명하고 있다. 모든 부문에서 그러하듯이 2521조(a)항 (2)에 실행일자(effective date)를 "보건복지부장관은 본법이 발효하는 날로부터 36개월을 넘기지 말고 식품의약청규청 519조 (g)항과 미국코드(i)에 맞추어서 시행령을 만들어서 시행하라"(The secretary of Health and Human Services shall establish and begin implementation of the registry under section 519(g) of the FDA and Cosmetic Act, as added by paragraph(1), by not later than the date that is 36 months after the date of the enactment of this act.)고 되어있다. (38)

여기서 말하는 본법이란 2010년 3월 21일에 통과된 H.R.3200을 말한다. 그리고 식품의약청규정 519조에는 몸에 넣는 내용들이 많은 세부조항들에서 설명되어 있으며 미용시행령(Cosmetic Act)에서 몸에 넣을 때 'inserting 또는 implanting' 라고 구체적으로 설명조항들이 명시되어 있다.(39) 이것이 베리칩이 매매수단으로 쓰이는 666표라 것을 법적으로 확실하게 증명되는 것이다.

3. 은행과 고객의 자산

은행에서 취급하는 돈은 돈을 필요로 하는 사람이나 회사에게 돈을 유통되는 것을 금융이라고 한다. 누구든 빌리는 쪽과 빌려주는 쪽이 될 수 있다. 빌리는 쪽이 빌려주는 쪽에 지불하는 돈의 사용료가 금리가 된다. 빌리는 쪽과 빌려주는 쪽의 사이에서 중개역할을 하는 기관을 금융기관이라 하며, 취급하는 금융서비스의 성격에 따라 은행, 비 은행, 예금취급기관, 보험회사, 증권회사 등으로 구분된다.

은행에 돈을 맡기면 은행은 그 돈을 회사에 빌려주고 이자를 받고, 그 중에서 돈을 빌려준 보답으로 돈을 은행에 맡긴 사람에게 이자를 지불한다. 이러한 일들이 은행을 통해서 사람과 사람, 사람과 회사, 회사와 회사, 회사와 정부 등의 사이에서 매일 수없이 일어나고, 이렇게 돈은 세상 속에서 순환되고 있다. 화폐를 발행하고 나라 안에서 유통되는 돈의 량을 적절히 조정하며, 물가를 안정시키고 경제발전을 도모하는 기관이 중앙은행이다.

은행의 주요업무는 개인과 회사에서 돈을 맡아 금리를 지불하는 예금업무, 개인과 회사에서 돈을 빌려주고 금리를 받는 대출업무, 멀리 떨어져 있는 상대와 돈을 주고받는 환업무 등이다. 은행은 이러한 업무를 바탕으로 여러 가지 기능을 수행하는데, 돈을 빌려준 쪽과 빌린 쪽 사이를 중개하여 금융을 원활하게 하는 것을 금융 중개라 한다. 은행은 예금의 일부를 보유하고 남는 부분을 회사에 대출해주며, 회사는 거래처에 대금을 지불하고, 그 대금을 받는 회사는 이를 또 은행에 맡긴다. 이렇게 예금과 대출을 반복함으로써 은행 전체의 예금 잔고를 늘리면서 고객의 자산을 보호하는 곳이 은행이다. 이처럼 자유로운 은행에도 그것이라는 베리칩이 없으면 은행창구에 접근하지 못하는 법이 1632조항이다. 규정에는 효율적인 프로그램을 위해 칩을 넣는다는 내용이다.

향후 데이터은행을 철수시키고, 데이터은행을 개업하지 못하게 한다는 규정이 1652조항이다. 또 핵심은 개인의 재정문제를 빠른 시간에 해결할 수 있는 책임에 관한 내용이다. 은행에서 고객에게 빠르고 효율적인 서비스를 제공하기 위해 '특수임무를 수행할 의사'(specific physician at a specific facility)를 상근시킨다는 규정이 1173조항이다.[40] 이것은 무엇을 말하는 것인가? 그것은 정부는 기계가 읽어낼 수 있는 크레딧 카드처럼, 식품의약청규정 조항에서 몸에 넣도록 베리칩, 곧 파지티브 아이디(Positive-ID)라고 하였다.

그리고 은행창구에서 빠른 처리를 위해서라고 하였다. 그렇다면 무엇 때문에 은행에 특수임무를 수행할 의사를 상근시키려는 것인가를 고민해보아야 한다. 은행에 의사를 상근시키려는 것은 무엇을 의미하는 것인가? 은행에서 입금이나 출금이나 송금, 대출, 등 그리고 수출입에서 보내고 받는 대금의 거래에까지 은행을 통하지 않으면 안 된다. 그럴 때 베리칩이 없는 고객에게 은행이라는 현장에서 칩을 넣겠다는 것이 베리칩이 자신만이 갖고 있는 신분번호 666표라는 것을 증명하는 것이다.

나만의 비밀번호 표 666

인간이란 환경에 적응하며 살게 된다. 환경이란 주위의 사물, 제도, 생활전체를 둘러싸고 그것과 일정한 접촉을 유지하고 있는 것을 말한다. 환경이란 인간의 삶을 둘러싸고 있는 모든 요소들을 말한다. 환경의 특성은 끊임없이 변화되면서 우리의 삶에 영향을 주고 있다. 특히 자연환경의 요소들은 생태계의 평형을 유지하며 인간에게 삶의 터전을 제공하고 있다. 인간도 환경의 일부라고 한다. 우리의 생활에 영향을 끼치는 중요한 요소들은 서로 영향을 주고받는다. 세상의 모든 생물들은 하나의 사슬처럼 연결되어 있으며, 이러한 연결고리에서 인간은 최종 소비자로 존재하는 인간도 지구상에 존재하는 환경의 일부분으로 살아가고 있다. 이러한 환경에서 마지막 때에 나타난 베리칩을 인간의 몸에 넣어서 인간을 통치하려는 것이다.

지금까지 설명한 베리칩이 666표라는 것을 과학적으로 법적으로도 입증이 되었다. 그리고 베리칩이라는 것이 매매수단으로 쓰이는 표라는 것이 입증이 되었다. 번호표에 대하여 누구든지 이 표를 가진 사람이 아니면 매매를 못하게 된다는 예언이 현실에서 적용되고 있다. 여기서 우리가 눈여겨보아야 할 것은 표를 사람의 몸에 넣게 하는 어둠의 세력이 있다는 것이다. 그 어둠의 세력이란 세계를 하나로 만들고자 하는 단일정부와 그 정책을 따르는 무리들이다. 그리고 '누구든지'는 누구를 말하는 것일까? 이 물음은 베리칩이 자신의 번호표라고 인정하는 사람이건 아니라고 반대하는 사람까지 모두 포함된 다는 뜻이다.

1. 식품의약청에서 몸에 넣도록 된 법규

그렇다면 식품의약청규정에 규정한 내용이 예언과 연관하여 베리칩이 매매수단으로 쓰일 번호표라는 사실부터 입증시키는 것이 무엇보다 중요하다. 그것은 그렇게 입증시키지 못하면 베리칩이 매매수단의 표가 되느냐 안 되느냐를 떠나서, 사람들은 거리낌 없이 베리칩을 받게 되겠기 때문이다. 그렇게 될 때 예언서의 예언은 세상에서 비웃음거리가 되는 것이다. 뿐만 아니라 베리칩이 매매수단으로 쓰이는 번호표가 아니라고 부정하는 사람들에게 웃음게리를 주는 빌미가 된다. 그러기에 예언서에 예언된 매매수단이라는 것을 법으로 규정된 베리칩이라는 사실을 반드시 입증되어야 한다.

베리칩을 사람의 몸에 넣게 하는 규정의 첫 번째가 식품의약청규정 519조이다. 그 규정에는 이렇게 명시되어 있다. 1995년 식품의약청 519조(g)항에서 "베리칩을 판매하고 사람의 몸에 넣어도 된다"(sell ahead for the VeriChip implant ID system)라고 명시되어 있다.[41] 그리고 식품의약청에서 '사람의 몸에 넣고 팔도록'(implantable human body and sell to) 허가하였다.[42] 또한 식품의약청규정 519조(f)항과 (21 미국코드 360i에서 '칩을 소비자에게 넣도록'(Chip will be inserting to consumers) 하였다. 이러한 규정에 따라 사회보장제도를 제정하면서 '반드시 시민들은 의무적으로 칩을 받는 것을 포함'(It absolutely does contain the mandatory chipping of citizens)시킨 것이 2521조항이다.[43]

또한 "복지부장관은 본법이 발효되는 날로부터 36개월을 넘기지 않도록 식품의약청 미용규정 등록조항 519(g)에 추가되도록 시행령을 만들어서 법으로 시행하라"(Effective date, The secretary of Health and Human Services shall establish and begin implementation of the registry under section 519(g) of the Federal Food, Drug and Cosmetic Act, as added by paragraph(1), by not later than the date is 36 months after the date of enactment of this Act.)고 되어있다. 이것이 베리칩이 식품의약청 규정으로 매매수단으로 쓰이는 번호표라는 것을 법적으로 입증되는 것이다. 여기서 시행날짜를 본법이 발효되는 날로부터 36개월로 규정하고 있는데, 그 날짜는 2010년 3월 21일에 제정된 법이 H.R.3200이다.

2. 은행창구에서 요구하는 칩

지금까지 은행이나 시중에서 데이터은행(Elimination of the bank)과 데이터은행 개업(National practitioner data bank)도 허락하지 않겠다는 법안이 1652조항이다.[44] 이 법안에는 예언적인 암시는 번호표, 곧 칩을 받을 때까지 적용은 멈추지 않을 것임을 명시하고 있다. 1652조에는 정부의 지시가 모든 사람의 은행구좌에 연결되는 것을 허용하고 있는데 그것은 넣어진 칩으로 연결되어 작동함을 말한다.

따라서 누구든지 파지티브 아이디(Positive-ID)가 없는 사람은 은행창구에서 금전거래를 할 수 없다는 것이다. 그렇게 될 때 시중에서 물건을 사고팔고 할 때 거래한 물품 값을 무엇으로 지불하게 되는가를 생각해야 한다. 그것이 매매수단이 되는 베리칩이다.

3. 번호표가 없으면 매매를 못한다

법안 1173조에는 은행창구에 개인의 재정문제를 빠른 시간에 해결할 수 있는 책임에 대한 법은 "특수시설에는 특수임무를 수행할 의사(specific physician at a specific facility)를 상근시키도록 하고" 있다.[45] 이것은 정부는 기계가 읽어낼 수 있는 크레딧 카드처럼, 어떤 ID를 주게 된다. 그 ID는 식품의약청 규정조항에서 사람의 몸에 넣으라고 규정된 베리칩, 곧 파지티브 아이디(Positive-ID)라고 하였다.

이 법조항에 명시된 것은 은행창구에서 칩이 없으면 금전거래가 순조롭게 이뤄지지 않으며 시장에서 물건을 사고팔고 할 수 없다는 것이 예언서에 말하는 '매매를 못하게' 하는 것이다. 이것이 베리칩이 매매수단으로 쓰이는 666표 라는 것을 증명하는 것이다. 따라서 시중에서 물건을 사거나 팔 때에는 반드시 번호표라는 칩(Device)이 없으면 그 어떤 거래도 될 수 없다는 것이 베리칩이 매매수단으로 쓰이는 666 표라는 것으로 증명되는 것이다. 따라서 베리칩이 매매수단이 되느냐 안 되느냐 하는 논쟁은 이제 그만 끝내야 한다.

지금 시장의 계산대에는 두 가지 기능으로 모니터에 나타나고 있다. 한 가지 기능은 국제기구에서 합의한 합의서를 이행하는 규정들이 적용되고 있다. 다른 기능은 소비시장 질서를 위한 상품의 종류, 재고, 가격, 등을 처리하는 바칩이나 바코드 기능이다. 이 두 가지는 지금까지의 시스템이다. 그러나 앞으로 통제시대가 될 때에 번호표가 없는 사람은 제거대상이 된다. 여기서 뜻하는 제거는 생명이 끊어짐을 의미한다. 그 기능이 자신만이 갖고 있는 번호표로서 거래가 이루어지는 제도이기에 법을 어긴 죄라는 것이다. 이 제도는 내 의사와는 상관없이 사회는 냉정하게 적용시키게 된다.

나만이 지니고 있는 번호표라는 것이 어떻게 생겼을까? 일찍이 세상에 널리 알려진 번호표는 성서에서 말하는 매매수단으로 쓰이는 베리칩라는 것이다. 이 칩에 대한 인식은 여러 추측이나 표현의 잘못에서부터 많은 문제점을 쏟아내고 있다. 그러한 잘못과 오류들이 오늘에 와서 실체를 부정하게 만들어 놓았다면 아니라고 하겠는가. 일찍이 우리사회는 생활에 필수적이고 사회에서 없어서는 안 되는 나만의 번호표에 대하여 '상징'(Symbol)이라고 일관해 왔었다. 그것은 실체가 나타나기 이전에는 그렇게 인식했다고 치더라도 지금은 실체가 나타났는데도 계속하여 상징이라고 고집하는 사람들이 무지기수로 많다. 그렇게 고집하는 것은 매매수단으로 쓰이는 베리칩에 관한 말을 들을 때에 뇌신경체가 자극을 받는 순간에 정보를 전송하는 전파(수상돌기-dendrite)가 뇌신경세포말단에 만들어진 통로(Synapse)의 영향 때문이다.(46)

한번 부정적으로 만들어진 통로는 항상 부정적인 뇌신경에 쌓이게 된다. 실체가 나타났어도 '아니다' 라는 부정이 축적된 뇌신경세포는 '옳다' 는 긍정을 받아들이지 못한다. 오직 부정적인 것만 받아들이는 통로(Synapse)를 만들어 놓았기 때문이다. 이처럼 거부라는 정보만 쌓여졌기 때문에 실체가 나타난 사실자체를 수용하지 못하는 것이 아니라 수용하지 않는 것이다. 이러한 거부는 자신이 생각하는 잘못을 옳다고 착각하는 정보가 뇌신경에 축적되어 있기 때문이다. 이처럼 잘못인식하고 있는 것을 바꾸려고 노력하지 않으면 죽는 날까지 상징이라는 틀에서 벗어나지 못한다.

부정적인 생각을 바꾸고 인식을 바꾸는 일은 부정적인 통로(Synapse)를 닫아버리고 새로 긍정적인 통로를 만들어서 뇌신경세포에 긍정적인 정보(dendrite-수상돌기)만이 쌓이도록 해야 한다. 따라서 부정적인 통로를 바꾸지 않기 때문에 베리칩이 매매수단으로 쓰이는 사실을 받아들이지 못하고 '아니다' 라고 부정하는 것이다. 그래서 상징이라고 말하는 것은 옳지 않은 정보(axon-축삭돌기)가 근육신경으로 전파되기 때문에 근육의 일부인 입에서 상징이라는 소리가 나오는 것이다. 나아가서 의료혜택에 좋은 것을 왜 받지 않느냐 하면서 자기도 받고 다른 사람들에게도 받으라고 권하는 것이다. 그러나 베리칩을 받으면 그것을 몸에 넣어지는 그 순간부터 자기만이 지니고 다니는 표가 되며, 그것이 곧 그 사람의 번호표가 되는 것이다. 이것이 나만이 갖고 있는 베리칩이라는 것이다.

베리칩은 환경과 문화에서 없어서는 안 되는 필수적인 번호표가 된다. 이 베리칩은 그동안 많은 논란을 가져왔던 문제들이다. 보험문제는 누구든지 보험에 가입하지 않으면 몇 년간을 벌금을 물어야 한다.(47) 그래도 계속하여 보험에 가입하지 않을 때에는 정부에서 시행되는 연금 같은 혜택을 받을 수 없게 된다. 병원문제는 누구든지 자기만의 번호표가 없으면 건강문제인 의료혜택을 받을 수 없게 된다.(48) 이는 의사의 검진은 물론이고 병원에서의 치료나 수술 같은 의료혜택을 받을 수 없게 된다. 학교문제는 학생들의 등교나 교과서 구입이나 급식은 물론이고 수업을 받을 수 없게 된다.(49)

직장문제는 노동으로 얻은 소득을 은행으로 이체시키기 위해 회사는 번호표를 요구하게 된다.(50) 나만이 갖고 있는 번호표가 없으면 출근자체가 허용하지 않는다. 은행문제는 나만이 갖고 있는 번호표가 없으면 창구에 접근할 수 없기에 출입금을 할 수 없게 된다.(51) 그래서 은행에 특수임무를 수행할 의사를 상근시키도록 하는 것이다. 소비시장문제는 작은 구멍가게에 이르기까지 상거래를 할 수 없게 된다.(52) 그것은 제도적으로 그렇게 묶어놓았기 때문에 누구든지 없어서는 안 되는 '표'(VeriChip)가 있어야 살게 된다.(53) 그것이 없으면 아무것도 할 수 없는 때가 앞에 이르렀는데도 '아니다'라는 깊은 잠에서 깨어나지 못하고 있다.

지금 우리가 살고 있는 사회는 오래전부터 코덱스 규정이 시행되고 있는데도 이것에 관심을 가져보려고 노력하지 않는다. 유엔 의제

21에서 말하는 코덱스는 식품법 또는 규정을 말한다. 이 법은 1999년에 유엔식량농업기구(FAO)에서 180개 나라가 영양분을 공급하는 식품과 의약품과 농산물 등에 생산과 진행과정과 양분표시 등이 표기된 레이블(label)을 붙이도록 합의한 규정이다. 이후 식품이나 농산물이 아니더라도 모든 물품에 부착시키는 바코드 또는 바이오 코드 역시 코덱스 규정대로 진행되고 있다.

앞으로 통제시대가 될 때에 번호표가 없는 사람은 제거대상이 되는 것이다. 여기서 말하는 제거는 생명이 끊어짐을 의미한다. 그 기능이 자신만이 갖고 있는 번호표로서 거래가 이루어지는 제도이기에 법을 어긴 죄라는 것이다. 이 제도는 나의 희망과는 상관없이 사회는 냉정하게 적용시키게 된다.

자신만이 지니고 있는 번호표로서 거래하는 때에는 돈이나 카드가 아니라 베리칩으로만 거래할 수 있게 된다. 그렇게 되는 것은 통제사회로 바꾸어지기 때문이다. 제도에서 첫 번째는 사회에 돈이라는 것이 없어지기 때문에 현찰이나 카드 등으로는 거래가 일절 이루어질 수 없도록 된 시스템 때문이다. 두 번째는 모든 물건의 거래행위는 나만이 갖고 있는 번호표로만 이루어지도록 법으로 규정해 놓았기 때문에 표가 없으면 그 무엇도 사고팔 수 없기 때문이다. 세 번째는 모든 거래에서 쓰이는 계산기를 코덱스 규정대로 연결된 시스템으로 고정시켜놓았기 때문이다. 그러므로 그때는 베리칩이 없으면 시장에 접근자체가 금지되는 것이다.

베리칩이 매매수단이 되는 증거

베리칩이 세상에 공개된 것은 10년이 훨씬 넘었다. 베리칩이 세상에 알려졌지만 대부분의 사람들은 666표는 '상징'이라고 일관하고 있다. 그렇게 말하는 것은 매매수단으로 쓰일 표가 나타나지 않았으니 실체를 알지 못했고 실체를 보지 못했으니 그렇게 말할 수도 있었을 것이다. 그러나 잘못은 상징(Symbol)이 아니라 암시(Allusion)라고 말해야 한다. 상징이라는 정의는 실체를 보지 못하고 머리로 떠올려서 상징이라고 표현하는 것이다. 그러나 암시라는 정의는 실체가 감추어졌거나 숨겨져 있음을 넌지시 알려주는 것을 암시라 한다.

2000년전에 그리스도께서 짐승의 표에 대하여 언급하신 것은 마지막 시대가 되면 사회에서 매매수단으로 쓰일 표는 666이라고 하였다.(계13:17~18) 그때부터 사람들은 도대체 666이라는 것이 어떻게 생겼을까? 시장에서 매매수단으로 쓰일 표라는 것이 어떻게 생겼을까? 666이라는 표가 실체로 나타나지 않았기에 사람들은 나름대로 자기 머리로 상상으로 그려내고 상징이라고 표현한 것이다. 그러던 어느 때부터 과학기술로 만들어진 것이 물품의 재고파악과 관리와 응용에 획기적인 발전으로 가져온 것이 바칩(Bar chip)이라는 것이 나왔다. 이때부터 관심이 있는 사람들은 칩을 666표로서 매매수단으로 인식하기 시작하였다. 그렇게 인식하는 것은 디지털 컴퓨터 코드 666은 과학적인 에니악(ENIAC)산출방식으로 입증되었기 때문이다.

그런데 사람들은 컴퓨터정보를 저장하는 '메인 프레임 또는 데이터베이스 자체가 666이다'라는 황당한 주장도 많다. 또 다른 한편으로는 컴퓨터로 운용되는 디지털공식인 알파벳에 6자리씩 건너뛰는 숫자를 666이라고 주장하기도 한다.[54] 이러한 인식은 매매수단으로 쓰일 실체가 나타나지 않았기 때였기에 그러한 논리로 항변하고 있다. 그러나 불확실성의 논리는 오늘날 많은 사람에게 부정적인 인식을 갖도록 하는데 한몫하고 있다. 이처럼 상상과 추상으로 진실이 왜곡되는 세월이 흘러서 2001년 12월 19일에 제품생산회사가 공개하면서 베리칩이라는 것이 세상에 드러나게 되었다.

이전까지는 포화상태가 된 12자리 칩(Bar chip)을 발전시켜서 만들어진 것이 16자리 코드(Digital Angel)와 128개 코드(DNA)가 포함된 캡슐을 베리칩이라고 명명하였다. 베리칩이라는 캡슐에는 자동으로 사람의 몸 열로 충전되는 축전지와, 위성을 통하여 지상 데이터베이스로 정보를 주고받는 안테나 역할인 코일과, 16자리 디지털 앤젤 코드와, 128개 DNA 코드를 함께 넣어서 완성시킨 제품이 베리칩이다.

캡슐에는 ①좁쌀크기 만한 16-코드(디지털 앤젤-Digital Angel), ②다음은 300만개 유전자를 조사하고 조율하는 데 쓰이는 128개 DNA 코드(128 Bit Signal), ③세 번째는 송수신 결함을 방지하고 정상적인 활동을 촉진시키는 축전기(Thermo Life), ④강한 장거리 송수신을 위해 가느다란 구리자석실로 감겨진 안테나(Coil), ⑤플라스틱으로 만들어서 몸의 유동성으로 변질이 외부로부터 캡슐 안으로 들어오지 못하게 보호하는 마개로 구성되어 있다. 또 온도 -25c~+50c로 유지토록 막아놓은 베리칩은 울러 퍼지는 소리를 전파하기 위해 134.2 kHz 킬로헤르츠(1000사이클과 같은 kHz)으로 전기용량으로 구성되어 있으며, 무게는 023g이다.

생산회사와 타임스에서도 캡슐에는 16단위 일련번호(Code)와 128-DNA 코드가 들어있다고 설명하였다. 매사추세츠 대학 조나단 웨스

튜스(Jonathan Westhues)는 베리칩을 분석하였다. 그는 베리칩은 두 가지 기능을 한다고 하였다. 디지털 엔젤코드는 위치추적위성이나 지상정보센터로 연결시켜서 칩을 몸에 넣은 사람이 누구이며 어디에 있으며 무엇을 하는지 24시간 추적하고 확인하는 역할을 한다고 하였다. 다음은 128-DNA 코는 128개에서 32개는 유전자를 바꾸어서 병을 치유하는 데 쓰이며, 96개는 뇌신경세포(Nueron)를 조율하는데 쓰인다고 하였다.

베리칩이 바코드와 다른 것은 확인(Verification)+칩(Chip)을 합한 말이 베리칩이다. 쌀알만 한 크기인데 사람의 피부 속에 주사기를 사용하여 부작용 없이 넣게 된다. 캡슐에 들어있는 디지털 코드 일연번호는 70억조 1이 되어야 같은 숫자가 겹치게 됨으로 16단위 전체가 겹치는 일은 없다고 한다. 또한 스캐너 부근을 지나갈 때 자동으로 방출되는 번호가 나타난다. 그리고 사람의 체질을 바꾸어서 일괄적으로 통제하려 할 때 128개 중에서 아직 쓰지 않고 있는 96개를 활용하게 된다는 것이다.

베리칩은 바코드와 기능은 유사하지만 매우 큰 차이점이 있다. 그것은 캡슐 안에 있는 고유번호를 인식하는 방법이 엄청나게 편리하고 쉽다는 점이다. 바코드는 스캐너로 일일이 직접 갖다 대야만 고유번호가 읽혀지는데 비해 베리칩은 거리가 멀리 있어도 스캐너에서 자동으로 고유번호가 읽혀진다. 그것이 가능한 이유는 캡슐 안에는 고유번호를 무선으로 자동으로 송신할 수 있는 특별한 장치가 있기 때문이다.

리프 아이디(RFID)는 Radio Frequency Identification의 약자이다. 전자태그 또는 바코드로 부르는 이것은 베리칩 보다 훨씬 더 작은 깨알만한 크기로서 역시 고유번호가 있지만 스캐너 부근을 통과하면 베리칩과 마찬가지로 고유번호를 무선으로 나타내게 된다. 이 태그는 현재 각종상품에 부착하여 재고관리에 활용하기도 하고 화물에 부착하여 추적과 관리 등으로 쓰이도록 코덱스 규정에 따라 실시된다. 그러므로 태그는 상품에 부착하는 고유번호 발생기이고, 베리칩은 사람의 몸에 넣어서 고유번호 발생기와 더불어 사람의 세포를 조율하여 병을 치료하고 뇌신경세포를 바꾸는데 쓰이는 것이 다르다. 베리칩은 항상 위치추적위성(GPS)과 또는 지상통제소와 송수신이 된다. 통제소나 스캐너가 요구할 때는 즉시 응답하게 되어있다. 그리고 모니터와 스캐너에서 신호가 오지 않더라도 작동하며 축전지는 외부로부터 전원을 공급받을 필요가 없이 자동으로 몸의 열로 충전되는 놀라운 기술로 만들어져 있다. 16자리 고유번호와 함께 128개 핵심유전자 코드로서 사람의 체질을 바꾸어서 인간을 세계정부주의자들이 원하는 방향대로 통치하고 매매수단으로 쓰이기 때문에 베리칩이 666표가 되는 것이다.

  슈퍼마켓이나 상점에 진열된 상품들을 보면 상품번호에 바코드가 붙어있는 것을 볼 수 있는데 이 바코드는 코덱스 규정대로 물품에 붙여진 고유번호를 나타내고 있다. 또한 우리가 한두 개쯤 가지고 있는 은행카드역시 카드 소유자에게 발급된 고유번호가 그 안에 들어있다. 우리는 단지 고유번호만을 활용하거나 가지고 있지만 실제로 모든 업무들은 아무런 문제없이 다 처리되어진다. 그것은 고유번호에 해당하는 모든 관련정보들이 해당 컴퓨터 데이터베이스에 저장된 것을 관리하기 때문이다. 슈퍼마켓의 상품이라면 사무실에 있는 컴퓨터 안에 그 물품의 정보들이 저장되어 있고, 은행카드라면 은행의 데이터베이스에 해당고객의 금융자료들이 저장되어 있다. 컴퓨터 안에 있는 자료들과 상품이 지닌 고유번호가 서로 연계하여 필요한 모든 업무들이 처리되는 것이다.

　이제 생각을 조금만 바꾸어 보자. 슈퍼마켓의 상품에는 RFID 태그가 붙어있고 물건을 사러간 사람의 몸에는 베리칩이 들어가 있다. 필요한 물품들을 바구니에 골라 넣는 순간에 계산대에 있는 스캐너에 의해 자동으로 인식되어지고 스캐너와 연결된 컴퓨터에서는 실시간 재고관리가 이루어진다. 물건들을 다 골라 싣고 계산대 앞 스캐너를 통과하는 순간에 물품에 부착된 RFID 태그에서 자동으로 상품의 번호들을 컴퓨터가 인식하여 순식간에 장바구니 안에 있는 모든 상품들의 값이 자동으로 계산된다. 동시에 그 사람의 몸에 있는 베리칩에서 송신되는 고유번호가 자동으로 인식되고 그 사람의 은행계좌에서 상품들의 값이 즉시 계산과 더불어 이체된다.

　지금까지는 물건을 골라서 바구니에 담아서 하나씩 계산대에 올리고 바코드를 통해 값을 계산한 후에 현찰이나 신용카드로 값을 치렀지만 이제는 그런 복잡한 과정들이 모두 생략되어진다는 말이다. 이 모든 것을 실제로 가능케 하는 것이 바로 RFID 태그와 베리칩(VeriChip)이다. 재고관리와 매매수단으로 이보다 더 효율적인 시스템은 이전에는 없었지만, 지금 우리가 사는 이 시대에 이것이 실용화되고 있다.

　베리칩은 오래전부터 어프라이드 디지털 솔루션 회사가 개발하여 생산하고 있으며 모든 나라들이 구입하여 실시하고 있다. 현재 매매수단으로 쓰이는 곳들이 나타나고 있으며, 병원에서 응급환자 혹은 위치추적에서 점점 폭넓게 활용되고 있다. 베리칩이 고유번호를 송신하는 능력은 위성에서 그것을 수신하고 있다. 이 기능이 있기 때문에 치매환자나 어린아이들 실종이나 응급환자가 발생할 경우 그가 의식을 잃었을 때라도 그 사람에게 있는 베리칩 캡슐 안에 있는 고유번호(16-코드)를 위성을 통해서 데이터베이스에 있는 모든 기록사항을 즉시 확인할 수 있으니 베리칩을 받지 않도록 대비해야 한다.

이렇게 편리하고 활용범위가 폭넓기 때문에 모든 나라들이 정부차원에서 공무원들이 몸에 받고 국민들에게 넣고 있다. 일반병원에서는 치매환자나 노인들 혹은 긴급대처가 필요한 환자들에게 넣고 의료용으로 사용하고 있다. 베리칩은 우리의 삶에서 없어서는 안 될 매매수단으로 쓰이도록 법으로 규정하고 있다.

1992년 6월에 브라질 리오에서 모든 나라가 그해 10월부터 실행하게 한 의제21의 규정에서 인류에게 적용시키는 '건강전략'(health for all strategies)에 따라 DNA로 신원을 확인하고 감시하는 제도가 매매수단으로 적용된다. 이 합의에 따라서 미국은 2010년에 사회보장제도법을 만들면서 '건강보험법'의 제목으로 H.R.3200을 입법시킨 것을 건강보험개혁법이라고 인식하게 된 것이다. 그러나 H.R.3200은 건강보험만을 위한 법이 아니라 사회전반에 적용되는 사회보장제도라는 사실이다. 이 법조항에는 베리칩을 문자대로 또는 디바이스(Device)라고 폭넓은 의미로 명시되어 있다. 이러한 명시적인 법에는 반드시 식품의약청 규정 519와 미국부호(USC) 규정에서 정하는 대로 몸에 넣는 것은 베리칩만이라고 명시해 놓았다. 그리고 같은 법 제4부의 소비(Consume)규정의 각 조항에는 베리칩이 없는 사람은 그가 누구일지라도 매매를 못하도록 되어있다.[55]

소비규정에 관해서는 먼저는 유엔 의제21에서 모든 나라에서 자국민의 건강상태와 보호라는 프로그램으로 환자에게 감염된 병이 다른 사람에게 전이되지 못하게 하려는 것은 좋다. 그러나 그렇게 하는 방법에는 인간의 생명을 끊어서라도 전염을 막겠다고 하는 것은 악한 방법이다. 이러한 방법은 세계의 인구를 85~90%의 감축이라는 프로그램에도 해당되는 것이다. 이처럼 무서운 계획이 의제21에 있는데도 사람들은 이런 것을 모르고 지속(Sustainable)가능이라는 전염병에 걸려서 이클레이에서 활동하고 있다.

세계인구감축이라는 문제를 어떻게 볼 것인가? 결과적으로는 지구상에서 그만큼 사람을 없앤다는 뜻이다. 사람이 죽더라도 병을 차단시킨다는 명분이지만 숨겨진 음모는 엘리트 계층만 남겠다는 것이다. 이해하기 어렵겠지만 생각을 잠깐 바꾸어보면 답을 얻게 된다. 항간에 많이 듣고 보아왔던 조류인플루엔자(Avian Influenza)에 대하여 잘 알 것이다. 조류(鳥類) 종류의 병은 공기로 날아다니기 때문에 그것들의 병을 막는 방법은 죽이는 방법뿐이다. 그래서 축산업에서 닭이나 소, 돼지까지 이러한 병을 차단하기 위해 살아있는 짐승들을 땅속에 묻거나 불로 태우는 것이다. 이처럼 사람의 생명을 끊어서라고 병균을 차단시키려 한다면 이것이 인구감축에 해당되지 않는다고 누구도 장담하지 못한다. 그리고 베리칩이 매매수단이 되는 사실은 이러하다.

① 유엔 의제21에는 "사람의 몸에 생체 칩을 넣어서 감시하고 추적하는 일(the biochip insert to human body fo rsurveillance system)"이라 하였다.

② 1997년 5월 13일에 "베리칩은 사람의 몸에 넣도록" 특허 제 5,629,678를 받았다.

③ 식약청에서 "앞으로 ID 시스템으로 베리칩을 팔고 넣어도 된다 (sell ahead for the 'VreiChip' implant ID system)"라고, "몸에 넘음"을 명시하였다는 사실이다.

④ 베리칩을 '사람의 몸에 넣기 위해 팔도록(Implantaable human body and sell to)허가했다.

⑤ 소비자에게 베리칩을 넣는다(Chip will be inserting to consumer)라고 HR3200 C단락에 규정하고 있다.

⑥ 시민들은 반드시 의무적으로 칩을 받도록(It absolutely does contain the mendatory chjpping of citizens) 사회보장제도에 규정하였다.

⑦ 2002년 4월 4일, 식약청은 칩을 넣음(clears implantable Chip)을 밝혔다.

⑧ 칩을 팔아도 된다(to begin selling a chip)라고 사람의 피부 속에 넣어도 된다(that can be embedded beneath people's skin)라고 하였다.

⑨ 베리칩만이 사람에게 넣도록(VeriChip was the only Food and Drug Administration pproved Human-implantable microchip) 인가하였다.

⑩ 생산회사는 이것은 시장에서 확실한 증명(It was marketed by Positive-ID)이라고 상표의 이름을 바꾸었다.

⑪ 칩을 몸에 넣을 부위를 '오른팔 어깨관절에서부터 팔꿈치 중간

(the shoulder and elbow area of an individual's right arm)에' 넣도록 하였다.

⑫ 은행계좌에 연결되도록 하였는데 그것을 넣어서 작동하게(electronic access to your bank account, which will work in conjunction with an implanted chip) 된다.

⑬ 누구든지 연방정부 시행령에 따라서 정부가 요구하는 개인의 신분증을 발급받지 않으면 은행계좌를 개설할 수 없다(Who will not a state issued ID that conforms to the federal specification will not open a bank account).

⑭ 특허를 받을 때 신청서에 명시된 내용은 베리칩을 사람의 몸에 넣고 모니터로 의료 감시를 위함(The device also cn monitor certain biological functions of the human body aand send a distress signal to monitoring facility when it detects a medical emergence)이라고 기록했다.

⑮ 모든 나라가 합의한 유엔 의제21에 소비자의 DNA를 확인하기 위해 코덱스 규정을 적용한다(the consumer's DNA verify to following codex regulations)라고 되어있다.

소비시장에서 나만이 갖고 있는 번호표가 없는 사람은 감시망에서 벗어날 수 없이 통제를 받아야 되고 생명까지도 빼앗기게(control) 된다. 법으로 베리칩을 "시중에 팔고 사람의 몸에 넣어도 된다"라고 승인할 때 '소비자에게 칩을 넣어야함'을 명시하였다.[56] 이 규정에서 칩은 베리칩을 말하고, inserting은 넣는다는 뜻이며, consumer는 소비자, 곧 물건을 사는 사람을 말한다. 물건을 사는 사람은 반드시 베리칩이 있어야 살 수 있다는 법적근거다. 법 조항은 시민은 반드시 의무적으로 칩을 받아야 된다. 여기서 베리칩이 없이는 아무것도 할 수 없는 때에는 어떻게 해야 할 것인가를 깊이 고민해야 한다. 고민에 앞서 나는 왜 이것을 아니라고 거부하고 있는가? 나는 베리칩에 관하여 얼마나 알고 있는가? 등을 먼저 스스로의 인식부터 점검해야 한다.

또한 왜 베리칩이 매매수단이어야 하는가를 고민하고 연구해야 한다. 지금까지 아무것도 모르면서 무조건 아니라고만 부정하던 것은 어디에 근거하여 아니라고 하였던가? 아니라는 근거는 무엇이며 어디에 있는가? 베리칩이 매매수단으로 쓰이는 실체로서 나만의 번호표가 분명하다면 나는 어떻게 할 것인가? 지금까지 아니라고 부정하고 다른 사람에게 잘못된 인식을 갖도록 호도한 거짓은 어떻게 변명할 것인가? 등등의 상황을 고민하고 스스로의 인식에는 문제가 없었던가를 점검해 보아야 할 때이다.

대부분의 나라에서는 베리칩이 매매수단으로 쓰이는 번호표라고 인식하고 있다. 그런데 어느 나라에 살고 있던 유독 대부분의 한국 사람은 베리칩은 매매수단으로 쓰이는 번호표가 아니라고 부정하고 있다. 그렇다면 아니라고 부정하는 그들이 베리칩의 구성을 알고 부정하는가? 아니다. 알지도 못하고 막연하게 남의 말만 듣고 부정할 뿐이다. 부정하는 그들이 베리칩의 기능을 정확하게 알고 부정하는가? 아니다. 제대로 알지 못하면서도 세력을 이용하여 자신의 이익을 추구하려는 데서 부정하고, 시대의 흐름에 따르는 행위, 등 남들이 아니라고 말하는 서클이라는 대세에 편승했을 뿐이다.

또 아니라고 부정하는 그들이 베리칩이 특허를 받기까지의 기술과정을 알고 부정하는가? 아니다. 부정하려면 베리칩의 용도에 대하여 설명하고 아니라고 부정해야 하는데 대부분이 그러지 못하고 '아니라면 아닌 것'이라면서 서클의 잘못된 논평이나 서클의 합의라는 조직의 힘만 이용할 뿐이다. 그리고 부정하는 그들이 베리칩이 몸에 넣어서 매매수단으로 쓰이는 법의 제도나 절차를 알고 부정하는가? 아니다. 아무것도 모른다. 연구해보지도 않고 자신의 갖고 있는 인식이란 잘못된 생각만으로 부정할 뿐이다.

과학적이나 기술로나 기능으로도 베리칩이 매매수단으로 쓰이도록 법으로도 규정해 놓았는데도 아니라고 고집할지라도 지구촌구석에까지 실시되고 있는 현실은 피할 수 없는 것이다. 특히 모든 나라 지방의 구석에까지 활동하고 있는 이클레이 조직은 세계정부 풀뿌리로 넓히고 있다. 세계정주의자들이 유엔을 앞세워서 모든 나라들이 함께 합의를 이룬 코덱스 시스템은 누구든지 베리칩이 없는 사람은 물건을 살 수 없는 제도를 피할 수 없게 해 놓았다. 그것은 환경오염을 일으키는 물 관리와 땅 관리로 청정사업의 일환으로 모든 것을 감축시키는 때에는 베리칩을 피할 수는 없게 된다.

물 관리규정에는 지하수 부족이라는 이유로 넓은 대지와 큰 집을 가질 수 없다. 그것은 넓은 정원과 정원수나 화단관리를 위해 쓰이는 물 값을 납부해야 할 때 돈이 아니라 자기 몸에 지니고 있는 나만의 번호표가 있어야 물을 사용할 수 있다. 그 번호표는 베리칩이라고 누차 설명하였다. 물 값을 납부하지 않을 때는 수도 파이프를 잠그는 것은 두말할 것도 없고 베리칩을 받지 않은 죄로 인하여 감옥에 투옥되어야 한다. 그럴 때 당신은 그것을 받을 것인가? 아니면 투옥될지라도 베리칩을 거부하겠는가? 거부에 앞서 베리칩이 666표가 아니라고 호도할 것인가를 고민해야 할 때이다.

물을 사용하지 못하기 때문에 뜰이나 전원관리를 할 수 없을 때 어떻게 할 것인가? 정부가 요구하는 것은 돈이나 카드가 아니다. 당신 몸에 넣어진 베리칩 번호를 요구할 때에 베리칩이 매매수단이 아니라고 하겠는가? 대기오염 감축 프로그램에 따라 자가용 자동차를 가질 수 없다. 정부요원들이 나만이 지니는 번호표가 없다는 죄로 당신이 체포당할 때 당신은 어떻게 할 것인가? 그때에도 베리칩이 매매수단이 아니라고 고집할 것인가? 당신의 집이 압류당할 때 어떻게 할 것인가? 집에서 쫓겨나면서도 베리칩이 매매수단이 아니고 상징이라고 말하겠는가? 법은 엄격하게 추진된다. 의제21에서 요구하는 물 관리규정과 토지사용규정과 건축물규정을 위반했다는 이유로 베리칩을 받든지 아니면 감옥에 갈 것인지를 결정하도록 압박할 것이다.

나만의 비밀번호표가 되는 베리칩이 없으면 가게에서 물건을 살 수 없게 된다. 그때 베리칩을 받고 물건을 사든지 아니면, 굶어죽을 지라도 식량구입을 포기하고 버틸 것인가를 고민해야 할 때이다. 당신이 가지고 있는 집을 빼앗기지 않으려고 베리칩을 받을 것인지 고민해야 할 때이다. 그토록 애지중지 모은 재산도 마음대로 활용하지 못하고 오직 베리칩으로만이 해결할 수 있을 때에 당신은 어떻게 할 것인가? 그때에도 베리칩 이 매매수단이 아니라고 할 것인가를 고민해야 한다. 넓은 땅에 아름다운 정원을 가꾸며 살지라도 666표만은 피하지 못한다. 베리칩을 받든지 아니면 모든 것을 버리고 바깥으로 내몰리든지 둘 중 하나를 택해야 한다. 그때엔 어떻게 할 것인가? 전원주택이든, 또는 25평 아파트이든 70평 아파트이든, 그것을 누릴 수 있는 조건은 베리칩 뿐이다. 그래도 베리칩이 666표가 아니라고 고집할 것인가?

지금 세상에는 베리칩으로 인해 많은 일들이 진행되고 있다. 그것(칩)은 조금도 늦춰지지 않고 시계바늘처럼 여전히 바쁘게 돌아가고 있는 것을 모두가 알아야 할 내용이다. 칩을 받느냐? 안 받느냐? 하는 것은 전쟁이다. 참으로 우리는 삶이라는 최 일선에 있으며 어디에 앉아야 할지 모르고 있다. 우리는 베리칩이라는 열차가 거대한 힘으로 달려오는 것을 지켜보고 있다. 우리는 열차선로위에 앉아만 있는 것과 다르지 않다. 베리칩을 질주하는 열차로 비유한다면 이 사회는 사람들이 열차선로 위에 앉아 있는 모습처럼 아주 위험한 제도사회가 오는 것이다. 위험한 제도는 칩을 받지 않을 수 없는 환경으로 형성되고 있다. 그 기차가 우리에게 달려오고 있으며 우리는 거의 이 기차들을 만나는 지점에 앉아 있는 것과 같다. 모든 기차는 여러 다른 방향으로부터 스스로에게 향해 오는 선로 위에 있다. 그리고 모든 기차가 우리를 향해 질주해오고 있다.

이런데도 아니라 할 것인가!

사람들은 베리칩이 666표가 되느냐 안 되느냐 두 갈림에서 국내에서는 어떤 반응이며, 해외에서는 어떤 반응인지부터 알아보아야 한다. 그렇게 해야 하는 이유는 시야를 세계로 넓히지 않고 국내에서 떠도는 옳지 않은 설에만 의존하게 되면 우물 안 개구리식이 되기 때문이다. 베리칩을 매매수단에 초점을 맞추지 아니하고 666표에만 초점을 맞추려하면 본질을 흐리게 할 요인이 될 수도 있다. 따라서 저자는 베리칩을 매매수단에 역점을 두라고 권고한다. 이유는 만들어진 제품의 기능과 용도 등에서 666표에 맞추어 졌다기보다는 코덱스 규정에 맞추어지기 때문이다.

2001년 12월 19일에 베리칩을 만든 회사의 설명에서 베리칩이 어떤 것인지를 아는 것이 중요하다. 플로리다 팜비치에 있는 어프라이드 디지털 솔루션회사는 사람의 몸에 넣어서 신분확인과 함께 의료와 보안, 응급상황 그리고 매매수단 등 다양한 용도로 쓰이도록 아주 작게 만들어진 제품이라고 다음과 같이 소개하였다.

1. 베리칩의 구성(Composition)

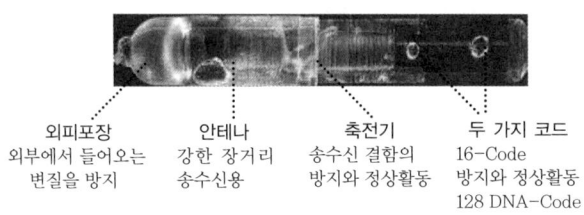

외피포장
외부에서 들어오는
변질을 방지

안테나
강한 장거리
송수신용

축전기
송수신 결함의
방지와 정상활동

두 가지 코드
16-Code
방지와 정상활동
128 DNA-Code

다섯 가지를 넣어서 12mm x 2.1mm 크기로 만들어진 캡슐이 베리칩이다. 이처럼 여러 부품을 모아서 조립되었기에 기술용어로는 디바이스(Device)라고 한다. 16-자리 디지털엔젤 코드(Digital Angel code)와 128개 유전자 코드(DNA-Code)가 들어있다. 128개 DNA code로서 유전자 300만 개의 노쇠방지와 새 활력을 공급할 수 있고, 개인의 특성을 바꿀 수 있는 장치로서 몇 초에 세포핵을 읽을 수 있는 기능이다. 축전지는 아주 낮은 전력 열 발전기(LPTG)와 같은 시스템과 ZigBee 칩 세트를 이용하여 송수신 결함을 방지하고 정상적인 활동을 촉진시켜 주는 설모 라이프(Thermo Life)로 자동충전이 되는 축전지다. 강한 장거리 송수신을 위해 만들어진 안테나는 머리카락 보다 더 가느다란 자석철로 열전류를 감아서 한 쌍이 되도록 하였다. 이렇게 감겨진 코일은 울러 퍼지는 소리를 전파하기 위해 전기용량을 134.2 키로헤르츠(1000 사이클과 동일한 kHz)로 구성되어있다. 베리칩이 12mm로 길게 만들어진 것은 많은 코일(Coil) 때문이다. 외피

포장은 플라스틱으로 만들어서 몸의 유동성으로 일어나는 변질이 외부로부터 캡슐 안으로 들어오지 못하게 보호하도록 만들어진 것이 베리칩이다.(57)

2. 베리칩의 기능(Function)

라디오 주파수 장치인 디지털 엔젤 16-코드는 볼펜 '점' 정도로 작다. 몸에 넣게 되는 캡슐에는 고유번호와 여러 가지 다른 자료가 들어있다. 몸 밖에서 감지기를 이용하면, 무선으로 전파되는 에너지가 피부를 통과된다. 그때 피부 속에 고정되어 있는 베리칩으로부터 방출되는 열의 빛을 방출하면 번호가 감지기로 전달될 때 읽게 된다.(61) 감지기(Scanner)는 신원번호를 불러내는 기능이다. 베리칩의 자료는 해당정부기관의 자료저장 데이터에 전파되어 쓰이도록 저장된다. 사무실 안에서 외래환자에게 베리칩을 간단한 방법으로 몸에 넣는다. 칩을 넣을 위치를 정하고 아주 작은 부분에 소독만 하면 된다. 그리고 형편에 따라서 작은 붕대가 필요하고 칼자국이나 꿰매거나 봉합할 필요는 없다.

3. 베리칩의 용도(Expenditure)

매년 수 십 만개의 의료용 제품들이 쏟아져 나오고, 그것들은 수술할 때에 환자에게 넣고 있다. 예를 든다면, 생명을 연장시키는 기구들을 포함해서 심장박동 조절장치, 인공관절, 정형수술, 심장밸브, 그리고 호흡펌프기 등이 있다. 이러한 주입은 그것들이 때로는 조정하고 수리하고 교체시키고 회수시키는 일들이 있다.

의료용으로써 피부 속에 이식된 베리칩은 환자와 의료진들, 그리고 제조업자에게 무선으로 그 제품에 대해 안전하고 비공개적으로 의료부문에 결정적인 정보를 제공 한다. 베리칩은 환자의 이름, 건강상태, 환경과 그 밖의 필수적인 특성과 같은 의료용으로 개발된 제품으로써 원래의 구성요소들로 준비를 완료시킨 것이다. 지난날의 모든 의료기록들, 기록의 만회, 복구 등이 응급상황에서 처리를 위해 사용된다.

4. 응급상황 또는 안전에 관한 신원증명

개인의 신분확인과 조회기술은 근래에 와서 상당히 발달되었다. 가장 중점적인 것이 생물측정의 연장선상에서 볼 때, 이것이 과학기술인가? 아니면 생체측정법(Biometric)가? 사람은 어느 누구든지 자신만의 특징을 지니고 있다. 그것이 신체의 특성들인데 예를 들면 지문, 음성, 눈의 망막, 그리고 얼굴의 특징들에 따라 구별될 수 있다.

그러나 베리칩은 조작이 불가능하므로 몸에 넣어지면 그 사람은 전자기술에 의존하게 된다. 그래서 베리칩을 몸에 놓은 사람을 반은 기계, 반은 사람이라는 사이보그(Cyborg)라고 부른다. 기술은 의료용이나 다른 중요한 자료의 증명을 조작이 불가능하게 실행된다. 최첨단으로 만들어진 베리칩은 기술의 용도는 절도, 분실, 복제의 위험, 또는 자료의 조작을 본질적으로부터 줄이거나 배제함을 의미한다.[59]

5. 베리칩의 적용(Application)

추적이나 구조에서 신원확인 상태의 향상과 여러 가지 법집행과 방어에 사용된다고 당시의 생산회사의 최고경영 책임자 리처드 설리반(Richard J. Sullivan)은 발표에서 베리칩은 전자기술로 개인의 신원을 읽는다고 하였다. 베리칩은 전자기술의 획기적인 약진으로 디지털 엔젤(Digital Angel)과 설모 라이프(Thermo Life)가 함께 이루진 제품이다. 특별히 인간의 생명을 구하기 위해서, 개개인의 안전과 삶의 향상을 위해 만들어진 제품이다.

디지털 엔젤(Digital Angel)은 최첨단의 생체반응장치는 신체의 열을 사용한다. 베리칩은 체온, 맥박 같은 신체의 특징을 읽을 수 있고, 정확한 위치 등의 자료를 무선으로 지상의 통제본부나 감지시설로 보내게 된다. 설모 라이프(Thermo Life)는 2001년 11월, 어프라이드 디지털 솔루션회사가 자회사로 설립하고 이름을 어드밴스 파워 솔루션(Advanced Power Solutions)라 하였다. 새로운 설모 라이프는 가장 작으면서도 큰 에너지원천전류로 확대시키는 축전지다. 이처럼 베리칩은 미동하는 힘의 원천과 강한 감지기 장치로써 조기경보 작동에 중점을 두었다. 최첨단 무선의 각 개체를 통해서 정보, 지능, 복잡한 자료배분 체제를 상업용 기능과 정부부서와 소비자를 포함하여 폭넓게 사용되도록 만들어진 것이 베리칩이라고 생산회사가 설명하였다.[60]

6. 베리칩을 매매수단으로 규정

이 책에 수록되는 모든 자료들은 사람들이 입증도 검증도 없이 떠도는 낭설이 아니라 분명한 증거와 그 증거를 검증한 자료들이다. 베리칩이 세상에 알려지기 시작한 것은 2001년 12월 19일부터다. 베리칩은 플로리다 팜비치에 소재를 두고 있는 어프라이드 디지털 솔루션(Applied Digital Solutions)이라는 회사가 만든 제품이다. 이 제품은 인터넷을 이용하여 위성을 타고 지구를 돌면서 알려졌다.

미국식품의약청에서 허가서를 발행할 때 명시된 서류를 주목해야 한다. ①."베리칩을 사람의 몸에 넣고 시중에 팔아도 된다(Implantable human body and sell ahead for the VeriChip)"라고 몸에 넣음을 알렸다. ②.사람의 몸에 넣도록 허가서를 발행할 때, "칩을 소비자들에게 넣어서(Chip will be inserting to consumers)"라는 문맥에서 '소비자들(Consumers)'로 명문화시켰다는 점이다. 소비자는 물건을 사는 사람이다.

여기서 베리칩이 매매수단이라는 것을 알렸다. 베리칩을 사람의 몸에 넣는 신분칩으로 ③."식품의약청 은 사람의 몸에 넣는 칩은 베리칩만을 인가한다.(VeriChip was the only Food and Drug Administration approved human implantable microchip)"라고, 베리칩 이외 다른 어떤 마이크로 제품은 사람의 몸에 넣을 수 없다는 것을 명백히 밝혔다. 베리칩을 생산하는 회사는 ④."이는 시장에서 확실한 증명(It was marketed by Positive-ID)"이라고 제품의 이름을 파지티브 아디로 바꾸었다. 그리고 베리칩을 몸에 놓을 부위를 ⑤."오른팔 어깨 관절 아래에서부터 팔꿈치 중간에(the shoulder and elbow area of an individual's right arm)" 넣도록 명시하였다.(61)

정리하면, 마이크로 칩이 많을지라도 사람의 몸에 넣는 칩은 베리칩(VeriChip)만이 허용된 목적은 첫째 범주(Category)에는 사회보장제도로 생산제품, 은행과 고객, 교육과 학생, 직장과 노임, 등에 사회의 모든 부문에 쓰이도록 만들어진 것이 베리칩이다. 둘째 범주에는 건강부문으로 병원과 입원, 입원과 환자, 의사와 치료, 처방과 약국, 치료비와 보험. 등에 쓰이도록 만들어진 것이 베리칩이다. 셋째 범주에는 생산품과 유통, 유통과 소비시장, 시장과 소비자, 소비품과 확인 등에 쓰이도록 만들어진 것이 베리칩이다.

이제는 내가 알고 있는 상식, 나의 인식이 옳은 것인가? 이제 베리칩이 매매수단의 번호표가 아니라고 반대하는 사람들은 귀를 기울여야 할 때가 되었다. 베리칩이 사회적으로 유용한 것일 뿐이지 매매수단으로 쓰이는 번호표가 아니라고 부정하고 반대하는 사람들은 다시 생각해야할 때이다. 마지막 시대를 살고 있는 우리에게 베리칩이 나만의 번호표가 될 수 없다고 잘못 인식하며 반대하는 사람들은 깨달아야 할 때다. "베리칩은 사회적으로 건강을 위해 혜택을 받는 좋은 것이므로 받아야 된다"라고 마귀의 사주로 미혹시키는 사람들은 자신의 뇌신경문제부터 뒤돌아보아야 할 때라는 것을 고민해야 할 것이다. 이처럼 베리칩이 매매수단으로 쓰이도록 과학기술로나 법적으로나 예언적으로 완벽하게 입증되고 있는데도 왜 아니라고 반대해야 했던가를 생각해야 할 것이다.

왜 사람들은 베리칩을 매매수단이 아니라고 하는 것일까? 처음부터 뇌신경과 근육신경으로 전파(Dendrite)되는 전달통로(Synapse)가 항상 부정적인 정보가 뇌신경(Nueron)과 근육신경에 쌓아져 있기 때문에 부정하게 되는 것이다. 이렇게 잘못된 인식이 뇌신경세포에 쌓여져있기 때문이다.[62]

아니라고 부정하는 근본부터 말하면 처음에 뇌신경에서 뇌신경으로 전달되는 시냅스가 어느 방향으로 전달되었느냐에 따라서 인식이 긍정과 부정으로 갈려진다. 이 갈림이 베리칩을 매매수단이라고 긍정하게 되고 아니라고 반대하게 되는 것이다. 다시 말하면 베리칩이 매매수단으로 쓰일 수 없는 것이 아니라, 아니라고 부정하는 사람의 뇌신경통로(시냅스)가 처음부터 아니라는 통로를 만들어 놓았기 때문에 베리칩을 매매수단으로 수용하지 못하는 것이다. 처음부터 나만의 번호표 666에 대하여 상징이라는 뇌신경 통로를 열어 놓았기 때문에 그 사람은 죽는 날까지 666표를 상징이라고 고집하게 된다. 반대하는 사람들은 번호표가 666표이 아니라서 아니라 하는 것이 아니라, 그 사람의 뇌세포에 아니라는 부정이 쌓여져있기 때문에 아니라고 하는 것이다. 이처럼 베리칩이 나만의 번호표도 아니요, 매매수단으로 쓰일 수가 없다고 부정하는 것은 항상 부정적인 시냅스를 통하여 부정하는 정보로 뇌신경에 쌓여있기 때문에 아니라고 반대하게 되는 것이다.

앞으로 사회는 베리칩이 없이는 아무것도 할 수 없는 사회가 된다. 그 근거는 앞에서의 설명대로 국제사회가 제도적으로 규제하기 때문이다. 또한 사회의 모든 분야에 법으로 통제하기 때문이다. 그러면 베리칩이 없으면 물건을 살 수 없는 그때에도 베리칩이 666이 아니라고 반대할 것인가? 자녀들이 베리칩이 없으면 학교에 등교를 못하는 그때에도 아니라고 반대할 것인가? 베리칩이 666이 아니라고 반대하는 사람들은 이것을 생각해 보았는가? 당신이 베리칩이 없으면 은행창구에 접근할 수 없을 그때에도 베리칩이 666표가 아니라고 반대할 것인가? 그렇게 애써 모은 재산도 베리칩이 없으면 다 빼앗기는 그런 때에도 매매수단으로 쓰이는 666표가 아니라고 반대할 것인가?

그것뿐인가? 베리칩이 없으면 지금 살고 있는 집에서 쫓겨나는 그런 때에도 아니라고 베리칩을 받겠는가? 베리칩이 없으면 공공요금을 납부할 수 없어서 전기가 끊겨지고 수돗물이 끊겨지고 가스가 끊겨지는 그런 때에도 아니라고 베리칩을 받겠는가? 영원한 저주는 생각하지 아니하고 육신의 안일과 편리를 위해 그것을 받겠는가? 아니라고 반대하는 사람들은 그런 때에는 어떻게 살 것인가? 집에서 쫓겨나서 거처가 없어지는 그런 때에도 베리칩이 생활에 유익한 것이라고 받을 것인가? 먹을 것을 구할 수 없는 환경이 되었을 때에도 베리칩이 생활에 유익한 것이라고 받을 것인가? 제발 아니라는 잠에서 깨어나야 할 때이다.

6장. 우리는 어떻게 해야 하는가?

 이러한 자료가 공개될 때 우리는 어떻게 생각하고 어떤 반응을 나타내는가? 먼 나라에서나 일어나는 일이라고 생각할 것이다. 또는 세계가 그렇게 되도록 국제사회가 가만히 있지 않을 것이다. 아니면 나는 한국 사람이니 정부에서 그렇게 되도록 두지 않을 것이다. 이처럼 나와는 상관없다고 생각하는 사람이 많을 것이다. 그렇게 인식하고 생각하는 것은 자유다. 그러나 착각은 하지 말아야 한다. 이유는 의제21은 한국정부도 협의에 서명한 협약이고, 이클레이는 한국에서도 활동하고 있기 때문에 한국이라고 예외가 될 수 없다. 그보다 더없이 간사함이 인간의 마음이다.

 오늘도 사회에는 끔찍한 사건들과 나이를 불문하고 납치와 성폭행 사건 등 비정하고 참혹한 사건들이 우리 가슴을 암울케 하지만 그런 사건은 옥에 티일 뿐이다. 옥 속에 티가 끼어있어서 옥이 아닐 수 없는 것처럼, 우리가 부정한다고 세계정부를 위한 인류를 통제하는 제도가 달라질 수는 없는 것이다. 인간 의식에서 인식은 객관적인 대상에서보다도 주관적인 인식여하에 달려있다. 어느 분의 말처럼 아름다운 말과 긍정적인 생각을 표현한 말이 생각난다. "아름다운 장미꽃에 하필이면 사나운 가시가 돋았을까"라고 생각하면, 가까이 접근하려하지 않을 뿐만 아니라 배척하고 밟아 죽이려 한다. 하지만 반대로 생각을 바꾸어서 "아무짝에도 쓸모가 없는 가시나무에 저토록 아름다운 장미꽃이 피어났다"고 생각하면, 오히려 감사하고 감동스러워서 그 장미꽃에 접근하여 더 아름답게 자라게 하려고 물을 주고 거름을 주어서 많은 사람들이 아름다움을 만끽하게 하려한다. 대상에서의 외형적인 아름다움보다 내용을 아름답게 볼 줄 아는 우리들의 마음자세가 더욱 중요하기 때문이다.

이처럼 우리 앞에 세계정치와 사회문제가 어떠하며, 그리고 매매수단으로 쓰이는 칩이라는 구조와 기능과 용도까지 사진으로 보여주고 메시지를 전달하면, 긍정적으로 받아들이지 못하고 부정적인 말을 하고 행동하는 사람들이 장미꽃을 배척하고 짓밟아버리는 행동과 다름이 없을 것이다. 쓸모없고 사나운 가시나무에 핀 장미꽃을 많은 사람들이 접근해서 아름다움과 향기를 만끽하게 하도록 거름을 주고 물을 주어서 자라게 하는 사람처럼, 국제정세와 우리들의 생활에 없어서는 안 되는 베리칩이 어떻게 될 것인지 많은 사람들이 깨닫고 그것을 받지 않도록 알려서 준비시키는 자세가 아름다울 것이다.

우리가 알았건 몰랐건 모든 나라가 유엔 의제21로 세계정부를 만드는 작업에 동참한지 오래되었다. 그리고 의제21을 지속시키기 위해 활동하는 이클레이가 활동하고 있는 현실이다. 나아가서 매매수단에 없어서는 안 되는 나만의 번호표가 되는 베리칩이 활발하게 실시되고 있으며 그것을 받지 않을 수 없게 될 때, 우리는 어떻게 할 것인지를 생각하며 준비를 해야 한다.

유엔에서 지속시키고 있는 의제21로 인한 정치문제와 사회문제는 우리 개개인으로서는 어떻게 피할 방법은 없다. 그리고 식량을 비축할 수도 없고, 여행이 통제당하고, 집까지 빼앗기고, 농사도 짓지 못하게 되는 환경에서 어떻게 할 것인지 생각하고 준비를 해야 한다. 또한 자가용 자동차를 움직일 수 없고, 물도 마음대로 사용할 수 없이 가진 모든 것을 내어놓는 재분배 사회에서 어떻게 살 것인지를 깊이 고민해야 한다. 이러한 일들이 실제로 우리가 살고 있는 곳에서 진행되고 활동하는 것을 직접 그들이 운영하는 사이트 www.icleikorea.org의 '활동현황'에 들어가 보고, 미국에서 반대하는 내용을 대조해 보면 진실과 거짓을 알 수 있다.

그리고 끝내는 시장에서 물건을 사고팔 때 개인에게 요구되는 베리칩이라는 아이디(ID)가 없이는 아무것도 할 수 없는 상황에서 어떻게 할 것인지 생각하고 준비해야 한다. 베리칩을 매매수단으로 쓰기 위해 사람의 몸에 넣는 나라는 미국만이 아니다. 또한 유럽이나 부유한 나라에서만 실시하는 것만도 아니다. 아프리카와 남미에까지 전 세계가 언론에 공개되지 않을지라도 모든 나라에서 실시하고 있다. 이처럼 한국이라고 예외가 될 수 없다.

한국은 2002년부터 베리칩을 수입하여 매년 2만 여명 이상이 베리칩을 몸에 넣고 있다. 그런데 왜 모르는 것일까? 관심을 두지 않기 때문에 모를 뿐이지 진행되지 않은 것은 아니다. 또한 베리칩이 매매수단이 아니라고 거짓으로 속이는 무리들의 유혹에 빠져있기 때문이다. 베리칩이 매매수단이 될 수 없다고 인식하는 것은 그 사람의 마음이니 어쩔 수 없다. 그런데 문제는 자기만 부정하는 것이 아니라 헐뜯는 말과 행동으로 알지 못하게 방해하기 때문이다. 또한 베리칩을 받아서는 안 된다고 알리면 이단이라고 명예스럽지 못한 말로 방해하는 비정한 행위 때문에 사람들은 베리칩에 관한 말만 해도 들으려하지 않기 때문이다. 그리고 받은 사람이 숨기기 때문에 알려지지 않는 것이다. 그러면 이러한 근거와 현실로 실시되고 있는 사실을 어떻게 설명해야 할까? 다음 자료는 2002년 12월 6일 플로리다 산업뉴스의 기사를 살펴보는 것도 좋을 것이다.

한국이라고 예외는 아니다

(계약한 내용)

2002년 12월 6일, 플로리다 상업신문(Florida Business Journal)은 한국이 베리칩을 수입하기로 계약했다고 공개하였다. 첨단기술 제품을 나스닥 주식에 상장시킨 어프라이드 디지털 솔루션(Applied Digital Solutions) 회사는 캘리포니아의 한 무역회사를 통하여 한국과 5년간 마이크로칩 산업시장에 독점판매 계약을 체결했다.(Florida Falm Beach, Applied signs VeriChip distributor for South Kore 12-6 Business Journal-Palm(계약한 내용) Beach technology company Applied Digital Solutions(Nasdaq: ADSX) said its microchip subsidiary has signed an exclusive, five-year deal with a City of Industry, California-based import export firm to distribute its products in South Korea.[1]

베리칩 판매계약에 따르면 한국의 글로벌과학융합기술(Global Integrated Technology-GIT)회사에 베리칩 생산회사가 생산하는 베리칩을 한국 시장에 독점판매권을 허용한 계약서에는 한국에서 판매하도록 했다. "한국의 GIT측은 3개월에 반드시(must) 최소량인 5,000개의 베리칩을 소비해야 된다. 따라서 한국의 GIT는 개인정보를 확인하도록 되어있는 베리칩을 사람의 몸에 넣어야 된다."고 명시하였다.

계약서에는 "GIT는 같은 기간에 칩을 몸에 넣은 사람의 정보를 읽게 하는 스캐너(scanner) 216개도 함께 소비해야 된다."라고 명시되었다.

　기본계약기간은 5년이며, 생산회사는 한국이 정기적으로 최소량의 구매 몫을 기대하기를 한국의 글로벌과학융합기술측이 5년 동안 '최소량(Least)'의 베리칩 75,000개 이상과 7,500개 이상의 감지기(Scanner)를 판매할 것이라고 했다. 한국은 수입된 베리칩은 "받드시(must) 사람의 몸에 넣어야 된다"라고 명시했다. 2003년부터 지금까지 매년 최소 75,000개라면 얼마나 많은 사람들이 베리칩을 받았는지 계산이 될 것이다. 대부분이 의료원에서 칩을 넣고 있는데 그 중에서 산부인과에서 제일 많이 넣고 있다.

　또한 2011년 7월 27일자 한겨레신문에서 S전자가 마련한 새로운 성장전략의 뼈대를 "기존의 정보통신과 가전 사업을 소프트웨어 솔루션 위주로 바꾸어서 부가가치를 높이고, 새로운 성장 동력으로는 의료바이오(MedBio)사업에 집중적으로 육성한다."고 하였다. '의료바이오(VeriMed)'는 베리칩 회사는 '베리칩 메디컬(VeriChip Medical)'이다.

　S전자는 2020년 창립 40주년을 맞아 이러한 내용이 담긴 '비전 2020'을 마련하고 추진하고 있다고 하였다. 이를 통해 2020년쯤에는 기존의 정보통신과 가전분야는 물론이고, 의료바이오 쪽에서도 세계 1등이 되겠다는 것이 S전자의 목표이다. S전자가 새로운 성장 동력으로 의료바이오 쪽을 선택한 것은 선진국 문턱에 들어서게 되면 의료바이오 기계와 서비스에 대한 수요가 지금보다 훨씬 더 커진다는 판단이다. 이는 칩을 넣는 기기와 업무의 수요가 커진다고 판단했기 때문이다.

흥미로운 점은 S전자가 새로운 성장 동력으로 추진 중인 의료바이오 사업과 관련해서 사업영역을 특정품목으로 한정하는 것이 아니라 '삶의 질 향상'으로 잡고 있다는 것이다. 이른바 삶의 질을 향상시킴에 관련된 솔루션이 모든 사업영역이 될 수 있다는 뜻이다. S전자가 건강의료장비(Health & Medical Equipment-HME) 사업팀을 꾸린 것도 이와 무관하지는 않다. 이 팀에서는 사람의 몸속에 넣어서 실시간으로 몸 상태정보를 수집하는 의료기기(바이오칩)와 스마트폰을 통해 원격의료 서비스를 제공하는 'U-Health' 같은 분야를 중심으로 사업을 펼칠 예정이라고 한다. 이 부분에서 칩을 암시하고 있다. 왜냐하면 사람의 피부 속에 칩을 넣어서 환자의 상태를 점검하는 칩은 오직 128-DNA 코드가 들어있는 베리칩 뿐이기 때문이다.

의료기기 쪽에서는 이미 혈액검사를 내놓았다. 메디슨을 인수해 초음파 장비시장에도 진출했다. S전자는 최근에 자기공명영상(Magnetic Resonance Imaging-MRI) 스캐너와 엑스레이 장비전문업체 인수를 추진하고 있다고 밝히기도 하였다. 이미 이러한 분야에서 앞선 기술을 가진 전문 업체 몇 곳을 골라서 접촉하고 있는 것으로 알려지고 있다. S전자 관계자는 '자기공명영상, X-Ray 장비분야에서 모두 세계1등이 되는 것이 목표'라며 앞으로는 'S사의 상표가 붙은 의료기계를 출시할 수 있을 것'이라고 밝혔다. 결국에는 S전자가 수익금을 기업을 운영해 나가게 될 것이라는 해석이다.

놀라지 말자. 2004년에 한국은 베리칩 회사로부터 '판매우수상'을 받았다고 한다. 세계에서 제일 많이 칩을 넣었다는 결론이다. 한국에서만 지난 10년 동안 이렇게 많은 사람들이 베리칩을 몸에 넣었는데 어째서 알려지지 않는가? 받은 사람들이 입을 다물고 숨기기 때문에 알려지지 않았을 뿐이다. 통계에 따르면 베리칩을 몸에 넣은 사람들의 유형을 보면 산부인과를 찾은 여성들이 제일 많았다고 한다. 그것은 피임을 위해서라고 한다. 젊은 층에서는 일찍 자녀를 낳기보다 좀 더 젊음을 만끽하려하기 때문이라 하였다. 젊은 나이에 가정에 붙잡혀 있지 않으려는 인식이라 하게 된다. 다음은 음란한 세태에서 성을 즐기기 위해서이고, 성매매행위에 효과적이라 한다. 그리고 치매환자 등에게 많았다. 그것을 입증하는 또 다른 증거가 이것이다.

베리칩을 판매한 정보에는 한국에서 2004년 한 해에 40,000 여명 이상이 베리칩을 넣은 것으로 파악되었다. 이것이 우수판매상을 받게 되었을 것이다. 한국 전역을 집회를 다니면서 칩을 받았다는 사람들을 여러 명 만났다. 받은 사람들 중에는 치매환자, 고혈압 등으로 고생하는 사람들이 많았다. 그와는 반대로 여성들의 수가 더 많았고 직접 상담을 요청하는 사례도 있었다.

그동안 공중파 방송에서 여러 차례 방영하였다. 그런데도 한국에서는 이러한 사실을 모르고 있는 것인지 아니면 알면서도 억지로 숨기는 것인지 모를 일이다. 그러나 분명한 가장 큰 이유는 한국사회가 이것을 은폐하기 위해 알려지지 못하게 방해하기 때문이다. 알리지 못하게 가장 강하게 방해하는 곳이 교계라는 곳이다. 방해하는 그들이 베리칩의 구조나 기능, 그리고 쓰이는 용도를 알고 방해하는 것이 아니다. 아무것도 모르고 조직이라는 대세에 편승하고 반대하는 것이다. 반대만이 아니라 베리칩이 매매수단으로 쓰이는 번호표라고 입도 열지 못하게 하기 때문이다.

다음은 이러한 정서로 인하여 자신이 받았다고 떳떳하게 밝힐 수 없기 때문이다. 또한 베리칩을 몸에 넣는 사람들 대부분의 여성들은 올바른 목적을 위한 것이 아니기 때문에 그 숫자를 알지 못하는 것이다. 여성들의 경우에는 다단계 사업처럼 활동한 사람이 다섯 명을 추천하면 리베이트라는 수입을 위해 행동하였다. 그것은 베리칩 회사에서 홍보하는 판매광고 영상에 나타난 한국인 여성의 모습은 지금도 생생하게 기억에 남아있다.

2003년 6월 10일, NBC뉴스 시간에 앵커 마이클 라저(Michael Rogers)는 '인터넷의 물건(As Internet of Things)'이라는 큰제목 다음에 부제로써 "최근에 라디오 무선주파수 신분 칩은 정확한 과학기술이 적 그리스도의 도구로써 어느 날 수억 생명을 죽이는 짐승의 표로 이어질 것인가?(Is RFID the mark of Satan, a tool for Big Brother, or just a technology that could someday connect a billion inanimate objects to the web?)"라고 한 다음에 계속하여 "항상 새로운 형태로 발전하는 과학기술이 우리들의 삶에 매일 몰래 접근하고 있으며, 세계는 이것이 없이는 살수 없는 날이 갑작이 올 것이다.(Often the technologies that reshape daily life sneak up on us, until suddenly one day it's hard to imagine a world without them)"라고 하였다. 계속하여 "주입식 칩은 확실히 기독교 신자들을 자극시킬 수 있는 일은 반드시 일어난다. 주로 신실한 신자들은 누구든지 이것이 요한계시록에 예언된 사단의 사상인 '짐승의 표'로 믿는다. 더 나아가서 관심을 갖게 되는 것은 개인의 사생활문제가 될 것이다. 벌써 칩은 사회적인 문제로 대두되고 있다. 한 가지 예를 든다면, 개인을 추적하는데 사용될 것이다. 그리고 노골적으로 악의적인 감시에 열광을 내는 세계정부경찰에 강압적인 힘이 될 것이다. 당신은 어떻게 생각하는가? 이 칩이 당신의 장래, 그리고 이것이 좋은 것인가? 나쁜 것인가?"라고 질문하였다.[2]

이 질문에는 그리스도를 믿던 안 믿던 상관없이 누구나 다 대답해야 할 질문이다. 베리칩은 종교적인 문제가 아니라 인간의 영혼문제이기 때문에다. 이처럼 국제사회는 베리칩을 666표로서 매매수단이 된다고 확신하며 미디어를 통하여 공개적으로 경고하고 있다. 그런데 한국에서는 이것을 부정하는 실정이라 한다. 부정하는 사람들의 말을 들어보면 내용자체를 정확하게 알지 못할 뿐만 아니라, 부정하는 사람들은 근거도 없이 막연하게 남들이 말하는 설을 듣고 추론에 치우칠 뿐이다.

지금은 어떻게 할 것인가를 생각할 때이지 666표가 된다, 안 된다 할 때가 아니다. 그리고 '나는 베리칩이 어떤 역할을 하는지 잘 알고 있는가?'라고 한번쯤은 생각해 보아야 할 때다. 어프라이드 디지털 솔루션의 홍보물이나 문서들에는 위성(GPS)을 활용하여 사람을 찾아내고 추적된다고 했다. 그리고 환자들의 고통을 들어주기 위해 병원에서는 사람의 염기를 조율시켜서 치유한다고 하였다. 앞으로는 돈이 없어질 것이라고 인터넷매체에서 보도하고 있다. 이러한 결과는 우리 개인으로서는 어떻게 할 수 없다.

베리칩을 판매하는 회사의 발표에 따르면 환자와 베리칩과 연결시설이 준비된 병원 당국이 전국적으로 완료한지가지 오래다. 병원당국은 환자를 위한 베리칩 시설을 위해 미국의 모든 의과대학 응급처리 정기총회에서 가입되었다고 발표하였다. 이제 가입된 숫자의 병원들은 추가시키면 베리칩 시설을 갖춘 병원은 대대분의 도시에 있다. 이제는 체인점 소비시장과 학교, 약국으로 확산되고 있다. 모두 네트워크협정에 가입됨으로 인하여 목표치를 초월했다고 하였다. 그리고 연방정부공무원들의 훈련프로그램(Federal employee management application training program)으로 훈련을 시켜왔다. 그 훈련은 추적에 중점을 두기 위해 베리칩을 활용하고 있다고 하였다.

병원, 의료원에서

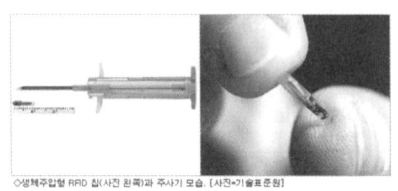

◇생체주입형 RFID 칩(사진 왼쪽)과 주사기 모습. [사진=기술표준원]

2002년 3월 13일자 동아일보는 삼성의료원에 따르면 '30억 염기 중의 단 한 개가 인간의 유전운명을 좌우'라는 제목에서 '노인치매 DNA분석'에 대한 보고서를 내놓았다. 아직도 해결하지 못하는 질병에 대한 보고서를 내놓았다. 아직도 해결하지 못하는 질병에 대한 과학적 도전은 끝이 없다는 삼성의료원 유전자 클리닉 김종원 박사가 보고서를 내놓았다.

김박사는 최근 노인성 치매환인 박○○씨(65)의 DNA를 분석했다. 분석대상은 치매와 관련성이 깊은 제9번 염색체의 APOE유전자였다고 하였다. 김 박사는 분석한 결과는 하루 만에 나왔고 의료진의 예상한대로 박씨의 유전자는 보통사람과 염기 하나가 다르게 나왔다고 하였다. 이 유전자의 484번째 염기가 보통사람은 '시토신(Cytosine)'이지만 박씨는 '티민(Thymine)'였다. 박씨처럼 APOE 유전자의 글자하나가 티민으로 바뀐 사람 은 한국인 가운데 9%정도다. 삼성의료원 김종원 박사(임상병리)는 박씨처럼 부호 한 두개가 바꾸어져서 유전적운명이 달라지는 것을 단일염기변이(SNP)라고 했다.[3]

모든 사람은 DNA가 99.9%가 같다. 30억 개의 염기가운데 01% 즉 300만개의 염기가 사람마다 다르다. 바로 이것이 눈과 피부색, 인종, 생김새, 체질, 질병의 감수성의 차이점을 만든다. 면서 성공적인 치료결과를 발표한 바가 있다. 이처럼 베리칩으로서 사람 의 세포를 자유자재로 원하는 대로 바꾸고 있다. 지금 병원에서 당뇨병환자들을 치료하는 것도 이 베리칩으로서 유전자세포를 바꾸기 때문이다. 여성들의 임신을 조정하는 배 란세포를 조정하여 임신자체를 컨트롤되고 있다. 그것도 DNA128개 전체가 아니라 32개로 세포를 바꾸고 있다.

그렇다면 나머지 남아있는 DNA 96개를 합하여 DNA 128개 전체를 활동시킨다면 인간의 모든 세포를 다 바꾸지 않겠는가. 세계정부 통치자가 원하는대로 칩을 받은 사람의 세포를 바꾸어서 복종하도록 할 것이다. 그래서 성경은 "표를 받는 사람은 '누구든지' 밤낮 쉼을 얻지 못하리라" 할 때, '누구든지'를 강조하고 있음을 명심해야 한다. 누구든지 라는 단어는 베리칩이 666표가 아니라고 반대하는 사람도 해당된다. 누구든지 라는 단어는 베리칩이 666표라고 인정하는 사람에게도 해당되는 단어이다. 어느 누구를 막론하고 베리칩을 받으면 그는 영원한 지옥불로 간다고 경고하였다. 이런데도 베리칩의 기능이 멈춘다고 고집할 것인가.

2012년 10월 7일자 국민일보에 나온 K장로의 인터뷰 기사는 "국내의 모 재벌기업이 전 세계의 생산을 준비하고 있다고 하였는데, 그 기업이 바로 S전자라는 소식을 접했다. 원래는 LG와 함께 경쟁에 들어갔는데 결국 S전자가 지난 6월에 따냈다고 한다. 전 세계에서 베리칩 생산에 가장적합하다는 평가를 우리나라 기업이 받았다고 하는데, 8,000만개라면 다음해에 실행을 하는 것 같다. 이 소식은 S회사

내부에서 나온 소식이고 믿어도 된다."라고 보도하였다. 이 내용은 S전자가 베리칩을 만들어서 미국에 납품할 것이며 2013년 중으로 8,000만개를 납품할 예정이라고 하였다. 앞으로도 계속하여 생산되는 이 많은 베리칩을 어디에 쓰일지를 생각해야 보아야 한다.

128개 중에서 나머지 96개

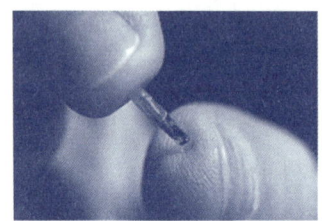

앞에서 말한 베리칩이라는 캡슐에는 16자리 디지털엔젤(Digital Angel)코드와 128개 DNA Code가 인간에게는 중요한 역할을 한다. 위성을 이용하여 추적과 감시하는 정보를 데이터베이스로 전송받아서 모든 정보를 확인하고 시행하는데 쓰인다. 이러한 정보는 캡슐에 들어있는 디지털엔젤로 위치추적위성과 송수신되어 사무실에 있는 데이터베이스로 연결된다. 유엔 의제21에서 이 기능이 추적과 감시(Surveillance)라고 하였다.[4]

또한 '사람의 건강을 위한 치료' 문제를 다루고 있다. 그리고 컴퓨터를 이용하여 '생체기술'로 사람의 건강을 확인할 때 DNA를 활용한다고 하였다. 이는 다른 나라에서도 그러하듯이 미국은 2010년에 이미 사회보장제도 틀에서 건강보험법을 통과시켜 놓았다. 그리고 그 일을 2017년 이전까지 모든 분야에서 끝낸다고 발표하였다.

인간의 몸에 있는 3백만 개의 세포를 조율하는데 쓰이는 것이 DNA 코드 128개다. 여기서 중요하게 살펴보아야 할 부분은 128개에서 32개와 96개로 나누어서 사용되고 있다는 점이다. 96개 코드는 사람의 생각과 마음을 움직이는데 뇌신경세포(nueron) 계통에 쓰인다고 한다. 그리고 병원, 의료원 등에서 의사들이 환자를 치료할 때 128개의 코드 전체를 사용하는 것이 아니라 32개의 코드를 사용하고 있다. 그렇다면 이 32개로서 사람의 체질을 바꾸어서 병을 치료한 객관적인 증거가 있는 것인가?

지금 베리칩을 사용해서 병을 치유하도록 미국국회에서 법(Congress' Full 2012 plate; 'The Doc. Fix,' The health law and automatic cuts Kaiser health)으로 개정(reform)한 것이 베리칩이 666표임을 입증하는 것이다.(5) 따라서 베리칩은 오래전부터 사람의 육신을 총괄하도록 만들어졌기 때문에 에니악(ENIAC)산출법으로 디지털 컴퓨터 코드의 합산이 666이다.

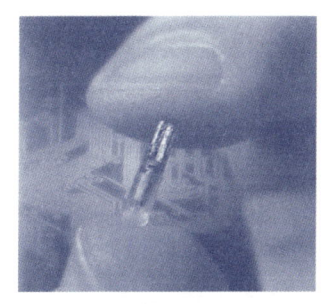

2001년 12월 19일에 플로리다 팜비치에 있는 어프라이드 디지털 솔루션 회사가 인터넷을 통하여 사람의 몸에 넣어서 신분확인과 함께 의료와 보안과 추적, 그리고 응급상황 등 다양한 용도로 쓰이도록 아주 작게 만들어진 제품을 소개하면서 세상에 알려진 것이 베리칩이다. 이것이 공개된 이유는 발표에 앞서 9.11사건이(2001년 9월 11일. 테러공격으로 무역센터 건물이 무너지던 날짜) 일어난 즉시 외교협의회가 정부에 압력을 넣어서 발표하게 한 것이라 한다. 다시 말하면 국영사업이기에 정부로부터 공개하도록 한 것이다. 그것은 인간의 몸에 넣어지는 베리칩은 에너지자원부가 40년간 재정을 투입해서 만든 제품이다. 따라서 베리칩을 생산하는 어프라이드 디지털 솔루션 회사는 국영사업이지 사람들이 인식하는 것처럼 민간사업이 아니다.

2002년 3월 11일 Time's는 "인류역사상 최초로 베리칩을 몸에 넣는 사건이 시작되었다"고 하였다. 플로리다 보카 라톤(Boca Raton, Florida)에 살고 있는 데릭 제콥스(Derek Jacobs)와 그의 가족들이 칩을 넣는 기사로 사람들에게 베리칩이 알려졌다. 처음으로 세계에 알려지게 된 것은 2001년 12월 19일에 생산회사가 알린 것이 처음이다.[6] 이에 앞서 월드넷 데일리(WorldNetDaily)가 공개한 후에, 영국 전자두뇌회사(Electronic Telegraph)에서는 영혼을 사로잡는 컴퓨터칩(Soul catcher' computer chip due)이라는 제목으로 알렸다. 같은 해 대중과학(Popular's science)은 '사람과 기계'라는 제목으로 베리칩이 어떤 역할을 할 것인지를 알렸다.

그리고 2002년 5월 10일에 NBC방송에서 방영되면서 세상을 떠들썩하게 했던 아들 데렉(Derek), 그의 어머니 레슬리(Leslie)와 그의 아버지 제프리 재콥스(Jeffrey Jacobs) 한 가족이 최초로 베리칩을 몸에 넣는 영상을 화면으로 방영했다.[7] 많은 전자공학 학자들은 "베리칩이 앞으로 성경에 예언된 666표로서 사람의 몸에 넣어서 영혼은 사로잡는 것은 물론이고 죽이는 무서운 물건이 될 것"이라고 하였다.

1997년 5월 13일, 어프라이드 디지털 솔루션회사는 미국정부로부터 '사람을 추적하고 찾아내는 것'을 특허 제 5,629,678호를 받았다.[8] 무선으로 받을 수 있는 아주 작은 디지털이 들어있는 것이 사람에게 넣어진다. 그리고 위치추적위성을 이용하여 추적하며 추적에 관련된 정보는 헤아릴 수 없을 정도로 많다. 그 중에서도 베리칩 캡슐 안에 넣어지는 추적용 제품을 생산하는 디지털 엔젤 회사가 발표한 것이 제일 정확하다. 그리고 제품에 대하여 디지털엔젤 회사는 제품의 기능을 다음과 같이 설명하였다.[9]

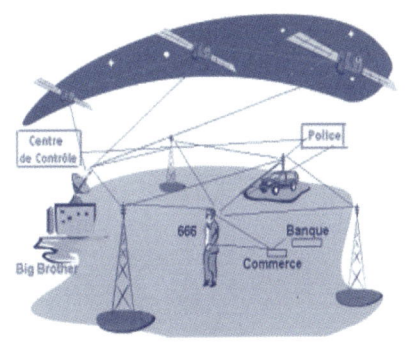

신원확인 항목(Asset Identification) → 누구며 무엇인가?(Who or what are you?)
위치확인 항목(Asset Location Tracking) → 어디에 있는가?(Where are You?)
상황파악 항목(Asset Condition Monitoring) → 상태는 어떤가?(How are You?)
정보제공 항목(Asset Messaging) → 도움이나 정보를 원하는가?(Need or information?)

    16-코드인 디지털 엔젤은 무선주파 위치추적위성(GPS), 감지기가 포함되어있다. 그리고 지상정보 저장소를 통하여 어느 누구일지라도 그 사람이 있는 위치를 끊임없이 정보와 함께 추적된다. 베리칩 생산을 총괄하는 어프라이드 디지털 솔루션회사가 정부에 특허신청에서 자사의 제품인 베리칩은 사람이 어디에 있든지 위치추적위성으로 추적되며, 128-코드로서 사람의 병을 치유한다고 발표하였다. 그러므로 추측이나 남의 말만 듣고 베리칩 안에 128-코드가 없다거나, 666 표가 아니라고 말하는 사람들의 미혹에 속지 말아야 한다.

    앞에서 베리칩이라는 캡슐에 들어 있는 유전자 코드 128개 중에서 32개로서 사람의 병을 치유한다고 한다. 그리고 16자리 디지털 코드로서 위치를 추적하고 나아가서 감시까지 한다. 선진국에서 연구해왔던 프로젝트 중에서 미국은 지난 40년 동안 에너지자원부가 지원하면서 이 부분에 상당한 투자로 사람몸 안에 있는 인간유전자

(DNA)의 근본 뿌리에서 찾아낸 것이 DNA 128-코드이다. 이날을 오늘의 개가라고 클린턴 대통령은 인간유전자지도를 발표하던 날 '유전자공학의 연구와 컴퓨터 기술이라' 하였다. 그리고 클린턴은 인간유전자지도를 발표하던 날인 2000년 6월 26일을 '세기의 날' 로 선포하였다.(10)

2004년 2월 4일 '월드넷 데일리' 보고에 따르면, 그해 7월에 통상부장관 노르맨 미네타가 새로 개발된 128-코드를 16자리 코드와 함께 넣을 것을 건의했고, 클린턴 대통령은 그것을 베리칩 생산회사 최고경영자 리처드 설리반(Richard Sullivan) 박사에게 지시해서 유전자코드가 넣어지게 되었는데, 이것이 '미네타 인클류션(Mineta Inclusion)'이다. 베리칩은 정부가 투자하고 정부가 베리칩 생산회사에 위탁 생산 하는 사업이다. 미네타 인크류션이라는 말의 숨겨진 뜻은 128개의 DNA-코드를 16자리 코드인 일연번호(Serial Number)와 함께 캡슐에 넣음에 관한 감추어진 말이다.(11)

세계를 하나로 만들어서 독재통치를 갈망하는 무리들은 앞으로 인간유전자코드를 역으로 이용할 것이다. 이미 1994년 9월 18일, 당시 통상부장관이던 미키 캔토(Mickey Kantor)가 무역관세협정 회의를 앞두고 이것으로 세계에서 주도권을 장악할 수 있다고 하였다.(12)

인간에게 노예정책을 쓸 때, 개개인에게 다르게 나타나는 3백만 개의 세포(유전자)를 바꾸는 일이고 16-Code는 성경에서 말하는 666 표 또는 짐승의 이름이라고 일컫는 개인에게 부여하게 될 번호라는 것이다. 이는 인간이 출생될 때 하나님이 주신 유전자를 지워버리고 그들의 명령체제에 따르도록 작성된 유전자코드로 바꾸게 된다는 것이다.

삼각통치(TC)를 만드는데 주역을 담당했던 지비뉴 브르제진스키(Zbignew Brzezinski)는 콜롬비아 대학교 교수로 있을 때 자신의 논문 '두 시대 사이'에서 '인간은 성숙된 생명을 유지하려고 창조적인 재연의 활동을 전개시키는 것은 인간이 창조주를 이겼다고 확신하는 것'이라 하였다.(13) 인간은 태어날 때 창조주의 성품을 닮게 하였고, 그리스도 안에서 선하게 살도록 하였다. 그런 인간들이 문명의 발달과 시대의 흐름에 따르는 과학으로 악한 방법을 모색하는 것이 성숙된 생명을 죽음에서 연장시키려는 활동이 인간유전자코드를 만들게 된 것이다.

세계정부를 갈망하는 세력들은 창조주가 만들어 놓은 사람의 육체에 넣어지는 캡슐 안에 있는 16-코드는 일연번호와 128-코드라고 하는 DNA-코드이다. DNA 128-코드로서 창조주가 인간에게 주신 유전자를 세계정부통치자를 섬기도록 바꾸어지게 하는 것이 666표가 되는 것이다. 그들은 30억개 인간의 유전자 중에서 창조주가 매 사람마다 다르게 만들어 놓은 300만개로(14) 세계정부통치자를 섬기도록 작성한 코드로 바꾸면 되는 것이다.

인간이란 창조주를 섬기며 자유롭게 삶을 영위하도록 태어난 존재이다. 그러한 인간이 창조주를 대적하고 대신에 세계정부통치자를 섬기면서 그에게 찬양하게 된다. 그가 누구이든 베리칩을 받으면 인간은 사이보그(반은 사람, 반은 기계)가 되는 것이다.(15) 그러므로 인간 몸에서 흐르는 인간유전자를 바꾸는 것은 인류를 파멸로 몰아넣는 결과를 가져오게 된다. 이것을 세뇌 또는 전향이라 한다.

창조주가 준 인간 본래의 마음을 지워버리고 세계정부통치자의 뜻대로 움직이도록 하려는 무서운 일이 666제도다. 그런데도 많은 사람들이 666표는 상징이라 한다. 심판 주는 666표라는 베리칩으로 모든 사람들의 믿음을 측정하는 도구로 사용하시는 것이다. 666표는 이미 나타났다. 많은 사람들이 이미 받고 있기 때문이다. 더러는 예수 믿는 교인들은 대환난전에 다 휴거되므로 그런 것은 몰라도 된다고 한다. 그렇지 않다. 그리스도의 강림이전에 베리칩이 매매수단으로 시작된다. 따라서 베리칩은 믿음을 측정할 때 그것을 받는 사람은 영광의 대열에 탈락되는 사람들은 환난에 남겨진다. 그것은 요한계시록 16장으로 넘어가면 대접재앙으로 진노할 때, 진노를 받는 대상은 666표를 받고 세계정부통치자에게 굴복하는 사람들로 묘사되고 있다. 육신은 불로 태움을 당하고 영은 유황으로 타는 불 못으로 들어간다고 경고한다. 그런데도 상관이 없고 상징이고 매매수단이 아니라고 하겠는가?

강대국들이 그램스 전략(Gram's Strategy)으로 세계를 지배하려고 했으나 실패하였다. 그러나 미국은 그들처럼 몸 밖에서 찾으려고 연구한 것이 아니다. 덴마크 사람 '한스 그람'이 체계화시킨 염색체 이론을 연구하기 시작한 것이 1960년대부터였다. 미국은 국가차원으로 에너지자원부가 지원하면서 마지막으로 사업자로 선정된 회사에서 개발한 것이 12자리 칩에서 16자리 코드(Digital Angel)로 발전시킨 것이 바이오 코드다. 그리고 다른 한 가지는 사람의 세포를 조율하는 128-DNA 코드이다.

유전자정보지에 따르면 이제까지 수 만개의 유전자가 발견되었으며 각 유전자의 성격이 규명되었다고 한다. 인간이란 바로 유전자의 상호작용에 의해서 형성된 존재라 한다. 인간은 '디옥시리보핵산(Deoxyribo nucleic acid-DNA)'으로 되어있다. DNA는 한 개의 단백질이 수천 개씩 합쳐서 세포의 조직과 기관을 이루어서 마침내 인간이란 몸 전체의 조직을 이룬다고 한다.

생각이 바꿔져야 한다

인간의 뇌는 최소한 100억개 이상의 '뇌신경세포(Nueron)'가 있다고 한다. '뇌신경세포체(Nueron body)' 하나에는 뇌신경세포가 있고, 세포체에서 뇌신경세포로 전파하는 신호는 '수상돌기(dendrite)'와 근육세포로 전파하는 신호는 '축삭돌기(axon)'로 이루어진다. 이것이 사람의 마음을 움직이는 최초의 단계인 뇌기능이다. 수상돌기라는 용어는 헬라어 '덴드론($\delta \varepsilon \nu \delta \rho o \nu$)'에서 번역됐다. 수상돌기는 뇌세포체로부터 신호(정보)를 받아서 다른 뇌신경세포로 전송하는 전파를 말한다. 이렇게 뇌신경세포로 전송하는 전파를 수상돌기라 하고, 몸 신경근육과 땀샘으로 정보를 전송하는 축을 축삭돌기라 한다.[16]

뇌신경세포에서 다른 뇌신경세포로 신호를 전달받기 위한 연결지점에서 연결지점으로 넘겨지는 통로를 시냅스(synapse)라 한다. 시냅스는 모든 메모리를 전달하는 기억역할이다. 시냅스는 뇌신경세포들이 끊임없이 다른 뇌신경세포로 정보를 교환할 때 통로를 만들어서 정보를 주고받는 뇌신경세포말단에 있다. 정보교환은 뇌신경 전달물질(전파)을 통해 수상돌기와 축삭돌기로 이루어진다. 하나의 뇌신경세포는 한 개의 축삭돌기와 1,000개~10,000개의 수상돌기를 가지고 있다. 따라서 뇌신경세포가 100억개라고 하면, 10조에서 100조개의 시냅스가 있는 것이다. 뇌신경세포는 전파를 시냅스를 통해서 다른 뇌신경세포와 연결되는데 이 뇌신경세포에 각종 정보가 입력된다. 시냅스는 뇌신경세포들 간에 자유롭게 정보교환을 위한 다리역할을 해주는 통로다. 그것이 바로 사람의 생각과 마음이 작동하는 기본적인 심리과정(mechanism)이다.[17]

사람이 즐거운 감정, 화나는 감정, 슬픈 감정, 긍정적으로 생각하고, 부정적으로 생각하고, 머리를 써서 문제를 해결하는 지능은 언어로 통해서 자신의 마음을 나타낸다. 이러한 것들의 의식을 모두 합한 것이 마음이다. 의식은 자신이 무엇을 하고 있는지 아는 것, 자기와 다른 사람과의 관계, 자아의 개념 등 추상적인 것을 포함해서 뇌 속에서 벌어진 모든 정신활동은 시냅스 작용의 결과물이다. 특히 인간은 생각하는 것을 생각할 수 있도록 하는 희귀한 능력을 가지고 있다. 꼬집거나 맞으면 아픔을 느끼고, 때로는 비명소리도 나온다. 아주 순간적인 일이지만 이러한 모든 정보는 시냅스의 작동에서 이루어지는 것이다. 공부를 한다는 것은 눈으로 들러온 책 속의 정보들을 뇌신경세포들이 시냅스를 통해 처리하게 된다. 사랑하는 것 역시 시냅스의 작용이다. 우리의 모든 정신활동(마음)은 뉴런과 시냅스 간의 작용이다. 표정은 감정을 담고 감정은 마음을 보여주는 신호다. 그 감정도 시냅스의 작용이다. 우리의 마음에서 만들어지는 시냅스에서는 전기신호가 뇌신경전달물질을 주고받는 화학신호로 바꾸어진다. 이러한 뇌신경전달물질이 뇌세포의 작용에 의해 특수한 액즙을 만들어서 밀어내는 분비량에 따라 마음이 달라진다. 시냅스가 많이 분비되거나 적정량이하로 분비물을 만들어서 밀어내면 정신적으로 문제로 인하여 극단적으로 생각하고 궁리하다가 행동으로 움직이거나 정신적으로 문제를 일으키게 되는 것이다.

뇌신경과학자들은 사람이 뇌가 없다면 마음도 없다고 하였다. 그렇기에 뇌 속에 있는 시냅스의 연결을 바꾸면 마음도 바꾸어진다는 실험결과를 발표하였다. 세계적인 두 뇌과학자요 예일대학 의과대학 신경생리학 교수였던 호세 델가도(Jose M. Delgado)[18] 박사는 1950년대부터 여러 종류의 동물머리에 칩을 넣고 뇌를 자극해서 생각과 마음을 바꾸는 실험을 했던 주인공이다. 실험을 성공하였다. 그의 성공은 인간의 뇌가 어떻게 작용하는지 알아냈고 알아낸 결과는 "사람도 뇌신경을 자극해서 생각과 마음을 바꿀 수 있는데 뇌신경을 자극시킬 수 있는 것이 칩"이라고 하였다.

이처럼 사람은 무엇을 보거나 듣거나 접촉하는 순간에 뇌신경으로 전달되는 내용은 수상돌기로 뇌신경세포로 전달시키는 두 가지 기능으로 작용된다. 한 가지는 무엇을 보거나 듣거나 접촉할 때 시냅스가 '긍정적으로 뇌세포로 전달하는 수상돌기'와, 다른 하나는 무 엇을 보거나 듣거나 접촉할 때 시냅스가 '부정적으로 뇌세포로 전달하는 수상돌기' 두 가지 다른 반응을 나타내게 된다. 뇌신경세포와 세포 사이를 연결시켜주는 시냅스는 긍정과 부정으로 가려서 전달한다. 뉴런과 뉴런 사이를 넘어가는 시냅스가 한번 긍정적인통로를 열어주면 그런 일의 방향을 계속해서 긍정적으로 생각하게 된다. 그러나 반대로 시냅스가 부정적으로 통로를 열어주면 계속해서 부정적으로 생각하게 된다.

예를 든다면, 한 사람은 자기가 연구하는 업종이 선박건조분야에 대하여 시냅스가 가능하다는 통로를 열어놓으면 그 사람은 쇠를 녹여서 배를 만들려고 노력한다. 그리고 같은 업종의 종사자들의 의견을 긍정적으로 받아들이고 자신이 연구하는 것과 비교하면서 연구하게 된다. 반대로 다른 한 사람은 농사일을 하기 때문에 쇠를 녹여서 배를 만든다는 말을 들었을 때 부정하게 된다. 무거운 쇠가 물에 떠다닌다는 것은 불가능하다고 시냅스는 부정적인 통로를 열어놓게 된다. 그리고 그 후부터는 그것을 받아들이지 않는 것은 그 사람의 뉴런이 부정적인 생각으로 가득 차 있기 때문이다. 그러나 먼 훗날에 쇠로 만들진 배는 물에 가라앉지 않고 넓은 대양을 운행한다. 이럴 때 부정했던 사람의 시냅스를 바꾸면 그 사람도 긍정적인 사람이 되고, 바꾸지 않으면 물에 가라앉지 않은 배를 보면서도 또 다른 부정이란 변증을 하는 것이다. 그렇게 될 때 이런 사람은 구제할 방법이 없게 된다. 이처럼 666표라는 베리칩에 대하여 긍정과 부정하는 것도 같은 원리라고 본다.

결론부터 말하면 처음에 뉴런에서 뉴런으로 전달되는 시냅스가 어떻게 전달했느냐에 따라서 긍정과 부정으로 나누인다. 이것이 베리칩을 매매수단이라고 긍정하게 되고 아니라고 반대하게 되는 것이다. 다시 말하면 베리칩이 매매수단으로 쓰이지 않는 것이 아니라, 아니라고 부정하는 사람의 시냅스가 처음부터 아니라는 뉴런의 통로를 만들어 놓았기 때문에 베리칩을 매매수단으로 수용하지 못하는 것이다. 처음부터 잘못된 인식으로 666표에 대하여 뉴런의 통로를 상징이라는 통로를 시냅스가 열어놓았기 때문에 그 사람은 죽는 날까지 666표는 상징이라고 고집하게 된다. 베리칩이 666표가 되지 않아서가 아니라, 아니라고 생각하는 사람의 뇌세포에 아니라는 부정이 쌓인 것이 문제인 것이다. 이처럼 베리칩이 666표도 아니요, 매매수단도 아니라고 부정하는 것은 전파가 항상 부정적인 통로로 전달되어져서 아니라는 세포액즙이 뇌신경세포에 쌓여있기 때문이다.

처음부터 상징으로만 고집해 왔었던 666표가 실체로 나타난 베리칩으로 확인되었어도 아니라는 부정이 쌓여있는 즙의 전파는 부정하는 통로로만 찾아가기 때문에 베리칩을 666표로 수용하지 못하는 것이다. 또 부정하는 즙의 다른 전파는 근육신경으로 전파되어서 입술과 혀라는 근육을 움직인다. 이것이 베리칩이 666표가 아니라고 입으로 말하게 되는 것이다. 그래서 사람은 자기가 생각하는 대로 말하게 되고 행동하는 것이다.

성서에서 말하는 666표가 매매수단으로 쓰일지라도 자신의 뇌신경에 쌓여진 상징이라는 인식으로 인하여 666표가 상징이라고 말하는 것이 아니라, 처음부터 상징이란 뇌신경 즙으로 쌓여있기 때문에 상징이라고 말하는 것이다. 이처럼 매매수단으로 나타난 베리칩이 666표가 안 되어서 아니어서 아니라고 말하는 것이 나니라, 처음부터 아니라 는 뇌신경 즙이 쌓여있기 때문에 베리칩은 666표가 될 수 없고 나아가서 매매수단으로 쓰일지라도 상징이라고 말하는 것이다. 문제는 그것이 옳든 틀렸든 자신이 어떤 인식으로 살았는지 그 사람의 인식으로 인하여 영원한 삶과 멸망으로 갈려진다는 점이다.

우리가 매매수단으로 쓰이는 베리칩이 666표가 아니라고 부정할지라도 세계정부가 매매수단으로 쓰도록 법으로 규정한 사실은 변하지 않는다. 또한 마음에 들지 않고 매매수단으로 쓰이는 것을 싫어할지라도 유엔 의제21에는 베리칩을 매매수단으로 쓰도록 규정한 법은 바꾸어지지 않는다는 점이다. 앞에서 여러 차례로 설명하고 근거를 제시했듯이 세계정부를 추진시키는 풀뿌리 역할로 유엔은 국제사회가 21세기 의제를 지속시키는 이클레이를 통하여 대부분의 나라가 세계정부에 잠식당하고 있다는 것은 부인할 수 없다. 그러므로 '이제 어떻게 할 건가?'를 깊이 고민해야 할 때라는 것이다.

에필로그

성서에는 마지막 시대에 일어날 사건의 예표를 크게 두 사건이 설명되어 있다. 첫 번째 사건은 노아 시대에 있었던 홍수사건이다. 두 번째 사건은 롯의 시대에 하늘로부터 유황불이 쏟아진 사건이다. 이 두 사건은 지금이라는 현실이 창조주의 진노가 내리도록 살아간 세태와 유사점을 설명하였다. 그리스도는 인류에게 닥칠 처참한 현실에 대하여 "노아의 때와 같이 인자의 임함도 그러하리라. 홍수전에 노아가 방주에 들어가던 날까지 사람들이 먹고 마시고 장가들고 시집가고 있으면서 홍수가 나서 저희를 다 멸하기까지 깨닫지 못하였으니 인자의 임함도 이와 같으리라"(마24:37~39). 그리고 계속하여 "또 롯의 때와 같으리니 사람들이 먹고 마시고 사고팔고 심고 집을 짓더니 롯이 소돔에서 나가던 날에 하늘로서 불과 유황이 비 오듯 하여 저희를 멸하였느니라. 인자의 나타나는 날에도 이러하리라"고 경고하였다.(눅17:28~30) 두 경고의 메시지에 우리는 귀담아 들어야 할 때가 아닌가 생각된다.

왜 노아시대 사람들은 홍수로 멸망당하기까지 살 생각을 못했다고 생각해 보았는가? 그것은 비(Rain)를 본적도 없었고, 비라는 단어자체가 없었기 때문에 믿어지질 않았을 것이다. 또는 빗방울이 모여져서 큰 홍수로 이뤄진 것을 보지도 듣지도 못했기에 믿을 수가 없었기 때문에 준비하지 않은 것이다. 이처럼 인간은 자기가 직접 체험하지 않은 것은 믿으려 하지 않는다. 이것이 마지막 때에 666표로 나타난 베리칩(VeriChip)이 성경에 기록이 없으니 베리칩이 666표라고 믿어지지 않는 것이다. 또한 조직에서 합의한 결의에 따르지 않을 수도 없으니 반대하면서도 마음으로는 의혹을 갖고 있는 것이다.

이제 우리는 생각을 바꾸어서 베리칩(VeriChip)이 666표가 아니라는 고정된 사고를 바꾸어서 베리칩에 숨겨진 사실을 찾아야 한다. 666표가 상징이 아니라 암시라고 시냅스를 바꾸어야 한다. 예수를 믿고 거듭난 신자는 베리칩을 받아도 구원과는 상관이 없다는 허황된 생각의 시냅스를 베리칩을 받으면 지옥 간다는 시냅스로 바꾸어야 한다.

베리칩이 생활에 편리한 물건이니 받아도 좋다면서 거짓말을 만들어내는 시냅스를 받으 면 안 된다는 시냅스로 바꾸어야 할 때다. 우리의 인식을 바꾸어야 한다. 비장한 각오와 결단을 가지고 생각을 바꾸고 마음을 바꾸어서 앞으로 닥친 환경에서 살아남아야 할 시점에 와있음을 알고 준비해야 한다.

지금까지 살펴본 대로 우리가 몰랐던 세계정세는 물론이고 나에게 좁혀오는 법과 제도는 우리 생활환경에 거대한 돌풍으로 몰아치고 있는 때다. 그 돌풍은 쓰나미도 아니고 지진이나 토네이도처럼 눈에 보이는 돌풍이 아니다. 눈으로 보이지 않게 숨겨진 거짓들이 하나하나 들어나는데도 이것을 감지하지 못할 뿐이다. 지금은 우리가 하고 싶은 것은 무엇이든지 할 수 있는 때다. 그러나 앞으로는 그런 자유라는 것은 허울 좋은 수식어가 될 뿐이다. 자신이 한 말 한마디에 체포되고 죽임을 당해야 되는 시대임을 알아야 한다. 내가 좋아서 소셜 네트워크 서비스(SNS)로 몇 자 남긴 글로 인하여 체포되고 감금되고 죽임을 당하는 시대가 우리 앞에 다가오고 있다.

또한 베리칩이라는 나만이 갖고 있는 번호표가 없으면 아무것도 할 수 없는 시대에서, 그것이 없이는 할 수 있는 것이라곤 하나도 없을 시대가 우리 앞에 다가오고 있다. 그런데도 우리는 잘 알지도 못하면서 '아니다'라고만 고집하고 있다. 그것이 우리의 머리에서 생각해

내는 것을 뇌신경세포의 통로를 만들어 놓은 고정관념이 쌓이고 쌓여진 생각과 행동이 오판하도록 자신을 형성시켜 놓았기 때문이다. 우리는 세상이 어떻게 돌아가는지도 생각할 시간 없이 무작정 달려만 왔을 것이다. 그렇게 달려온 종착점에서 얻어지는 것이 무엇인가? 영생인지 영벌인지 깊이 생각해 보아야 할 때가 되었음을 알아야 할 것이다.

성경을 펼쳐보면 한편의 그림이 떠오른다. 젊은 나이에 총명하고 지혜로운 사울이라는 사람이 있었다. 그는 자신의 말대로 세상에 태어나고 8일 만에 할례를 받은 사람이다. 당시엔 사람들이 부러워하는 이스라엘 후예들 중에서도 베냐민의 지파라는 자부심을 갖고 자긍하던 사람이었다. 또한 히브리 사람 중에서도 진짜 히브리 사람이라는 긍지를 가진 사람이었다. 그뿐인가? 진리를 따르는 사람들을 이단이라고 오판하고 정죄하는 바리새파에 속하여 자신의 교만함을 깨닫지 못했던 사람이었다. 자기 허물과 잘못은 보지 못하고 진리를 좇는 교회들을 없애버리고 신실한 성도들을 박해하면서 죽이려고 체포에 열심을 내던 사람이었다. 또한 나라가 제정한 국법에는 흠이 없을 만큼 완벽하고 강직한 성품의 사람이었다. 이 모든 것은 자신의 유익을 위해 저질렀던 일이라고 자신의 잘못을 고백하였다.

그런 그가 시리아 수도 다메섹으로 가는 길에서 사건이 터졌다. 그가 여행으로 다메섹으로 간 것도 아니요, 사업차 장사하러 간 것도 아니었다. 오직 예수를 믿는 진리를 사랑하는 사람들을 체포하려고 체포영장까지 가지고 가는 길이다. 문제는 그 도시에 가는 도중에 일어났다. 갑자기 하늘공중에서 비춰지는 엄청난 빛을 받고 말에서 떨어졌다. 그때에 빛 속에서 자기를 부르는 소리를 들었다. 자기를 부르던 음성은 자기가 박해하는 "나사렛 예수"라는 이름을 듣고 충격을 받게 된다. 자기가 알고 있는 사상과 이론으로는 이해가 되지 않는 사건이다.

그가 터득했던 학문과 지식과 자신이 소속된 조직에서도 이단으로 지목했던 그 나사렛 예수가 하나님이라니 어찌된 영문인지 분간이 되지 않았을 것이다. 그는 3일간 물 한 모금도 마시지 않고 자신의 뇌신경에 쌓여있는 모든 것을 정리하기 시작하였다. 정리는 자기 머리에 쌓아놓은 상식과 이론과 사상이었을 것이다. 늦게나마 깨닫기는 하였지만 '아니다'라는 전파(수상돌기), '잘못이다'라고 오판했던 전파, 이단이라고 박해하던 전파의 통로(Synapse)를 바꾸는 일이었다. 이것을 바꾸지 않는다면 뇌신경세포에 쌓여있는 잘못된 논리는 그대로 남아서 항상 부정적인 인생에서 벗어나지 못하기 때문에 어찌하던지 바꾸려고 노력한 것이다.

그렇게 바꾸지 않는다면 축삭돌기(Axon)로 근육세포에 쌓아놓은 마음의 것들이 항상 이단이라는 말이 입에서 떠나지 않기 때문에 바꾸려고 노력했다. 그리고 핍박하며 체포하여 죽이는 일이 반복되기 때문에 바꾸려고 3년이라는 긴 시간을 투자하였다. 그는 동료를 만나지도 않았다. 계속하여 동료들을 만난다면 동료들의 미혹에서 벗어날 수가 없기 때문이었다. 그 결과는 바꾸는데 성공하였다. 옳지 않은 생각으로 쌓아놓는 뇌신경세포(Nueron), 잘못 배웠던 통로(Synapse)를 막아버리고, 옳은 정보를 받아들이기 위해 서 다른 신경세포를 열어야 했기 때문이다. 그 작업은 반드시 뇌신경세포체로부터 새로운 통로를 열어놓는 일이였다. 사울은 지난날에 그리스도와 그리스도를 믿는 성도들을 이단으로 박해했었다. 그렇게 바꾸어졌을 때 지난날 자신이 속했었던 바리새파의 조직 원들로부터 이단이라는 박해를 받았어야만 했다. 사울은 자기가 박해하던 그리스도를 위해 열심히 헌신하며 충성하는 바울이란 이름으로 바꾼 사람이다.

이처럼 우리도 코앞에 주어진 이익에만 몰두할 것이 아니라 바울이 하늘의 음성을 들었듯이 하늘의 소리를 듣는 자세가 되어야 한다. 또한 지금 국제정세와 국제사회가 진행시키는 문화를 보아야 한다. 그리고 666표를 상징이라고 오판해 왔던 인식을 바꾸어야 한다. 계속되는 오판으로 미혹하는 동료들로부터 멀어져야 바꿀 수 있다. 잘못된 논리와 이론에 억매여서 미혹하는 조직으로부터 벗어나 666표는 상징이 아니라 암시라는 인식으로 바꾸어야 한다. 그리고 베리칩이 매매수단으로 쓰이는 666표라는 인식으로 바꾸어서 하늘의 음성을 들을 수 있어야 준비할 수 있다.

생각해보면 사회는 개혁이라는 아픈 진통을 겪었으면서도 불구하고 타락하고 세속화되어가고 있다. 가난한 자, 눌린 자, 억울한 사람들의 편에 서서 도와야 할 교회가 오히려 지배계급과 야합해서 박해하고 억압하여 왔었다. 위선스럽게도 사랑이란 이름으로 합세했던 것이다. 뿐만 아니라 사랑의 복음을 전한다는 교회가 연합이라는 조직을 만들어 타락으로 가득 차 넘치는 것을 모르고 있는 듯하다. 군소교회에게는 절대의 권위로 군림하며 위세와 횡포를 마음대로 부렸다. 그리고 자기 뜻과 사상에 부합되지 않으면 저주에 가까운 말로 엄포와 협박을 하였다.

그것은 분명 하나님의 뜻도 아니고 섭리에 의해 행해지는 것은 더욱이 아니었다. 하나님의 창조의지가 예수님의 몸 된 교회에서 구체적으로 나타낸다는 전제로 바라보았을 때, 그처럼 타락하고 부패한 교회에는 예수님은 없었다. 이렇게 볼 때 교회는 마땅히 자중하고 자성하여야 함에도 불구하고 파렴치하게도 예수와 믿는 진실한 신자들을 악마의 자식이라고 저주하고 매도해 왔었다. 그렇다면 오늘날 우리교계는 어떠한가? 내 사상과 다르고 내 비위에 거슬린다고 무조건 외면하고 귀를 막을 것이 아니라 누구의 말에나 겸허하게 귀를 기울이는 그러한 사회가 되어야 한다.

그렇게 해야 하는 것은, 모든 사람이 다 하나님께로 나아갈 수 있으나 저마다 나아가는 길은 다르기 때문이다. 또한 삶의 가치척도는 얼마나 살았느냐가 아니라 어떻게 살았느냐에 있기 때문이다. 그래서 예수님은 사울에게 "너는 지금 어디서 무엇을 하고 있느냐"라고 물으신 것이다. 그 질문은 위치를 말하는 것이 아니라 존재상황의 구체적인 물음이었다. 그렇다면 지금 '아니다'라고 부정하는 '나'라는 존재는 이 물음에 싫든 좋든 반드시 대답해야 할 날이 있을 것이다.

【참고문헌과 자료】

1장. 이미 시작된 10지역과 또 다른 질서

1. Pre-Prison Writing -Born January 22, 1891. Also Sardinia Italy; Died April 27. 1939(aged 46); Rome, Lazio, Italy; Era 20th-century philosophy Region Western Philosophy, School; Marxism, Main interests Polities, Ideology, Culture Notable deas; Hegemony, Organic Intellectual, War of Position-Cambridge University Press.
2. Ibid
3. Hans R. Zeuthen;-Danske Farmakopeer indutil 1925-p.258-262. Published by Fress Baggen Kgi. Hofbogtryk keri,1927
4. Research Gramsci p.214-222. Univesity of Turin.
5. www.cfr.org
6. U.S. President Richard Nixon executed Executive Order #11,547. 1972
7. www.cfr.org
8. Devvy Kidd 'Why a bankrupt America? p.30 Published by Project Liberty, Arvada. Colorado. May 15, 1996.
9. Ibid p.27
10. With no apologies p.126. by Senator Barry Goldwater, Published vy Berkley Books, New York.
11. William Jasper, "Global Tyranny Step by Step" p.262, 282, 287. ISBN 882791354. Published by Western Islands. January 1998.
12. U.S. President Richard Nixon executed Executive Order #11,547. 1972
13. George H. Bush Address-Bush emphasizes the need for a stronger United Nations in the post cold war era-October 1. 1990
14. Second local agenda 21 survey-Submitted by the International Council for Local Environmental Initiatives-January 28, 2002
15. 'the UN Development Program Capacity 21.' by UN-Department of Economic and Social Affair.
16. Ibid
17. Ibid
18. 'Why a Bankrupt America? p.30. by Devvy Kidd. May 15. 1996. Published by Project Liberty. Aevada. Colorado.
19. TC 2003 Plenary in Seoul, Korea.
20. 2003 56th TC Seoul, Korea.
21. 'With no Apologies' p.293. by Barry M. Goldwater.
22. www.trilayeral.org/
23. Rockefeller. Davis Memoirs.-International commission for peace and pros

perity- Bublished by New York Random House. 1980
24. Zbigniew Brzezinski, 'Between two ages' -A community of developed na tions must eventually be formed it the world is to respond effectively to increasingly serious crises'- ISBN 670-16041-5. published by the Viking Press. 1970
25. Devvy Kidd, 'Why a bankrupt America?' p.31. Published by Project Liberty. Arvada, Colorado. may 15, 1996.
26. Ibid p.29
27. The new american Vol 30. No 19. p.10~25. October 6. 2014.

2장. 아무도 모르는 의제21의 진실

1. U.S House of Representatives Approves participation in Agenda 21. / H.CON-House Concurrent Resolution #353. October 2, 1992.
2. UN Agenda 21. Brazil Rio de janeiro. June 3~14. 1992
3. Agenda 21: The Earth summit strategy to save our planet(Earth press. 1993)
4. From the report from the 1976 UN's habitat I conference.
5. the local agenda 21. Planning guide ICLEI 1996.
6. Report From the President's Council on sustainable development p.112.
7. Harvy Ruvin, Vice-Chairman ICLREI. The wildlands projec.
8. World Health Organization(WHO
9. UN Department of Economic and Social Affair_International Council for Local Environment Initiatives. February 8, 2002.
10. United Nations Agenda 21. Brazil Rio de Janeiro. June 3~14. 1992.
11. United Nations Framework Convention on Climate Change Dec. 11. 1997.
12. the Ministry of Foreign Affair of the Korea-United Nations Framework Convention on Climate Change. Dec. 11, 1997.
13. UN Green Climate Fund to be based in South Korea. Oct. 20, 2012.
14. www.unfoundation.org/who-we-are/board/pro-harlem-brundtland!/ Pro Harlem Brundtlad
15. World health organization / West pacific region / WPR/RC32.R5
16. On earth stories from on earth, a survival guide for the planet march 1, 2013.
17. Agenda 21. Feature; say goodby to your car, house and your freedom, jan. 7. 2014.
18. On earth stories from on earth, a survival guide for the planet march 1, 2013.
19. Agenda 21; Robert Bentley, Alabama Governor, Refuses to Explain Ban of UN Sustainability program. Canada free press. July 29, 2012.
20. Gore, Agenda 21 and Population Control

21. Agenda 21. ICLEI new world order polices. February 1, 2014.
22. Content,time.com/time/business/article/0,8599,1852254,00.html
23. Bank for International Settlements. May 17, 1930.
24. Bilderberg project blue print #5. May 29-30, 1945.

3장. 두 얼굴의 이클레이

1. www.unfoundation.org/who-we-are/bord/gro-jarlem-brundtland.htm!/ Pro. Harlem Beundtland.
2. Ibid
3. americanploicy.org/
4. ICLEI_Korea www.icleikorea.org/menue02/menue02.htm?
5. UN Green Climate Fund to be bases in South Korea. Oct 20, 2012.
6. The Ministry of Foreign Affair of the Korea-United Nations framework Convention on Climate Change, Dec. 11. 1997.
7. ICLEI_Korea homepage.
8. Ibid
9. second Local Agenda 21 Survey January 28. 2002
10. UN Agenda 21. June, 1992.
11. Ibid
12. United Nations Agenda 21. Brazil Rio de Janeiro. June 3-14. 1992
13. United Nations Framework Convention on Climate Change. December 1997
14. Ibid
15. Ibid
16. http://www.ncarboretum.org/assets/File/PDFs/Research/cxg_032e.pdf / World Health Organization(WHO)
17. U.S. House of Representative Approved Participation in Agenda 21.
18. Agenda 21. section-1.p1. American Policy Center. January 23. 2013.
19. Bilderberg Project Blue Print #9. 1947.
20. An Internet of Things_Technology & Science-June 10. 2003.
21. "The Chip on your trail"_Time special report pA1-13. Sept, 22. 2003.
22. Why a bankrupt America? p.27. Author Devvy Kidd. 1994.
23. With No Apologies p.126. by Barry M. Goldwater. 1974.
24. Agenda 21. Section 1, p.1. American Policy Center. January 23. 2013.
25. Why a Bankrupt America? p.31. Published by Devvy Kidd. May 15, 1996.
26. Agenda 21. Section 1, p.1. American Policy Center. January 23. 2013.
27. Ibid p.1 Section #4
28. www.icleikorea.org
29. Agenda 21. Section 1, p.1. American Policy Center. January 23. 2013.
30. www.icleikorea.org

31. President Executive Order #12,858. June 29, 1993
32. Agenda 21. Republic of Korea
33. Local Sustainability Alliance of Korea.
34. Alabama Adopts First state Ban(금지령) on UN agenda 21.
35. Arizona Senator Judy Burges. SB.1507: Bill to Ban() Sustainabi:ity and Climate Change Action Falls in Arizona.
36. Oklahoma House Passes Bill(HB1421) to ban UN Agenda 21 / Mary Fallin, Oklahoma Governor.
37. Tennessee Governor, Bill(HJR.587) Haslam declined to sign Agenda 21 and ICLEI Program.
38. Agenda 21: Kansas Lawmakers endorse opposing UN sustainability plan.
39. Missouri Legislature Bans(SB.265) UN Agenda 21-May 8. 2013.
40. http://stopagenda21maryland.org/?p=172
41. Texas, Withdraws from ICLEI, UN Agenda 21.
42. Arizona action to reject UN Agenda 21, green regulations bill SB.1597. April 12. 2012. by Arizona state San, Judy Burges.
43. Agenda 21 in Colorado: Sustainable Development. Nov. 19. 2012. by Coff man.
44. President Obaman's E.O.#13575. Section 1. January 9, 2011.
45. http://www.icleikorea.org/main.htm
46. http://www.RonPaulChannel.com

4장. 의제21로 인해 달라지는 세상-1 〈FEMA〉

1. FEMA-Disaster relief and Emergency Assistance Act(Public Law 93-288). 1988.
2. PL.93-288 / November 23. 1988
3. H.R.645_January 22. 2009.
4. Disaster Relief and Emergency Assistance Act. PL.100-707. November 23. 1988 .
5. Federal and State Disaster Preparedness Programs. may 22. 1974.
6. PL.93-288. November 23. 1988.
7. HR.645_January 22, 2009.
8. Ibid.
9. Ibid.
10. HR.1540_DoD / December 21. 2011.
11. Revelation 16:16. p.415. NTJ. January 25. 1986.
12. HR.1450_DoD / December 31. 2011.
13. HR.645-To direct the Secretary of Homeland Security to establish national emergency centers on military installations. January 22. 2009.

14. Ibid
15. HB.1274 Death Penalty Law. State of Georgia.
16. Ibid
17. http://www.ncarboretum.org/assets/File/PDFs/Research/cxg_032e.pdf
18. Revelation 16:16. p.413. NTJ. January 25. 1986.
19. Ibid p.406
20. Ibid p.414
21. H.R.3200: To provide affordable, quality to provide health care for all Americans and reduce the growth in health care spending and for other purposes. passed by US Senates March 21. 2010.
22. Ibid._Sec. 2521
23. Revelation p.413. NTJ. January 25. 1986.
24. www.koreatimes.co.kr/www/common/printpreview.asp?categoryCode=113& newsIdx= 154783
25. Ibid

5장. 의제21로 인해 달라지는 세상-2 〈환경〉

1. HR 3200 & FDA 519(g)
2. United Nations: Rein in Mass Surveillance. July 17, 2014.
3. William F. Jasper -New American p.4- October 22, 2001.
4. George H. Bush Address-Bush emphasizes the need for a stronger United Nations in the post cold war era-October 1, 1990.
5. George Bush Sr. New World Order live speech. September 11, 1991.
6. adsx.com. December 19, 2001
7. White House,-President Clinton Announced-June 6, 2000.
8. Time's p.56~57. March 11, 2002.
9. Jose Delgado authored 134 scientific publications within two decade(1950-1970)
10. Pro. Kevin Warwick, Presence at a Human DNA_1242 wmv. Reading of University.
11. Source by DNA service of America.
12. Zbigniew Brzezinski, 'Between two ages' 670-16041-5. Published by The Viling Press, 1970.
13. digitalangel.net / 1995.
14. digitalangel.net_US patent #-5,629,678
15. Jonathan Westhues Analysis-Westhues is a software, electronics, and se curity researcher known for his work exposing the security of the VeriChip researcher, 2006.
16. Applied Digital Solutions news, November 12, 2001

17. Ibid
18. Norman Mineta(Secretary, Department of Commerce)-Report on Americans' to Technology Tools. Toward digital inclusion-September 26, 2000
19. Ibid
20. FDA 21, 500-599. August 1, 1998
21. Newfinder.org-to begin selling a chip- July 21, 2002.
22. FDA news-VeriChip was the only Food and Drug Administration approved Human implantable microchip-2004
23. www.thechurchofpraise.net/main/blls/marketed by Positive-ID
24. FDA approved human implantable-the shoulder and elbow area of an individual's right arm-2004
25. digitalangel.net_US patent #-5,629,678
26. VeriChip Corp. news December 30, 1005
27. FDA approved human implantable-the shoulder and elbow area of an individual's right arm-2004
28. adsx.com/news. November 10, 2009
29. Ibid
30. Source by DNA service of America.
31. adsx.com/news November 10, 2009
32. FDA 519(a) 21USC 360i(a)
33. HR3200 Sec.1702. 1902.
34. Ibid_Sec.2211, 2231
35. Ibid_Title- II
36. Ibid_Sec.2511
37. Ibid_Sec. 399Z-1
38. Ibid_Sec. 2521(a)(2) FDA 519(g)
39. FDA 519(g)
40. HR 3200 Sec.1173
41. FDA 519(f) 21 USC 360(i)
42. HR 3200. Sec.2521
43. HR 3200 & FDA 519(g)
44. Ibid_Sec.1652
45. Ibid_Sec.1173
46. Jose Delgado authored 134 scientific publications within two decades (1950-1970)
47. H.R.3200_Sec. 2521. March 21. 2010
48. Ibid_Sec.1756, 202 and 2521
49. Ibid_Sec.2511 and 339Z
50. Ibid_1703, 1173 and 2521
51. Ibid_Sec.1173, 2521 and 1757

52. Ibid_Sec.1703 and 1652. FDA 5190, Division-D.
53. Revelation 13:16~17. New International Version 1973.
54. Digital Angel Corporation News.
55. FDA 519( ), USC. 360( ).
56. Ibid
57. Time's March 11, 2002.
58. Digital Angel Corporation News.
59. Ibid
60. Advanced Power Solutions News. November 2001
61. adsx.com. December 19, 2001
62. Jose Delgado authored 13 scientific publications within two decades(1950-1970)

6장. 우리는 어떻게 해야 하는가?

1. Florida Business Journal news December 6, 2002
2. 'An Internet of Things' NBC news June 10. 2003.
3. Dong-A Daily p.A-18. June 26, 2000
4. The New Age of Surveillance. The New American p.10-16. Oct. 7. 2013. by Joe Wolverton.
5. Congress' Full 2012 Plate: The 'Doc Fix,' The Health Law And Automatic Cuts. Kaiser Health. January 5, 2012
6. Time's p.56~57 'Meet the Chipsons' March 11, 2002
7. 'Silicon chips give medical history' NBC News May 13, 2002
8. United States Patented #5,629,678 May, 13. 1997
9. digitalangel.com/
10. White House. President Clinton Announced June 26, 2000
11. WorldNetDaily.net. February 4, 2004
12. Why a Bankrupt America p.19. May 15, 1996. by Devvy Kidd.
13. Between two ages by Zbignew Brzezinski
14. Source by DNA Service of America
15. adsx.com December 19, 2001
16. Jose Delgado authored 134 scientific publications within two decades(1950-1970)
17. Ibid
18. Ibid